教育基本理论专题(讲义)

尹艳秋 唐 斌 编著

苏州大学出版社

图书在版编目(CIP)数据

教育基本理论专题:讲义/尹艳秋,唐斌编著.
苏州:苏州大学出版社,2013.12(2018.7重印)
ISBN 978-7-5672-0719-6

Ⅰ.①教… Ⅱ.①尹…②唐… Ⅲ.①教育理论—研究　Ⅳ.①G40

中国版本图书馆 CIP 数据核字(2013)第 320415 号

教育基本理论专题(讲义)
尹艳秋　唐　斌　编著
责任编辑　巫　洁

苏州大学出版社出版发行
(地址:苏州市十梓街1号　邮编:215006)
常州市武进第三印刷有限公司印装
(地址:常州市湟里镇村前街　邮编:213154)

开本 890×1240　1/32　印张 11　字数 317 千
2013 年 12 月第 1 版　2018 年 7 月第 3 次印刷
ISBN 978-7-5672-0719-6　定价:29.00 元

苏州大学版图书若有印装错误,本社负责调换
苏州大学出版社营销部　电话:0512-67481020
苏州大学出版社网址 http://www.sudapress.com

前 言

自1998年苏州大学教育学院招收硕士研究生以来，笔者一直承担研究生的学位基础课"教育基本理论"的教学，至今十多个年头了。2010年，该课程被列为苏州大学研究生精品课程，这本教材乃是该精品课程建设的成果之一。

在教育学各个分支学科中，教育基本理论的研究，一直是一个最具朝气且新见迭出的领域。这方面研究的专题之多、内容之丰、观点之异、材料之硕，皆是教育学其他研究领域所不能企及的。笔者认为，其原因主要有二。一是因为教育基本理论作为教育学理论中基础性、综合性的部分，它涉及的多是教育中最一般性的问题，如教育是什么、教育干什么、教育为什么等，揭示的是教育本质与规律、教育功能与价值、教育理想与目的等宏观的教育理论。如果我们把整个教育理论比喻成一棵树的话，那么，教育基本理论无疑带有根基性的特征，它会延伸出庞杂的理论枝权。同时，对这些教育一般性问题的研究，往往涉及哲学、人类学、社会学、政治学、经济学、伦理学、心理学等广阔的学科领域，从而带来教育基本理论的观点纷呈、花枝烂漫。其二，正是因为教育基本理论问题与众多的学科紧密关联，其研究也自然越来越多地被其他学科所"左右"及"侵入"。近年来，随着哲学、经济学、社会学、心理学等相关学科的快速发展，其理论的逐步完备、方法的日趋科学等，都丰富了教育基本理论研究的"佐料"，推动着教育基本理论研究深度与广度的拓展。

鉴于上述情形，尽管笔者从事"教育基本理论"的教学多年，但当着手编写教材时，如何组合材料、如何选取内容、如何切入论域等，恰恰成了一项颇感棘手的工作。考虑到教育基本理论的特性，该教材的编写还是围绕着教育中的一般性的问题(如教育是什么、教育干什么、教育为什么等)而专题展开的。再者,苏州大学教育学院自招收硕士研究生以来,在生源的构成中,虽有来自本科阶段攻读教育学专业的"科班"生,但更多学生是"非科班"的其他专业的学生。为此,本教材在编写中,一方面要考虑研究生阶段与本科生阶段的学习差异,希望研究生阶段更多一些"研究"或"提升";同时,也要考虑不同专业学生学习本学科的知识基础与背景。所以,在对某一专题的阐释中,尽可能向学生展示该问题研究的历史、现状及趋势,特别是让学生了解该问题探讨的已有成果并进行反思与争鸣,以便能使学生对教育基本理论的某些问题域,在头脑中形成相对完整的出场学意识,把握问题形成的来龙去脉,把握某一问题或某一理论研究的深度、广度及发展态势。

特别要说明的是,由于教育基本理论涉及众多的学科,它特别需要从事该领域研究的人具备深厚的学术功力、开阔的学科视野及敏锐的问题洞察力等。本人深感这方面研究的才疏学浅,恐捉襟见肘。所以,在这本书中,笔者参阅及引用了众多学者的研究成果。特别是对于教育基本理论的某些专题,如关于教育本质与规律、关于"知识观""人性观",以及"现代性与后现代与教育",等等,其研究已经形成了较为丰富与完整的成果,笔者只是对其进行了"编辑"或梳理。

本书所编辑及参考的成果主要有:

《教育学的文化性格》及《教育哲学导论》(石中英),《教育学史论纲》(王坤庆),《教育通论》(郑金洲),《教育本质与规律》(洪宝书),《当代西方教育思潮》(唐爱民),《现代性与教育》(于伟),《必要的乌托邦——教育理想的历史考察与建构》(尹艳秋),《教育学教程》(唐斌),等等。

书中的"思考与争鸣",主要基于以下考虑:一是反映编著者在某个问题上的个人见解与感悟;二是针对某些已有观点或争论的评判;三是启发学习者的疑惑及进一步探究;等等。

谨作上述说明,并致以深深的感谢!

尹艳秋

目 录

第一讲　教育学的产生及其"范式"的演变 …………………… 1
　第一节　教育学的研究对象 ………………………………………… 1
　第二节　教育学的产生及其发展 …………………………………… 6
　第三节　西方近现代以来的教育学观 …………………………… 17
　第四节　西方近现代以来教育学的范式及其演变 ……………… 37

第二讲　教育的本质与规律 ……………………………………… 58
　第一节　什么是教育 ……………………………………………… 58
　第二节　教育的起源 ……………………………………………… 81
　第三节　教育的历史演进 ………………………………………… 90
　第四节　教育本质及其判定 …………………………………… 100
　第五节　教育规律 ……………………………………………… 116

第三讲　教育的功能与价值 …………………………………… 126
　第一节　功能及教育功能概述 ………………………………… 126
　第二节　教育的社会功能 ……………………………………… 132
　第三节　教育的个体功能 ……………………………………… 160
　第四节　教育的价值 …………………………………………… 173
　第五节　我国教育社会功能(价值)的摇摆现象 ……………… 179
　第六节　教育对社会及个体发展的适应与超越 ……………… 186

第四讲　教育目的 ·· 194
第一节　教育目的概述 ······································ 194
第二节　制定教育目的的基本原理 ···················· 200
第三节　我国教育目的的理论依据
——马克思主义关于人的全面发展学说 ······ 211
第四节　我国的教育目的 ·································· 228
第五节　我国教育目的的贯彻与实施 ················· 238
第六节　素质教育的有关理论 ··························· 246

第五讲　当代教育基本理论的主要"话语" ············ 262
第一节　人性观与教育 ····································· 263
第二节　知识观与教育 ····································· 276
第三节　生活世界与教育 ·································· 299
第四节　全球化与教育 ····································· 314
第五节　现代性、后现代性与教育 ····················· 323

附录 ··· 345

第一讲 教育学的产生及其"范式"的演变

第一节 教育学的研究对象

一、对教育学的界定

"教育"一词更多地指培养人的一种实践活动,是一个对历史上存在、今天依然存在的一种社会现象的称谓,如同政治、经济、文化一样。而教育学更多地指对教育现象进行的学术研究而形成的理论体系。对教育学的界定,主要应该考虑以下几方面的因素。①

学术性,这是针对教育学著作在教育理论学术史上的贡献而言。

科学性,主要指教育学的研究方法及其反映教育的客观规律而言。

实践性,是针对教育学这门学科本身的特点而言的,指教育学理论对教育实践造成的历史影响,并在一定程度上能规范指导人们的教育活动。

代表性,即从教育学发展史上选取有代表性的教育学著作,以探寻其对教育学产生及发展的影响。

发展性,即用发展的眼光去审视教育学演变的整个历史过程。

教育学概念有一个演化的过程。从词源上看,无论是英语"pedagogy",还是法语"pedagogie",抑或是德语"padagogik",都是源于希

---

① 王坤庆.教育学史论纲.武汉:湖北教育出版社,2000:45-49.

腊语"教仆（pedagogue）"一词。教仆在古希腊是指奴隶主家中某种有专门职务和身份的成年奴隶，负责为奴隶主到教育机构接送小孩、帮助携带学习用具并监督他们在学校中的行为举止等事。19世纪末，人们对源于"教仆"的"教育学"一词逐渐不满，认为这个词的意义过于狭隘，且含有对教育与教育学价值的偏见，不利于确立教育学在大学课程体系以及整个科学体系中的学术地位。于是，英语国家的人们就先后用"education"与"educology"取代"pedagogy"。在法语国家，人们以"science de leducation"（教育科学）来代替"pedagogie"。在德国，也出现了一个新词"erzihungswissenschaft"（教育科学）。在我国，"教育学"是一个译名，它是20世纪初从日本转译过来的。

经过"延异"，"教育学"在我国有四种基本的含义：一是指称某种学科门类，与经济学、法学、理学、工学、农学、医学等相对应，内含教育学、心理学、体育学等学科；二是指称某个特定的一级学科，与心理学、体育学等学科并列；三是指称本科的一个专业，与学前教育、特殊教育、教育技术学等并列；四是指称一门课程或一门学科，在这个意义上，"教育学"是各个师范专业所开设的一门带有教育专业特点的基础课程。本书中"教育学"主要指第二个含义。

二、教育学的研究对象

每个学科领域都应有自己独特而又明确的研究对象，研究对象的清晰规定是某一学科得以创立与发展的最重要的条件。教育学也不例外。教育学的研究对象是什么至今仍是国内外学术界所争论不已的问题。有的人认为"教育学的研究对象就是教育现象"，有的人认为"教育学的研究对象是教育事实"，有的人则认为"教育学的研究对象是教育"，近年来又有人提出"教育学的研究对象是'教育问题'"。一个问题有多种答案，说明人们考察问题的视角是不同的。假如不局限于文本的字面意义，人们会发现这些表述在实质上并没有多大的差异。何以如此呢？

教育学作为人类知识体系的一个门类，其研究对象的规定应该符合科学认识的一般特点。毛泽东同志说过，"科学研究的区分，就是根据科学对象所具有的特殊矛盾性。因此,对某一现象领域的所特有的某一矛盾的研究,就构成某一门科学的对象",而"问题就是事物的矛盾"。① 当代著名科学哲学家波普尔在研究科学知识增长时,也明确地指出:"我们不是从观察开始,而是从问题开始。……知识的成长是借助于猜想与反驳,从老问题到新问题的发展。"② 从这些论述中可以看出,问题才是科学的起点与对象。

从教育学发展历程来看,对问题探究的深入意味着教育学发展水平的提高,问题的扩展意味着教育学视阈的扩展,问题的转换就意味着教育学研究方向的转换。如此看来,教育学的研究对象确实是"教育问题",但如果不把这些"教育问题"归结为主观的臆想,而视为教育实践的产物,这一界定与其他的界定不就统一了吗?

把教育学的研究对象规定为"教育问题",只是明确了教育学的起点与归宿。接下来的问题是:何谓教育问题?它与教育现象、教育过程是什么关系?纵观教育学的历史演进,人们不难看出,各种各样的"教育问题"大致上可归结为三个方面或者说以三种方式呈现,即"什么是教育""怎样教育"以及"人为何要接受教育"。

在社会和学校生活中,当我们用以上视角看待某些现象时,社会与学校中某些现象就被看作为教育的现象。教育现象是各种各样教育活动的外在表现,因而是稍纵即逝、变幻莫测的。教育现象自身的这些特点,使得人们对教育现象的认识也总是零碎的、肤浅的、不系统的甚至是相互矛盾的,谈不上是理性的认识。教育现象中包含着教育问题,教育问题不会存在于教育现象之外,但是并不是所有的教育现象都是可以构成教育问题的。只有当教育现象中的某些矛盾引起了人们的注意,并具有研究的价值的时候,才能构成教育问题,成为教育学的研究对象。教育规律是教育活动中存在的本质的、必然的和内在的联系,揭示教育规律是教育学研究的目的,而不是教育学的对象。将教育规律当成教育学的对象,就等于混淆了研究的目的

---

① 毛泽东. 毛泽东选集:第3卷. 北京:人民出版社,1991:893.
② 劳凯声. 教育学. 天津:南开大学出版社,2003:6.

与对象之间的关系。

总之,教育学是研究教育问题,揭示教育过程内在规律的一门基础学科。教育问题,人们可以从不同学科视阈对它进行提问与解答,由此就构成了教育学的各个分支学科:如从社会学的角度审视教育,就构成教育社会学;从经济学的角度思考教育问题,就构成教育经济学;从文化学的角度分析教育问题,就构成教育文化学;等等。而对教育不同问题的提问与回答,就构成了教育学的不同取向:关注"教育是什么"这类有关事实的问题,教育学就会侧重科学分析;关注"怎样教育"这类规范问题,教育学就会侧重实践智慧的研究。但不管是哪一种提问与解答,都必然渗透着人们的价值取向,由此影响着人们对教育问题的提问与解答,因而教育学的研究与学习都不可能是"价值无涉"的。

在理解教育学的研究对象时,有必要关注以下几对范畴。

其一,教育学与教育思想。

教育思想是指人们对教育现象的认识,主要包括教育流派、教育理论、教育学说等。它可以分两个层次:一是较为零散的、不系统的教育思想,如人们对教育总体或某方面的初步看法;另一种是较为系统和严密的教育思想,如教育理论等。而教育学,是"一门研究教育现象及其规律的科学",它作为一种学科,呈现某种体系或结构。当人们自觉从事教育实践的时候,就开始了对教育的理性思考,教育思想也开始萌芽。而教育学,则是人类教育实践和教育思想发展到一定阶段的产物。

其二,教育学问题与教育问题。

从问题的发生看,前者一般由教育理论研究者提出,后者一般由教育实践者提出;从问题的指向看,教育学问题主要指向教育认识领域,而教育问题主要指向教育活动领域。17世纪中叶至20世纪中叶教育学的主要问题有:

① 教育学是科学还是艺术?
② 教育学是经验学科还是规范性学科?
③ 教育学是理论学科还是应用学科?

④ 教育学是具有普遍适应性的学科还是建立在文化背景上的学科？
⑤ 教育学是社会的教育学还是个人的教育学？
⑥ 教育学的理论基础是什么？哲学科学在教育学中地位如何？
⑦ 教育学由哪些部分组成？如何对教育学进行分类？
⑧ 建立教育学的方法论是什么？

这些问题又可以分成两类：一类是教育学的总体的、一般的根本性问题，如教育学是什么、教育学是否是一门科学；另一类是部分的、个别的具体性问题，如教育史的问题、教育学民族化问题。

在理解教育学的概念及研究对象的基础上，有必要指明作为教育学知识中重要组成部分的教育基本理论的研究对象，这也直接关系到本教材体系及内容的安排。教育学研究教育问题，而教育基本理论作为教育学中的重要领域是研究以教育事实为基础的教育中的最一般的问题。对这一表述的理解主要涉及以下三个关键词。

1. 教育事实

以教育事实为研究对象，说明我们的研究对象是客观存在之物。教育事实是教育实践的产物，或正在从事的教育实践。教育事实应包括多种形式、多种类型、多种模式的教育事实，多种教育学说、教育思想、教育著作、教育法规、教育文献，等等。教育事实必须是以教与学为主体形态的客观存在，并不是一切社会现象中的教育因素、教育现象、教育行为等都是教育原理的研究对象。

2. 教育问题

教育现象早就存在，但只有当这种客体积累到一定程度，被人们议论、评说，当作一个个问题提出时，才形成教育科学研究的发端。

3. 一般性问题

对教育问题的研究是整个教育科学的课题，某一门教育学科所研究的，仅是某一方面的教育问题，如教育经济学、教育社会学等；而教育基本理论所研究的对象是教育中最一般性的问题。它撇开了教育的多种特定形式、特定形态。其外延包括一切教育事实、教育问题;其内涵都是抽象的、单一的、一般的,如教育本质、教育与社会的关系、教育与人的发展的关系、教育价值、教育目的。对这样一些问题的回答所形成的教育理论,对教育科学的其他理论往往有奠基及指导意义。[①]

◆ **思考与争鸣**

1. 教育学研究对象是"教育",那么,这个"教育"是什么含义下的教育呢?

2. "教育现象"含义甚广,许多的教育现象只有当我们站在"教育"的角度观察它时,它才存在;否则,它就不是教育问题,比如青少年犯罪问题,孩子花钱问题,等等。现象并不等于对象,只有当现象被提出来作为一个"教育问题"的时候,那时的"教育问题"才构成教育学的研究对象。

3. 教育学是研究教育规律的科学,并不等于教育学的对象就是教育规律。科学的任务在于揭示规律。规律是研究的结果,而不是研究的起点或研究的对象。

第二节　教育学的产生及其发展[②]

一、教育学产生与发展的历史阶段

(一) 萌芽期

和任何一门科学一样,教育学也有自己的起源或萌芽期。虽然教育从人类社会产生之时起就已出现,但是教育作为社会的一个特殊领域、一个专门认识领域被人们研究,则是需要一定的社会条件的。

一门学科的产生必须具备的重要条件之一,就在于它能满足社

[①] 孙喜亭.教育原理.北京:北京师范大学出版社,1993:3.
[②] 本节内容主要编自唐斌主编《教育学教程》(第一章),苏州大学出版社,2007年版。

会现实需要。作为一种古老的社会活动,教育与人类社会共始终,是社会得以延续和发展的必要条件。随着人类交往实践内容与范围的扩展,生产经验和生活经验积累得越来越多,如何有效地把这些知识传授给年轻的一代,自然也引发了人们的思考,促使人们开始对教育活动的经验进行总结和研究,努力探究这种活动的规律。远在上古时期,就已出现了多种类型的教育活动,一类传授生产知识,一类传授社会生活知识。而技术的出现、文字的成熟、职业教师的出现及各种教育思想的出现,为古代教育学的萌芽准备了条件。但教育思想并不是教育学的起源,它只是教育学理论构建的思想材料。更确切地说,教育学不是起源于教育思想,而是起源于教育思想中所揭示的教育问题。

通常而言,教育学的萌芽在我国始于春秋战国时期,直到清末;在西方始于古希腊罗马时期,直到文艺复兴前期。教育学的萌芽在东西方几乎是同时出现的,这说明了什么呢?或者说教育学的萌芽有哪些条件呢?反思我国春秋战国时期的时代背景及西方古希腊罗马时期的时代背景,我们可以从中获得这样一些启示。

教育思想作为人类的一种精神产品,必然与人类理性认识的发展、整个文化学术的发展是同步的。如,春秋战国时期,是社会制度发生大变动、大变革的时期,也是中国古代整个学术思想的大繁荣时期,诸子百家,学派林立,士阶层空前活跃,代表着时代的精神。那么,古代教育学在这个繁荣、活跃的学术氛围中得以滋生、萌芽,也就不足为怪了。

教育实践经验积累到一定程度,为教育思想的产生、发展提供了现实可能性。

文字、学校的出现及教师工作的职业化,对教育思想的发展、教育学的萌芽起了决定性作用。孔子、孟子、荀子、苏格拉底、柏拉图、亚里士多德,等等,他们亲身经历教育教学活动,并继承前人的经验,形成了自己的教育思想。他们的著作虽然不是教育专著,但集中反映了教育思想。

人类早期的教育经验及教育思想,最初多是零乱的、片断的,对教育的认识也多处于表面的形态。随着社会的发展,特别是教育实践经验的积累与丰富,人们在教育活动中形成的教育思想,逐渐上升到理性思维的高度。《学记》《雄辩术原理》等,都是这种反思精神的体现。

中国古代伟大的思想家和教育家孔子,首创私学,执教50年,培养了三千多弟子,并积累了丰富的教育教学经验。他提出了"有教无类""因材施教""学思结合""不愤不启""不悱不发"等一系列的教育教学主张。

战国后期,我国出现了论述教育的专门著作。荀子的《劝学》和《礼记》中的《学记》是教育史上最早论述教育问题的著作。《学记》虽然只有1229个字,但其思想内容丰富,对教育目的、制度、内容、方法以及教育者与受教育者进行了相当精辟的论述。它提出的诸如"教学相长""长善救失""禁于未发""藏息相辅""温故知新""循序渐进"等教育教学原则都在一定程度上反映了教育规律,至今仍然闪烁着真理的光辉。

在西方,古希腊、古罗马思想家在教育学的产生过程中也做出过突出的贡献。如苏格拉底(Socrates,公元前469—公元前399)、柏拉图(Platon,公元前427—公元前347)、亚里士多德(Aristotle,公元前384—公元前322)等人都提出过比较系统的教育思想,为后世提供了极其丰富的理论资源,对西方的教育理论与实践产生了重要的影响。苏格拉底用"反诘法"培养学生,旨在使学生获得所谓真正的学问。他还明确地提出了"美德是否可教"的问题,并对这个问题进行了深入的分析,在他看来,因为知识是可以教的,如果美德是一种知识,那就是可教的。亚里士多德与我国的孔子非常相似,他一生从事教育活动,创办了"吕克昂"这种教育机构。承袭其老师柏拉图的思想,他主张教育应成为国家的事业,由国家负责并受国家控制。他还明确提出德、智、体、美和谐发展的教育思想。在罗马教育史上,最有影响的教育家是西塞罗(Cicero,公元前106—公元前43)、昆体良(Quintilianus,公元35—95)。西塞罗在其著作《雄辩家》和其他对话录中,提出教育的最高目的在于培养好的雄辩家——政治活动家,而雄辩家首先是懂得为人之道且具有文化修养的人。为此,他开列了旨在培养雄辩家的各种科目,包括文法、修辞、几何、天文、逻辑、音乐、历史、法学等学科。昆体良从事过多年的教学工作,结合自己成功的教育经验,他撰写了《雄辩术原理》一书,这是继《学记》之后又一部较为完整的教育学著作。该书论述的范围很广,包括高等教育、中等教育、初等教育,甚至幼儿教育。

可见,自从人类有了教育活动,特别是有了学校教育之后,人们就开始了对教育的思考与探索,并为后世留下了宝贵的教育文化遗产。但那时,由于存在认识的局限性,学科未能得到分化,对教育问题的论述是与对其他社会问题的论述交织在一起的,包容于一个庞大的哲学体系之中。此外,思想家们在论述教育问题时也多是从自己的经验与感受出发,对"教育应如何"的问题作了较多阐述,至于"教育是什么"等问题则因认识的局限未能细究。按照库恩的科学知识模式,可以把这一阶段的教育认识活动称为"前科学"时期。

◆ **思考与争鸣**

1. 萌芽期教育学的方法论特征:萌芽期教育学在方法论上偏重于整体而忽略部分,偏重于综合而忽略分析;当时的一批教育家所建筑的教育观与政治观、社会观、伦理观、自然观、哲学观、心理观混杂为一体而未分化。

2. 萌芽期的教育学理论的特性:萌芽期教育学虽包含了一些辩证法思想,但在时代和阶级的局限下、在自然科学发展水平的局限下,古代的辩证法是十分软弱的,常常走向形而上学;其对教育问题的反思,还停留在直观的、经验的、描述的水平上。

二、教育学的独立形成

16、17世纪的欧洲,已从物质和精神上为迎接新的历史纪元做好了准备。中国"四大发明"为欧洲的"文艺复兴"运动准备了物质前提;而文艺复兴则为欧洲资本主义发展准备了精神武器。16—17

世纪,宗教改革运动席卷了整个欧洲,教育学经过文艺复兴和宗教改革两次大的阵痛,终于在"培根和夸美纽斯时代"呱呱坠地了。15世纪下半叶自然科学的发展,改变了人们对知识的看法。培根提出"知识就是力量"的口号及他对人类认识自然和支配自然的信心,体现了一种进步精神。培根的思想对夸美纽斯有深刻的影响,夸美纽斯的《大教学论》(1632年)代表了第一次教育学革命。从此,人类的教育学开始从萌芽期进入了形成期。

中国从秦统一至元明清之际,出现了众多的教育家,他们有许多有关教育的论著留于后世。但17世纪后,中国的科学技术逐渐落伍,文化教育也逐渐僵化。科举考试、四书五经、呆读死记、八股文等,严重束缚了中国知识分子的头脑;封建统治者推行的文字狱和闭关自守政策,又进一步抹杀了中国封建社会文化的教育生机;传统的自然经济对于正在萌芽的新生产力与生产关系是一副沉重的枷锁,阻碍了我国科学、文化、教育的发展。因此,近代科学与近代教育学的奠基礼不能首先发生在中国这块古老的土地上也就不足为怪了。

中国既未经文艺复兴,也未经宗教改革,西方的近代科学及其科学的方法论,未能冲破坚固的儒家思想体系。因此,17世纪为历史的根本转折点,西方的科学、技术、文化、教育从总体上超过了中国而大踏步地前进了;而中国则背负着封建专制主义的沉重包袱,在下坡路上滑了下去。

教育学的独立形成是教育学走向成熟的重要标志。从作为一种具有独立形态的学科领域来说,教育学的创立意味着:首先,就研究对象而论,对教育问题的探究已经成为了一个专门的知识领域,开始形成反映教育本质和规律的专有的概念与范畴,或借用相关学科的概念或范畴但赋予特定的意义,并推出了一些专门的教育学著作;其次,就研究方法而论,开始按照科学研究的规范从事教育问题研究,不再满足于个体经验性观感,所提出的某些结论具有"普适性";第三,从研究组织而言,出现了专门的教育研究机构。一般而言,在近代,某一学科领域的形成与创立大多需要很长时间,同样,教育学的创立也不是在某一瞬间完成的,而是经历了一个较长的历史时期。

在教育学的创立过程中,捷克教育学家夸美纽斯(J. A. Comenius,1592—1670)取得了突出的成就。他所撰写的《大教学论》是西方第一部教育学专著,学术界大多把它的出现作为教育学这一学科诞生的标志。在该书中,他系统地论述了教育在培养人和改良社会中的作用,提出了普及教育思想,拟定了统一的学校系统。他根据幼儿、少年、青年的年龄特点,规划了学校教育制度和教育内容,主张教给学生广博的知识,并提出了一系列的教育原则和方法。该书的出版之所以被誉为学科诞生的标志,最重要的原因,在于它不仅指出了教育应该怎么办,而且尝试着为教育方略寻找科学根据。夸美纽斯受当时广为流传的自然主义思想的影响,大胆借用大自然规律来探讨儿童教育的原则与方法等问题,其理论概括在某些方面反映了教育活动的本质特点,具有普遍的指导意义。但由于他是在宗教神学世界观指导下来考察教育问题的,因此他的教育学著述不免带有浓厚的唯心主义与神秘主义色彩,因此,《大教学论》并非一部真正的科学著作。但尽管如此,它开启了教育学独立探索与科学研究的先河,其功劳不容否定。

在教育学创立与走向科学化的过程中,德国的哲学家康德(I. Kant,1724—1804)与赫尔巴特(J. F. Herbart,1776—1841)的贡献是不可磨灭的。教育学作为一门课程在大学中讲授,最早始于德国,而康德就是该课程主讲人之一。其讲稿由学生们整理,于1803年出版,书名定为《康德论教育》。这本著作组织严密,说理透彻,西方学者给予它很高的评价。关于康德的教育思想,德国学者鲍尔生曾作过如下概述:"他认为人的真正价值不建筑在学识风度、智慧或任何特殊的造诣的基础上,而是完全建筑在合乎正义的意志上的;即建筑在诚心诚意而不是随波逐流和虚情假意地服从道德规范的意志的基础上的。他认为教育的伟大目标和主要任务是培养每个人或每个有理性的人的合乎正义的意志,使他达到清楚的自我意识的境界;或者说,培养能坚持自己确认为合乎正义的事物的自由人。"①可见,康德的教育学旨趣重在培养学生的"实践理性"并把它置于与知识有关的"纯粹理性"之上,抬高了道德教育的地位,贬低了知识学习的价值。正因为如此,有学者认为,康德的教育观"应用到教育上同卢梭的主张异趣,而同夸美纽斯的'泛智论'的教育理论更相径庭"②。

康德之后,对教育学的创立做出最重要贡献的是赫尔巴特,他被誉为"科学教育学之父"。他在1806年出版的《普通教育学》"是以实践哲学和心理学为基础的。前者说明教育的目的;后者说明教育的途径、手段与障碍"③。这一规定对后来教育学的发展产生了很大的影响。赫尔巴特认为,教育目的有两种形态,即"可能的目的"(或"选择的目的")与"必要的目的"。前者与学生将来的职业选择有关,由于社会分工的多样化,他主张教育要培养学生"多方面的兴趣",发展人的多种多样的感受性,扩大活动的范围。后者是指教育儿童不管将来从事什么工作,都必须具备某种人格,其核心是道德人格的力量。在教学方面,他强调教学的教育性,认为教学如果没有进行道德教育,就是一种没有目的的手段;道德教育如果没有教学,就是一种失去了手段的目的。他将教学分为四个阶段:明了、联想、系统、方法,每个阶段的教学内容、教学手段、教学任务和学生的反应均不相同,这便是至今仍有影响的教学四段论。在道德方面,他主张带有温和性,少用压制和干涉。在管理方面,他主张用命令、禁止和惩罚的方式对待学生。赫尔巴特在教育学方面的探索,在教育学史上完成了两个转变:一是从"教"之学、"教育"之学到教育学的转变,他冲破过去"教授"之学(以夸美纽斯为代表)与"教育"之学(以康德为代表)的隔离,建立了融合二者的教育学;二是进行了科学教育学构建的大胆尝试。赫尔巴特的《普通教育学》,并非"普通教育"之学,而是试图参照自然科学的先例,揭示教育的普遍规律,具有普遍适用

---

① 弗·鲍尔生.德国教育史.滕大春,滕大生,译.北京:人民教育出版社,1986:108.
② 陈桂生.历史的"教育学现象"透视.北京:人民教育出版社,1988:89.
③ 赫尔巴特.普通教育学·教育学讲授纲要.李其龙,译.北京:人民教育出版社,1989:190.

的意义。①

这一时期,还有许多著名的思想家、教育家也写出了专门的教育或教育学著作,为教育学的繁荣做出了贡献。如英国哲学家洛克(J. Locke,1632—1704)于1693年出版了《教育漫话》,对绅士教育的有关问题进行了较完整的论述。法国思想家卢梭(J. J. Rousseau,1712—1778)于1762年出版了曾令大哲学家康德都爱不释手的《爱弥儿》,深刻地表达了卢梭的自然主义教育思想,是反封建的革命主张在教育领域的表达,对后世的教育理论与实践产生过深远的影响。瑞士教育家裴斯泰洛齐(J. H. Pestalozzi,1746—1827)在其著名教育著作《林哈德与葛笃德》中,明确提出教育应该致力于全面、和谐地发展人的一切天赋力量和能力,而要达到这个目的,教育就必须与生产劳动相结合,必须要符合学生的本性,必须从最简单的要素开始直到最复杂的事物。他还明确地提出"使人类教育心理学化"的口号,对于推动教育活动的科学化及教育学的诞生都起到了重要的作用。

总之,教育学的创立是在种种主客观条件综合作用下产生的。首先,教育学的创立源于教育改革与发展的拉动。在近代,生产方式的变革以及新知识的大量涌现,极大地推动了教育的发展,因此,培养具有新的教育思想、掌握新的方法的教师,就成为了适应社会需求的客观要求。为满足社会的这一需求,从17世纪末开始,欧洲开始出现了旨在培养新型教师的教育学类课程,这一举措有力地推动了教育学的创立。其次,教育学的创立与近代科学的发展及其所提供的方法论有着密切的关系。按照近代人们对"科学"的理解,通常所谓的"科学"指的是自然科学,即把通过观察或实验所得到的大量事实加以归纳,从而探寻事物的规律。在这个意义上,教育学要成为科学,就须效仿自然科学,在已知的教育现象与事实的基础上通过归纳的方式来探究教育的普遍规律。由于教育以人为对象,须从人的心理活动规律来设计教育活动,因而近代的教育学大多把心理学作为

---

① 陈桂生.历史的"教育学现象"透视.北京:人民教育出版社,1998:88-105.

其理论建构的科学基础。但是当时心理学还未成为较成熟的学科,在此基础上所建立的教育学必然也是不成熟的,再加上某些思想家们的立场与视野存在局限性、教育问题存在复杂性,这一时期的教育学虽然在知识谱系中已有了名分,已取得了学科建制化的初步成绩,但远未达到成熟的状态。

◆ **思考与争鸣**

1. 为什么说经历文艺复兴与宗教改革,教育学终于在培根与夸美纽斯这个年代呱呱坠地?

2. 自夸美纽斯至赫尔巴特,教育学终于成为一门独立学科,其科学性也逐渐加强。但由于时代多方面因素的制约,这一时期的教育学远未成熟。如教育学心理学化趋势加剧,但由于心理学此时还未成为实验科学,保留着浓厚的思辨色彩,所以此时在科学心理学的基础上建立教育学的科学体系,时机还不成熟。总而言之,近代的一批学者完成了使教育学成为一门独立学科的历史使命,在"如何教"即教学论方面也做出了许多具体贡献,但由于历史的局限性,特别是缺乏科学方法论的指导,教育学的科学化似有一段漫长的路要走。

三、教育学的发展与多元化

从 19 世纪中叶以来,随着社会的转型与其他知识领域的发展,由夸美纽斯与赫尔巴特所创立的教育学在整个 20 世纪又得到了迅速发展,出现了许多新的教育学流派,呈现出"百花齐放"的可喜态势。

(一)马克思主义教育学

19 世纪中叶后,知识领域有两个重大的进展对教育学产生了直接的影响:一个是马克思主义的诞生,为教育研究提供了唯物辩证法这一科学的世界观与方法论,这是教育学发展的一个重要转折点;另一个是心理学在 19 世纪末开始进入到实验阶段,为教育学的进一步科学化创造了必要的条件。前者推动了马克思主义教育学的创立,而后者则导致了实验教育学的兴盛。

马克思主义教育学包括两部分内容：一部分是马克思主义经典作家关于教育的论述；另一部分是教育学家运用马克思主义的基本原理对教育的基本问题所作出的理论分析。相对来说，后者的比重更大。苏联与中国的一批教育学家，运用马克思主义的社会存在决定社会意识、经济基础决定上层建筑等基本原理，探讨了教育的本质属性，揭示教育与其他社会现象之间的关系；根据人的本质特性探讨教育的目的，并对遗传、环境、教育这三者之间的关系做了科学的说明；根据人的认识规律，探讨了教学的本质、特点与规律，并在此基础上编写了多本体系较为完整的教育学著作与教材。它不仅丰富与发展了教育学理论，而且对我国新中国成立前后形成教育特色做出了重要的贡献。

（二）实验教育学

如上所述，科学心理学的出现是教育学进一步科学化的重要条件。赫尔巴特试图把教育学建立在心理学基础上而使其科学化，但他的心理学是从形而上学演绎出来的心理学，还算不上是"科学"的心理学，因而赫尔巴特的教育学不免又落入思辨的窠臼。科学心理学的出现是以1879年冯特心理实验室的建立为标志的，那是赫尔巴特去世近40年以后的事。真正以实验心理学为基础建立教育学的是德国的一部分学者，他们尝试用实验法研究儿童发展与教育的关系问题，并提出了一系列的理论。实验教育学的代表人物有德国的梅伊曼（E. Meuman,1862—1915）和拉伊（W. A. Lay,1862—1926）。

实验教育学的要点在于：第一，反对以赫尔巴特为代表的理论思辨的教育学，认为这种教育学在检验教育方法的优劣上毫无用途；第二，提倡把心理学的实验成果运用于教育研究，从而使教育研究真正"科学化"；第三，把自然科学普遍采用的实验方法运用于教育实验之中，以规范教育研究的过程与方法，并把实验的结果作为教育决策的重要依据。[①] 实验教育学所推崇的研究方法成为20世纪教育研究的一个重要范式，近百年来得到了广泛的应用和发展，在很大程度上对

---

① 劳凯声.教育学.天津：南开大学出版社，2003：15.

教育学的发展起到了促进作用。

（三）人文教育学

实验教育学把教育现象简化为自然现象,并用实验的方法来研究人的心理与教育现象,这一研究范式必然是有局限性的,因为人的教育活动不可能是一个"价值无涉"的领域。而涉及价值的判断与选择时,科学实验的方法就无能为力。当实验教育学及其后继者把科学的某些方法夸大为教育研究的唯一有效的方法时,它就走上了迷途,受到了来自人文教育学的批判。

人文教育学,又称精神科学的教育学,是19世纪以来出现在德国的一种教育学说。其代表人物主要有狄尔泰（W. Dilthey,1833—1962）、利特（T. Litt,1880—1962）、斯普朗格（E. Spranger,1882—1963）等人。人文教育学反对用科学的方法来研究教育学。在他们看来,教育学属于精神科学,精神科学不同于自然科学,自然科学研究僵死的、没有内在生命活力的自然现象,适用的方法是"说明",而人类的生命活动是一种社会—历史存在,只能用"理解"的方式加以把握。

（四）实用主义教育学

实用主义教育学是19世纪末20世纪初在美国兴起的一种教育思潮,对20世纪整个世界的教育理论研究和教育实践发展产生了极大的影响。其代表人物是美国的杜威（J. Dewey,1859—1952）、克伯屈（W. H. Kilpatrick,1871—1965）等人。实用主义教育学是在批判以赫尔巴特为代表的传统教育学的基础上提出来的,其基本观点是:第一,教育即生活,教育的过程与生活的过程是合一的,而不是为将来的某种生活做准备的;第二,教育即学生个体经验的持续不断的增长,除此之外教育不应该有其他的目的;第三,学校即社会,学生在其中要学习现实社会中所要求的基本态度、技能和知识,即"民主"是一种活生生的生活方式,它的实现在于普通人每天的生活实践;第四,课程应以学生的经验为中心,而不是把学生视为知识的旁观者与接受者;等等。实用主义教育学是以美国文化为基础,在批判传统教育学的"二元论"思维方式的基础上构建的以"经验"为本体论的教育哲学体系。

以上仅对20世纪几个有代表性的教育学派做了简要概述,下文还将对此作详细深入的分析。

◆ **思考与争鸣**

1. 教育学的演进总会受到时代的影响。社会的重大转型期,往往也是教育学研究最为活跃的时期,是一个不断产生新的教育学思想、不断推出教育学家的时期。

2. 在教育学演进的过程中,处于特定文化或政治意识形态中的人们,在考察教育问题时必然会表现出立场、观点与方法等方面的差异,这种视阈的差异也必然在教育学研究中显现出来,从而形成不同的教育学传统与风格,如美国的实用主义教育学、德国的人文教育学、苏联和我国的马克思主义教育学等。

3. 由于教育问题存在复杂性,因此任何单一的视角都只能对教育问题作出部分合理的诠释,不可能穷尽真理,对教育全面认识往往需要多个视角、多种观点之间的争鸣,教育学的发展在很大程度上得益于不同学派之间的相互批评与借鉴。在教育学发展过程中,如果没有不同学派之间的对话,那教育学衰败之日必将到来。

第三节 西方近现代以来的教育学观[①]

教育学的根本问题以及对这个问题的研究是伴随着近代以来教育学科的独立而产生的。在该部分内容中,我们将系统地分析西方近现代教育学史上有影响的理性主义、实证主义、精神科学解释学、分析哲学以及元教育学研究框架及其教育学观。

一、理性主义的教育学观

理性主义是近代哲学的一个主要流派,其代表人物是笛卡尔

---

① 本节内容主要编自石中英《教育学的文化性格》,山西教育出版社,1999年版。

（R. Descartes，1596—1650）、莱布尼滋（G. W. Leibniz，1646—1716）、康德等人，它的思想源泉可以追溯到古希腊的柏拉图。理性主义强调人的理性的尊严和能力，以人的理性作为衡量万事万物的尺度；认为人只有凭借理性才能获得真理，人究其本质是理性的动物。在中世纪之后，理性主义曾经起到革命性的作用，是用人性来反对神性的一个重要武器，是新兴的资产阶级反对封建专制的有力武器。理性主义对近代科学的发展以及普遍的社会思想解放运动也起到了积极的推动作用。自然，理性主义对于教育和教育学问题的研究也产生了巨大的影响，一些对教育学问题感兴趣的哲学家据此提出了理性主义的教育学观。

康德是从理性主义的角度进行教育学研究的第一人。康德在哥尼斯堡大学期间，普鲁士政府已颁布了义务教育法令。为了培养大量合格的师资，该大学规定每位教授轮流讲授教育学，康德便是其中有影响的一位。康德晚年将自己有关教育的讲演稿交给他的学生林克（T. Rink），嘱他编纂发表。1803年，该书出版。就在同一年，康德逝世。

康德明确认为"教育是一门艺术"[1]，这是当时流行的观点，也是"padagogik"这个词的古老的含义。但作为一个过着严格理性生活的哲人，康德与别人不同的是，他认为这是一门很难的艺术，其运用必须和"判断的功夫"结合起来，否则就会变成"机械的"东西。"真知灼见固然需要教育，教育亦要靠真知灼见。"[2]所谓真知灼见也即"明确真实的概念"，实际上也就是一种理性的态度和知识。如何才能获得这种真知灼见呢？康德认为，"教育一定要成为一种学业，否则无所希望"，"教育的方法必须成为一种科学"，否则绝不能成为一种有系统的学问。[3] 他赋予了"padagogik"这个词以新的理性的内涵。这就是他所理解的"教育学"超出他的前人和他的同时代人的地方。

总之，康德尝试用理性演绎的方式建构自己的教育学说，或者说

---

[1] 康德. 康德论教育. 瞿菊农，译. 北京：商务印书馆，1930：8.
[2] 康德. 康德论教育. 瞿菊农，译. 北京：商务印书馆，1930：9.
[3] 康德. 康德论教育. 瞿菊农，译. 北京：商务印书馆，1930：10-11.

至少明确地表达了这种愿望。尽管他没有采用他在哲学思维中惯用的方式追问"教育学是否可能"或者"教育学如何可能",没有留下可与他的"三大批判"相媲美的"教育学批判",但是他关于"教育一定要成为一种学业"和"教育的方法必须成为一种科学"的主张以及为教育寻求一套"明确真实的概念"的愿望给了赫尔巴特以直接的影响。

赫尔巴特在世界教育学史上被认为是"不朽的"人物。他的教育思想已广为人知。这里我们着重分析他的教育学观,看一看这位被誉为"科学教育学之父"的教育学家是怎样来认识、理解和规范教育活动的,看一看他之所谓"科学的教育学"究竟是什么。

在如何认识教育问题上,赫尔巴特坚决反对卢梭的"遵循自然",洛克的"投身世俗"以及过分依赖经验,强调必须有"一种教育者自身所需要的科学",有"科学与思考力",强调由康德所提出的教育学的"独立性"和"科学性"。他说:"但愿那些很想把教育基础仅仅建立于经验之上的人们,对其他的实验科学作一番审慎的考虑;但愿他们认为值得去了解物理与化学……他们也许会了解,从一个经验中将学不到什么,而从各种分散的观察中同样将学不到多少东西,因此人们在得到某种结果之前,确切地说,必须二十次地重复包含二十个错误的同一种试验。而即使这样,相反的学说对于这种结果还可以各按其特有的方式做出解释。然而他们也许将了解,在试验结束之前,在对试验的剩余部分首先做出严格检验与周密的衡量之前,是谈不到取得了经验的。教育实验的剩余部分就是学生在成年时表现出来的缺点。所以一个这样的实验,其时间范围至少需要一个人的半生!而一个人究竟何时方能成为一个有经验的教育者呢?而且每一个教育者的经验是由多少经验组成并要经过多少次的变换?相比较而言,一个有经验的医生了解的事情是何等广博,多少世纪来人们为他记录下了多少的经验!即使如此,医学仍如此脆弱,以致恰恰是它变成了各种最新哲学理论现在在其中繁茂地丛生着的疏松土壤。教育学不久也走向这种命运吗?它也将成为各个学派的玩具吗?假如教育学希望尽可能严格地保持自身的概念,并进而培植出独立的思想,从而可能成为研究范围的中心,而不再有这样的危险:像偏僻的被占领的区域一样受到外人治理,那么情况可能要好得多。任何科学只有当其尝试用自己的方式并与其邻近科学一样有力地说明自己的方向的时候,它们之间才能产生取长补短的交流。"①

那么,究竟什么才是教育学"自己的方式"?什么才是教育学"自己的方向"?教育学如何才能找到"自己的方向"呢?赫尔巴特首先强调的是教育学要有"自身的概念"。

"普通教育学必须把论述基本概念放在一切论述之前。"②

"为了努力达到科学的统一性,思想家们常人为地误将许多就其性质来说并列在一起的事物勉强包含在一起,推出相互关系来;甚至陷入这样的错误境地:从知识的统一性中推导出事物的统一性来,而且以前者的统一性来假定后者的统一性。这些错误观念并不影响教育学,甚至使人感到有这样的需要:用一种思想来理解像教育这样一种工作的整体(它具有无穷多的部分,而各部分又是最紧密地联系在一起的),从这种思想中能够显示出计划的统一性与精力的集中性。假如注意一下教育研究必须得出的结果,以便使该结果完全可以得到应用,那么我们就会被驱使去要求和假定教育研究结果不可能没有这种统一性,并且在其中还将希望获得教育原则的统一性。所以问题是多方面的:第一,假如这种统一性原则确实存在的话,那么人们是否知道在一个概念之上建立一门科学的方法?第二,事实上存在于那里的这种原则是否能真正产生这样一门完整的科学?第三,这种科学的结构以及它所产生的这种观念是不是唯一的,或者还是否有其他的,即使不太适当却是自然的,不能完全排斥的成分?"③

赫尔巴特试图把教育工作的复杂性、整体性,教育原则和思想的

---

① 赫尔巴特.普通教育学·教育学讲授纲要.李其龙,译.北京:人民教育出版社,1989:9-10.

② 赫尔巴特.普通教育学·教育学讲授纲要.李其龙,译.北京:人民教育出版社,1989:192.

③ 赫尔巴特.普通教育学·教育学讲授纲要.李其龙,译.北京:人民教育出版社,1989:36.

统一性以及教育概念的基本性和教育学作为一门科学的统一性结合起来加以思考。在赫尔巴特看来,教育原则和思想的统一性反映了教育工作的复杂性和整体性的要求,教育概念的基本性则保证了教育原则和思想的统一性,教育学体系(结构)就是建立在这些基本的教育概念基础上的。没有这些基本的教育概念,人们对教育的认识就永远停留在经验的水平,停留在"教育术"的阶段,而不能像当时的许多独立的科学一样,成为一种真正的"科学",使教育知识获得它们的"普通性"和"一般性"。

考察赫尔巴特《普通教育学》中的有关论述,我们完全可以把握赫尔巴特的教育学观,那就是把教育学变成由一些基本的教育概念组成的知识体系。这就是他的"科学的"教育学所追求的目标。这种目标与康德的目标是完全一致的,只不过,赫尔巴特作为后来者,比康德表达得更为清楚和系统。众所周知,他的教育目的是建立在"人的可塑性"这个概念上的,他的道德教育是建立在著名的"五道念"(内心自由、完善、仁慈、正义与公平)基础上的,他的教学理论是建立在"教育性教学"基础上的,他的整个教育学体系是建立在"管理""教学"和"训育"三个概念基础上的。正由于此,《普通教育学》才给人以"组织精密、义理宏深"[①]的印象,并使今天的学者们也自觉难以在这方面超越。

毫无疑问,教育学史上关于教育学根本问题的第一个研究框架是理性主义的。在这个框架下,教育学活动获得了它最初的学术规范和理论形式,以教育概念的独立性、统一性,教育思维方式的演绎性以及教育学知识的系统性、唯一性为其基本特征,开创了教育学研究体系化的时代。在这种范式下,教育学活动从大量日常的教育常识性认识活动以及哲学、政治或文学活动中区别出来,成为一种专门的"学业"。自此以后,建立一套严密的概念体系一直是教育学者们孜孜以求的。但理性主义研究框架的局限在于它没有回答这样的问题:教育学概念是从哪儿来的?这些概念以及概念的体系是否具有

---

① 范寿康.范寿康教育文集.杭州:浙江教育出版社,1989:166.

普遍的意义？

二、实证主义的教育学观

实证主义产生于19世纪30年代的法国，后波及英国及其他西方国家，逐渐成为一种颇有影响的哲学派别。它的代表人物是法国的孔德（A. Comte,1798—1857）、英国的穆勒（J. S. Mill,1806—1873）和斯宾塞（H. Spencer,1820—1903）。在一定意义上，可以说，实证主义开创了现代西方哲学中的科学主义思潮，后来的马赫主义、逻辑实证主义以及当代的一些科学哲学流派即实证主义在新的历史条件下的继续。

在科学问题上，实证主义在一定程度上适应了17—18世纪欧洲科学发展的需要，对文艺复兴之后的理性主义科学观进行了批判。在近代科学发展的初期，理性主义作为一种与宗教蒙昧主义相对抗的力量曾起到一种普遍的思想解放的作用，阐明了人类认识能力之无限可能，解释了人类在认识世界时的主体性，完成了"科学"与"宗教"的划界工作，为科学的发展开辟了道路。但是它明显的抽象思辨性又妨碍了自然科学（经验科学）的进一步发展。在这种情况下，实证主义哲学继承发展了培根以来的经验论传统，提出了科学与"形而上学"的划界问题。它的基本观点有如下几点。

第一，科学应以经验或现象的观察为基础，而不应以纯粹的概念思辨为基础。实证主义的创始人孔德明确提出"拒斥形而上学"的口号。孔德所反对的"形而上学"不是我们现在一般所说的作为与辩证法相对立的方法论意义上的形而上学，而是指自古希腊以来西方哲学界探求世界一切现象的最终起源、探究本质之学说。在孔德看来，沿着这种"形而上学"的认识论路线，人类就会毫无所获。他引用培根的话说："最终原因的研究是不结果实的，正像一个奉献给上帝的修女是不会生育的一样。"[①]

第二，科学研究的目的是获得"实证的"知识。所谓"实证的"有

[①] 欧力同.孔德及其实证主义.上海：上海社会科学出版社,1987:40.

六点含义,即"现实的""有用的""确实的""精确的""积极的""相对的"。"现实的""确实的"主要是相对于"形而上学"的"玄想"而言的;"有用的""积极的"是要求研究的结果能够有助于个人和社会实际状况之改善;"精确的"则要求在所研究事物的性质所允许的范围之内去得出结论,是什么就是什么;"相对的"则指出人由于认识受内外状况的限制,不可能得出"形而上学家"们所谓的"绝对的"知识。

第二,科学的研究应采取实证的方法。实证的方法就是纯粹的观察、实验、比较、分类,在逻辑上主要是运用归纳逻辑。通过这些方法,来发现现象与现象之间的"规律"。在实证主义看来,所谓"规律"不过是现象世界的"先后关系"与"相似关系",而不是我们所说的物质世界的内在的、本质的和必然的联系。

第四,人类知识的进化思想。孔德认为,人类的每一种知识部门,都先后经历了三个不同的理论阶段:神学阶段、形而上学阶段和实证阶段。实证阶段是最后也是最高的阶段[①]。不同的学科所达到的阶段并不相同,有的已经达到了实证阶段,如物理学和化学,有的则还没有,如社会学和哲学。

尽管实证主义者们自己在进行研究的时候往往也有意无意地落入自己所批判的"形而上学"的窠臼,但他们在科学认识问题上的实证主张确实在整个西方产生了巨大的和广泛的影响。一时间,各门学科(不仅仅是自然科学)的学者们都不得不反省自己学科的发展历史,检查自己学科的发展是否达到了实证的阶段,并积极地采用实证主义者们的建议,致力于剔出本学科"形而上学"的成分,推进本学科的实证化。由此出现了实证主义的社会学、经济学、史学、心理学以及教育学。

在这个历程中,涂尔干(E. Durkheim,1858—1917)是一个重要人物。作为孔德和斯宾塞实证主义社会学的忠实信徒,涂尔干一生的主要目标就在于把社会学建设成为一个严密的科学学科(或者说实证学科)。他认为,社会学是对"社会事实"的研究,而不是对

---

① 奥古斯特·孔德.论实证精神.黄建华,译.北京:商务印书馆,1996:2.

一些抽象概念的研究。涂尔干把社会事实分成两类：一类是"形态学方面的"，包括社会结构以及社会基本要素的组合方式，如人口密度、人口质量、居住状况、交通状况等；一类是"集体意识方面的"，包括道德规范、宗教礼仪、传统习俗等。前者属于社会事实的物质方面，后者属于社会事实的精神方面。很显然，社会事实具有外在的客观性，对它的研究不能通过当时流行的心理主义的方法实现，而只能"就社会现象本身来说明社会现象"。

在著名的《自杀论》一书中，涂尔干为人们树立了"实证的"社会学研究的榜样。他先是对自杀现象作了严格的定义，然后根据这个定义进行大量的直接观察，再就是对观察的结果进行统计处理，寻找各种现象之间的数量关系，接下来就是根据统计结果进行分类比较，找出各类自杀情况的共同特征。他用这种"实证的"方法来反驳当时在这个问题上的"精神错乱""酒精中毒"等观点，指出自杀现象的各种复杂的社会原因，一时间在西方社会产生极大影响。可见，涂尔干要求社会科学家像自然科学家那样成为一个纯粹的观察者，以期确立社会科学理论的科学性和客观性。

作为教育学教授，在实证主义指导下，涂尔干激烈地反对把社会、教育及人之间的关系当作抽象的存在加以研究，强调运用调查、实验等手段研究具体的生动的教育制度、教育活动与具体的个体和社会之间的复杂关系。涂尔干认为，没有一个空间把人类与世界的其他部分分隔开来，人类遵循和自然界一样的规律。因此，要像理解自然那样去理解人类自身。涂尔干认为，这是一段艰辛而漫长的路。他只是指出了他那个时代的教育学研究应该努力的方向——一个不折不扣的实证主义方向。

从实证主义的框架来规范教育学活动的另外几个重要人物是德国的梅伊曼和拉伊，美国的桑代克以及瑞士的克拉帕海德。与涂尔干不同，他们是经过实验心理学和教育心理学这两条道路走向"科学的"教育学的。

梅伊曼接受冯特的实验心理学的影响，认为教育学要想获得切实可靠的知识，就必须从概念思辨的传统中解放出来。像自然科学家那样,进行严格的控制性实验。实验教育学如果说与实验心理学有区别的话,就在于实验教育学所处理的是教育过程中的各项问题。梅伊曼发展了很多精巧的实验技术,广泛地研究了学生智力和体力的发展、个别差异、记忆、想象、意志、理解力、学科教学等问题。

拉伊作为一个中学教师,他更关心的是如何通过教育实验促进教育教学工作的开展,所以他的实验属于自然实验。他对"旧教育学"进行了坚决的批判,认为旧教育学以知觉、内省的观察为依据这一做法对于正确地揭示教育的规律、提高教育教学效率和质量来说是远远不够的,并且不时地有陷入空泛和独断的危险。要改变这种状况,就必须凭借广泛的观察、实验和统计技术来建立"新的教育学",也就是实验教育学。他并没有简单地否定旧的教育学,而是认为旧的教育学的许多结论是没有得到实验的检验的,旧教育学的许多结论可以作为实验教育学的前提性假设。

桑代克与克拉帕海德是把科学方法运用到教育研究的"关键人物"[①]。克拉帕海德尖锐地批判了理性主义教育学的研究方式,而认为通过观察和实验进行认真而客观的调查研究,是提供完整事实和关系的唯一正确的方法。桑代克在著名的《教育心理学》一书中则明确写道:"教育科学,当它在发展的时候,就像其他科学那样,有赖于对教育机构的影响作直接观察和实验,并且有赖于以定量的精确性研究和描述的方法。"

总体上看,实证主义者在教育学基本问题上的回答是:教育学可以而且应该成为一门"科学",成为一门以研究、揭示教育现象的客观规律为目的的实证科学;要使教育学"科学化",就必须对旧的以纯粹的概念思辨为特征的教育学研究进行批判或否弃,这种教育学知识是虚妄的知识,并且流露着主观主义、独断主义、教条主义的情绪;教育学的研究对象是教育事实;教育学的研究方法是实验的方法,提倡

---

① W. F. 康内尔. 二十世纪世界教育史. 张法琨,等,译. 北京:人民教育出版社,1990:206.

对教育现象要有系统的观察、统计和分析;教育学研究的目的是形成"科学的"亦即"实证的"教育知识,只有这种知识才能最终有益于教育活动。

应该说,实证主义对理性主义的批判是有道理的;不管"科学"一词的含义是什么,如果教育研究还希望作为一种科学研究的话,那它就必须从教育事实出发,系统地观察、分析、研究它们的存在、变化,而不能像理性主义者那样,从教育概念出发,从理性原则出发,进行纯粹的逻辑推演。但是,实证主义在认识论基本问题上有着重大的缺陷。

首先,它在反对理性主义概念思辨的同时基本上否定了理性思维在人类理性认识中的重大作用,从一个极端走向另一个极端。事实上,在归纳和演绎、经验和理性、事实与概念之间存在着复杂的辩证关系,任何非此即彼、厚此薄彼的态度和方法在哲学上要么是倒向唯心主义,要么是倒向机械的唯物主义。"只有当自然科学和历史科学接受了辩证法的时候,一切哲学的垃圾——除了关于思维的纯粹理论——才会成为多余的东西,在实证哲学中消失掉。"[①]

其次,它把自然科学的方法作为社会现象研究的唯一正确合理的方法,主张像研究自然现象那样去研究社会现象,抹杀了自然现象和社会现象、自然认识和社会认识、自然规律和社会规律之间的质的区别,这并不是尊重了事实,而恰恰是歪曲了事实。同时,在研究方法上,它只重视量的研究,不重视质的分析,只讲统计的结果,不讲统计的前提,把客观性建立在数学的基础之上。

正是出于这些缺陷,实证主义并没有给教育学活动指出一个富有生命力的方向,没有给教育学者找到一个安身立命的所在,没有使教育学赢得"科学"的美名,甚至没有获得一条"客观"的教育真理;相反,它倒是使教育学陷入"实验"的泥坑而不能自拔,左右为难。正如杜威所指,"教育科学的创立,不能仅仅通过借用自然科学中的实验和测量的技术……我们有一种倾向,仅仅因为借用了创立较早、比

[①] 马克思,恩格斯. 马克思恩格斯选集:第3卷.北京:人民出版社,1972:533.

较先进的科学的技术以为我们就有了教育科学的材料了"①。

三、精神科学——解释学的教育学观

赫尔巴特的理性主义教育学问世以后,成为整个19世纪欧洲乃至整个文明世界占统治地位的教育学观。但是,从19世纪中叶以后,这种教育学在具体内容和建构方式两个方面都日益不能适应不断发展的教育实践要求,在教育实践的具体性、复杂性和丰富性面前,赫尔巴特概念演绎的教育理论越来越显得空洞、抽象,缺乏指导意义。在这种情况下,走出教育学的赫尔巴特传统另辟蹊径就成了整个社会变革对教育学提出的必然要求。为此,实证主义试图使教育学踏上自然科学的客观、精确的道路。在这同时,精神科学从另外一个角度对它进行了猛烈批判,并极力与实证主义划清界限,提出了自己的精神科学教育学观。在20世纪,精神科学的教育学观在哲学解释学的基础上又得到了进一步的发展。它的先驱是狄尔泰,后继者有斯普朗格、利特等人。

狄尔泰是一位现代"百科全书式"的学者,他所研究的问题涉及哲学的本质、认识论、世界观学说、精神科学理论、伦理学、美学、心理学、解释学、教育理论和人物传记。由于狄尔泰是一个学术兴趣十分广泛的思想家,所以对于教育和教育学问题的论述也不是专门和系统的,大都是一些从他的生命哲学、描述心理学和世界观出发的关于教育问题的演讲。但狄尔泰在教育学的发展史上绝不是无足轻重的。可以说,他在德国乃至全世界教育学史上是一个重要的转折性人物,他的许多主张对德国和整个世界的教育学发展方向都产生了深远的影响。1888年,作为柏林大学教授的狄尔泰发表了《关于普遍妥当的教育学的可能》一文,对一直作为德国教育学主流的赫尔巴特教育学展开了猛烈的攻击,以至于当时追随赫尔巴特的一些学者,"受到狄尔泰的这一攻击,正如晴天霹雳一般,几乎使其手足无措

---

① 杜威.杜威教育论著选.赵祥麟,王承绪,译.上海:华东师范大学出版社,1981:280.

……狄尔泰的这篇小论文,实为可怕的炸弹,而德国教育学界经了这番的震动,又不得不改换方向"①。要理解狄尔泰批判的立场、理解他的教育学观,首先要理解狄尔泰的精神科学及其方法论。

17世纪以来,自然科学已经取得了很大的发展,许多学科先后从哲学学科中分化出来,获得了独立。自然科学的方法体系已经初步形成,在这种情况下,研究社会和人文现象的科学则相比之下还显得不够成熟。实证主义者试图用实证科学来统一自然与社会人文科学,要求社会人文科学自然科学化。这种努力对于荡涤社会科学领域的形而上学和唯心主义来说是非常可贵的:它使社会科学家的目光在历史上第一次转向社会事实,从错综复杂的社会现象中而不是从神的启示或理性的推演中找出规律性的东西。但是实证主义的致命缺陷就是抹杀了自然现象之研究与社会人文现象之研究之间的根本性区别,把实证的方法作为研究社会现象的唯一合理的方法。就在社会科学、心理学、历史学等纷纷实证化的同时,狄尔泰提出了"精神科学"的概念,标举精神科学的独立性。

狄尔泰认为精神科学与自然科学是两类在研究主题和研究方法上均极不相同的科学。从主题上说,自然科学研究的是自然现象,社会科学研究的是"精神现象",或者说是"社会—历史现实"。它们之间的区别在于:自然现象是僵死的、没有内在生命的东西,社会—历史现实则是有目的的存在;自然没有自我意识,因此也就无所谓价值,社会—历史现实是能进行价值评价的存在;自然服从规律,具有不可避免性和不可更改性,社会—历史现实则服从规范、法律和规则,具有约定俗成性和可变化性;自然无严格意义上的历史性,社会—历史现象则是历史性的存在,没有历史、没有传统,就没有精神的世界;自然科学的对象是由自然从外面"给定"的,而社会—历史现象则是作为一种整体关联从内部呈现出来的。

由主题的不同,狄尔泰进一步分析了研究方法的不同。第一,自然科学立足于对物理现象及其过程的观察,观察为自然科学提供了

---

① 蒋经三. 文化教育学. 北京:商务印书馆,1935:27-28.

坚实的基础,而精神科学则立足于对"精神客观化"的理解。他的一句名言就是"我们说明自然,我们理解生命"。第二,在自然科学与常识之间有一条不可逾越的鸿沟。自然科学越发达,就离常识越远;精神科学则直接地源于日常生活经验,非但不像自然科学那样急于摆脱常识,而且要以日常经验为基础。第三,自然科学的基本要素是一些假设性结构,是依靠这些假设性结构建立自己的理论的。它们是精确的,并有赖于实验加以证实。这些假设性结构被认为是同质的、没有个体差异的。精神科学的情况则截然不同,基本要素是个别的精神。第四,自然科学家把发现规律作为自己的首要任务,自然要素的同质性使这一任务的完成成为可能。而在精神科学中,精神状态不能被归结为数量关系,而且,没有两个完全相向的个体,因而一般规律的发现不但不具有首要的意义,而且几乎是不可能的。第五,自然科学对价值判断不感兴趣。而在精神科学中,一切思想都是价值论的,都从价值的观点选取自己的事实并形成自己的问题。

狄尔泰将自然科学与精神科学划界的直接动机就是要为精神科学的独立争地盘,为精神科学找到自己独特的方法论。在教育学上,他根据精神科学的理论,向赫尔巴特的理性主义教育学展开攻击,把自称是"普遍的""一般的"赫尔巴特教育学称为"没有人的教育学"。他说:"今天,赫尔巴特的教育学已经促成了极端的倾向,即不考虑民族的差异性,以及国家对现存学校制度的需求而树立一个死板的模式,这种教育哲学理论上的失误使学校的教育陷入危险境地。在当今学校教育狭窄而死寂的领域,令人惊讶地又重演了18世纪没有人的教育的悲剧。一种热衷于追求抽象的思辨和普遍有效的理论,肆意强行作用于充满生命意味社会的历史性秩序。对此,我们不能熟视无睹,而要以全新的教育观念展开对那种今天仍然钳制着我们的教育学的批判,这愈来愈具有极其重大的意义。"[①]这种全新的教育观念就是精神科学视野下的教育观念。在这方面,他继承和发展了他最崇敬的施莱尔马赫(F. Schleiermacher,1768—1843)的观点。施

---

① 邹进.现代德国文化教育学.太原:山西教育出版社,1992:46.

莱尔马赫在狄尔泰之前就对赫尔巴特的教育学进行了批评，认为教育的目的和理想应从历史上寻求，绝没有任何时代任何国家都适用的教育目的和理想。狄尔泰给施莱尔马赫的观点以理论的基础——精神科学的基础，从而增加了批判力。狄尔泰的问题被后来的文化教育学者们不断地提出来，形成德国20世纪持续不断的关于教育学根本性问题的解释学思考。

斯普朗格（E. Spranger, 1882—1963）是狄尔泰教育思想的发扬光大者，他从文化哲学的立场出发，在对教育、文化、人三者关系的深刻把握中对赫尔巴特的教育学建构方式提出了批判，为使教育学摆脱形而上学的抽象思辨以及对心理学的过分依附做出了重大的贡献。斯普朗格认为，教育作为一种特殊的人类精神活动，并不是孤立的，它与人类的其他文化现象，如政治、经济、科学、宗教等都有着内在的整体的联系。教育活动在它的历史发展中，承担着人类的文化保存、文化传承与文化创造的使命。这种使命的完成是通过文化的客观精神与文化的主观精神的交互作用、相互渗透、相互生成来实现的。所谓文化的客观精神是指文化的社会—历史的存在，是传统的保存和在现代的显现，相对于个体生命而言，是一种外在的东西。所谓文化的主观精神是指个体的由知、情、意等构成的完整生命世界，它是个体历史生活的积淀，同时也是个体现实和未来生活的起点。这种客观精神与主观精神交互作用、相互渗透和相互生成的过程，就是教育学所要研究的核心问题。在这个过程中，人不能被作为抽象的存在来认识，也不能用外在的纯技术的手段来测量，而只能作为一个具体的鲜活的文化生命通过"理解"来把握。

利特从人与文化存在的历史出发，考察了历史上存在的关于教育的"艺术论""技术论"和"有机论"的论点，认为这些观点都不能成立，也不该成立。这既是出于科学的考虑，也是出于道德的考虑。利特反对"艺术论"把教育看成是一种非理性的艺术，而主张把教育学真正地建设成一门独立的科学；反对"技术论"用自然科学对待物的手段来对待教育过程中的人；反对"有机论"把人的生长只看成是内在禀赋的展开，而主张突出教育活动过程中人存在的历史性、主体性。利特认为,真正的科学的教育学应该在历史所赋予的人、文化、教育的整体关联中来把握人的生长,教育的本质是利用各种精神力量(如国家、社会经济关系、宗教、科学等)来培育人性。在教育学活动中,对教育目标的任何设定都是时代的产物,不是绝对的。

如果说斯普朗格、利特还主要是从文化哲学的角度来陈述狄尔泰所开创的精神科学的教育学观的话,那么福利特纳则明确地从解释学的立场来发表意见,力图在解释学与教育学之间架起一座桥梁。从解释学的立场出发,福利特纳坚决反对在教育史和教育现实问题研究上的实证主义,认为真正的教育不是可以通过实证方法在有限的数据和资料中发现的。而且,福利特纳还认为,教育问题上的实证主义的研究助长了学术界理论脱离实际的学风。因为按照实证的要求,人们只是为研究而研究,从不考虑自己为什么而研究,忘却了自己作为研究者的"使命"。在福利特纳看来。要进行有价值的、能够作用于实践的研究,就要采用解释学的方法。因此,解释学的教育学是一种实践的理论,是把价值意识融进对问题的研究中去。

鲍勒诺夫(O. F. Bollnow,1903—?)在与德国教育学界的"黑马"布雷岑卡的论战中。捍卫了狄尔泰以来的精神科学——解释学的教育学观点。他对狄尔泰关于自然科学与人文科学的划界给予了很高的评价,认为狄尔泰的划界维护了人文科学的独立性和主体件,维护了人的尊严;而那些以自然科学的态度和方法来从事教育研究的人,恰恰忽视了人与动物、植物以及无机物之间的质的差别,无视人作为一种具有精神性、价值性存在的整体性,这对于现代文明来说是一件非常可怕的事。他打了个比方说,自然科学的教育学研究无异于用鱼在岸上存活的时间去衡量鱼的生命力,而只有从精神科学、人文科学的特殊性、主体性出发,才能真正地把握鱼儿的生命状况。经历过两次世界大战的鲍勒诺夫,对于西方社会二战以后人的生存状况怀着深深的忧虑。而"科学的"教育学一味地沉湎于外在的观察、统计、分类之中,对人的生存状况缺乏应有的同情和关心,根本就不能解决现代社会的危机。所以,当鲍勒诺夫提出自己的"人类学教育学"时,给整个德国教育学以极大的振奋。他把自己的教育学称为"乐观的教育学"。

总体上看,解释学是当代西方的一种重要的哲学派别,经历了神学解释学、文献解释学、认识论解释学以及本体论解释学等不同的历史阶段。从代表人物来看,哲学解释学大致经历了从施莱尔马赫到狄尔泰、海德格尔、伽达默尔、利特的发展过程。解释学的理论和方法对当代人文社会科学,如美学、历史学、社会学、语言学、文化学、教育学以及宗教研究等有着广泛的影响。

从教育学来看,精神科学—解释学的教育学观作为对理性主义和实证主义教育学观的反动,既有它的理论背景,也有它的现实社会和教育背景,表明了人们对教育学根本问题的深入认识。它的一个目的就是阐明并维护教育学作为独立的科学的地位,克服教育理论与教育实践脱离的问题。它的前提就是狄尔泰的精神科学与自然科学的划界。它认为,教育作为一种社会历史的存在、作为一种价值的事实,应该作为精神科学的研究领域,而不是作为自然科学的研究领域。教育研究可以成为一门科学,但不是自然科学,而是精神科学。教育知识具有客观性、完整性的必要前提是运用"体验""理解"等精神科学或解释学的方法,而不是运用实验、统计等自然科学的方法。教育研究必须从历史的整体关联出发,并回到这种关联上去。

在教育学史上,精神科学—解释学从一个新的角度提出和维护了教育学的独立性问题。但是,精神科学—解释学的研究框架和教育学观也有自己的缺陷,主要表现在以下几点。

第一,它仍然没有跳出德国的唯心主义学术传统,在反对理性主义的概念思辨与形而上学的同时又不自觉地堕入概念思辨和形而上学中去。

第二,精神科学—自然科学的两分法以及解释学对自然科学方法的拒绝本身也有简单化的倾向。看到了精神现象的特殊性是对的,但是忽视了它的物质基础是不对的;看到了自然科学方法的局限性是对的,但是在精神科学研究中粗暴地加以拒绝是不对的。如何在"理解"中处理主观与客观、绝对与相对、传统与现代、事实与价值的关系也有待于深入研究。

第三,只看到教育现象的历史性、价值性与精神性,没有看到教育现象的客观物质性和高度复杂性,由此导致了把精神科学—解释学的方法当作是研究教育学的唯一有效方法,这一做法是失之偏颇的。

第四,对理性主义与实证主义的教育学观批判缺乏辩证的态度,看不到它们在教育学史上的贡献,把康德、赫尔巴特以来认为教育学要有"自己的概念"的积极成果丢掉了,把实证主义兴起之后教育学要研究"教育事实"的正确结论也消解了。在他们那里,一切都是意识,一切都是文化,物质世界的客观性不存在了,或者说没有意义了。所以,19世纪末20世纪初以来,德国教育学界从来就没有放弃过对这种教育学观的批判。

四、分析哲学的教育学观

20世纪上半叶,西方国家发生了一次声势浩大的哲学革命,这就是分析哲学的诞生,它标志着哲学史上"分析时代"的开始。这场哲学革命的精神先驱是德国的费雷格,发起者是英国哲学家罗素、摩尔以及奥地利哲学家维特根斯坦。随着分析哲学的发展,在20世纪50年代到70年代,一些关心教育问题的哲学家以及一些对哲学分析有兴趣的教育学家逐渐把它的理论和方法应用于对教育问题的分析,从而形成了分析教育哲学流派,在促进教育哲学的"学科化""专业化"的同时,也从分析哲学的立场对传统的教育理论进行了语言—逻辑批判,提出了自己的教育理论"标准",实际上也就是自己的教育学观。

分析哲学"革命"的首要对象是旧的以概念演绎为特征的思辨哲学或形而上学。分析哲学家们认为,传统哲学的根本问题在于对语言的误用,要彻底地根治这种"哲学病",必须把语言分析作为突破口,从现代逻辑输入精确性,由现代科学引入方法论,克服思辨哲学语言的独断、空洞、歧义、含混和情绪化弊端,使得现代哲学语言逻辑化、分析化、科学化、技术化。

分析哲学是一个庞杂的哲学思潮,包括逻辑原子主义、逻辑经验主义(逻辑实证主义)、逻辑语义学、逻辑实用主义、普通语义学、日常语言哲学等。其中,对教育学研究影响较大的是逻辑经验主义与日常语言学派。

逻辑经验主义以科学为旗帜,以新逻辑为武器,以传统思辨哲学为对手,以弗雷格、罗素和早期的维特根斯坦为精神先导。它的主要观点是:一个命题的意义,依赖于证实它的方法;当且仅当一个语句在原则上是可以被证实的时候,这个语句才是有意义的。这就是著名的证实原则。根据这个原则,数学与自然科学的命题都是有意义的,而传统哲学中许多谈论超经验的本体或本质的命题则是没有意义的,它们不构成对世界的陈述,应该中止对它们的谈论。世界上的万事万物都可还原为物理现象,根本就不存在心理学所谓的"内心世界"。任何一门科学的语言都可以内容不变地翻译成物理学的语言。这样,人类的科学知识就获得了统一性。

日常语言学派以牛津学派和剑桥学派为代表。在对待日常语言的态度上,日常语言学派与逻辑经验主义是截然不同的。逻辑经验主义认为日常语言充满歧义,不能作为科学的陈述语言。日常语言学派批评逻辑经验主义把语言的功能单一化,认为语言的功能是多种多样的,传统哲学的毛病不在于使用了不精确的日常语言,而在于误解了日常语言的用法;日常语言本身是完整的。

分析哲学的理论和方法被运用到对教育问题的研究上,既是教育实践的需要,也是教育理论自身发展的需要。就教育实践而言,正如陆有铨教授所说:"当时有一大堆的教育问题吸引教育理论家和教育实际工作者,而传统的教育哲学往往脱离教育实践,并且各派争论不休,使实际工作者莫衷一是。正是在这种情况下,分析学派的教育哲学另辟新径,着重于逻辑或语言的分析工作,特别是集中分析那些模糊不清的教育概念,明确各种定义、口号、比喻以及一些形式的或非形式的推理错误。尽管后来有些分析教育哲学者带有较大学究气,脱离了教育实践,但不可否认,他们最初意图是试图使理论和实际能正确地结合,由此提高教育的质量。"①

就教育理论自身来说,自古以来,教育理论就是在哲学的襁褓中长大的,其中不乏形而上学的空洞与没有经过严格检验的价值判断,所有这些都影响到教育理论的科学性和可接受性。此外,从康德和赫尔巴特以来,教育学就想把自己变成一种科学的理论,然而在究竟什么样的教育理论才能算得上是"科学的"这一点上,理性主义的、实证主义的、精神科学—解释学的观点相互冲突。正确地认识和解决这些冲突是使教育理论获得清晰的思想和牢固的科学地位的前提条件。在这方面,分析哲学在哲学问题上的所作所为都给分析教育哲学家们以直接启发,即把教育实践中的问题归结为教育理论的问题,把教育理论问题归结为教育认识中的语言(概念)—逻辑问题。澄清了概念,就澄清了思想;澄清了思想,就可以使实践获得科学的基础,成为理性的实践。这就是分析教育哲学的思想逻辑。

表面来看,分析教育哲学家们并未提出自己的"教育学"观,也没有这方面的系统论述,他们主要感兴趣的是那些为人们广泛使用的教育概念,如"教育""知识""教学""灌输""兴趣"等。对于这些教育概念,他们甚至也不发表自己的意见,而只是进行逻辑的分析。这体现了分析哲学的精神。维特根斯坦形象地把自己的工作比喻为向别人提供一把梯子,当他们利用梯子达到一个新的高度之后,就可以把梯子扔掉。但是,透过分析教育哲学家们的著作,我们发现他们是从两个方面来回答有关教育学的根本问题的:一个是间接地、通过对教育概念的分析曲折地表达的,或者说是在教育概念的分析中所蕴含的;一个是直接地、通过对"教育理论"(educational theory)性质的总体分析来表达的,"educational theory"这个词在英美国家也可以翻译成"教育学理论",指称由概念和命题构成的教育知识系统。

对教育概念的分析是分析教育哲学家们的主要工作,这方面出版了不少的著作。其中,比较有名的如彼得斯主编的《教育的概念》、索尔蒂斯的《教育概念分析导论》及谢弗勒的《理性与教学》。其中,

---

① 陆有铨.现代西方教育哲学.郑州:河南教育出版社,1993:387.

又以《教育的概念》最为精彩。该书的写作目的就是绘制有关教育概念的逻辑地图,找到正确使用它们的若干标准。这个目的本身就隐含着这样的理论预设:教育概念的使用在逻辑上是混乱的;教育概念的使用上的混乱在逻辑上是可以得到澄清的;澄清教育概念的方法就是找到正确使用教育概念的逻辑标准;教育哲学的任务就是通过概念的分析找到这些标准。

分析教育哲学家们第一次把教育概念和教育理论作为一个专门的研究领域,作为教育哲学的时代主题,拓宽了教育哲学的研究范围。从分析哲学的立场出发,他们一致强调教育理论应该受到逻辑的检验,剔出其中的形而上学独断论的成分,使之成为一种可以接受批判的科学的假设。很显然,分析教育哲学在现代逻辑的帮助下,试图使教育理论从概念到命题陈述更加"科学化","一方面促使教育理论更加合乎逻辑,合乎科学;另一方面,又促使教育学独立于传统哲学,以便我们能够把教育的各种问题用切合教育本身实际的方法来加以解决",从而"在教育科学领域铺平了更广泛的应用科学方法的道路"。[①]

总之,分析教育哲学家们把主要的精力放在了对教育理论和教育实践中所使用的概念及命题的逻辑的、语言学的具体分析上,在建立自己的教育理论方面鲜有建树。它使人们对传统的教育学理论有了更多的理解,却没能把教育学领到一个"山重水复疑无路,柳暗花明又一村"的佳境。事实上,在分析教育哲学兴起之后,人们对教育学的前途不是越来越有信心了,而是越来越悲观了。因为,教育概念从来就不是在所谓"标准"的逻辑意义上使用的,符合分析哲学标准的教育学理论就从来没有建立起来。"科学的"教育学究竟在哪里,这仍是人类教育认识历史上的难解的谜,是一个具有无穷魅力的问题。

[①] 崔相录.二十世纪西方教育哲学.哈尔滨:黑龙江教育出版社,1989:313,324.

第四节　西方近现代以来教育学的范式及其演变[①]

从标志着教育学独立形成的夸美纽斯的《大教学论》(1632年)问世算起,教育学至今已走过了三百余年的发展历程。其间,理论的更替、学派的兴衰,构成了西方近代以来教育学发展史上最鲜明的特征。在上一节,我们考察了西方近代以来的教育学观,着重关注了教育家们教育学研究的立场、态度及视域等。本节则试图运用当代科学哲学中"范式"这一概念来描述教育理论的发展,并期望能在方法论层次上对上述教育学观进行剖析。

一、"范式"辨义

20世纪60年代,美国科学哲学家库恩(T. Kuhn)发表《科学革命的结构》一书后,科学界许多人借鉴库恩的"范式"(paradigm)概念来描述现代科学的发展,并试图找出现代科学演进过程中所遵循的必然逻辑。几乎与此同时,西方一批教育学研究者也发现了"范式"这一科学规范的魅力,并借用它来解释教育学理论的进展,进而在方法论层次上进行深刻的反思。

那么,什么是范式呢? 按照库恩的解释,科学发展的模式就是由一个常态科学转变到另一个常态科学,两个常态科学之间则是非常态科学或科学革命,是科学进步过程中的中断。所谓常态科学是由一个公认的理论决定的,这个理论包含着研究方法和技术,它指出什么难题要加以研究,并且什么样的解释是可以接受的。库恩把这种公认的理论称作"范式",它是"在一个时期内给科学家共同体提供模范问题与解决的普遍公认的科学成就"[②]。然而,库恩知道,仅仅这样表达"范式"是远远不够的,于是,他先后在该书的不同地方对"范式"作了许多说明。但如同许多思想丰富却不善言辞的学者一样,他

[①] 本节内容主要编自王坤庆《教育学史论纲》,湖北教育出版社,2000年版。
[②] T. Kuhn, The Structure of Scientific Revolution, Chicago: Univ. of Chicago Press, 1970. P.5.

的解释给人一种只能意会而不能言传的感觉。英国女学者马斯特曼（M. Masterman）助了库恩一臂之力，她从库恩所使用的21种含义中将"范式"概念归为三类：一是形而上学范式，亦叫元范式，如一组信念，有效的形而上学思辨、标准、看法、统帅知觉的条理化规则，等等；二是社会学范式，如公认的科学成就、具体科学成就、一套科学习惯等；三是人造范式，如教科书或经典著作、工具仪器、类比、格式塔图像等。①

如果我们进一步归纳的话，所谓范式，就是一种科学信念以及与这种信念相联系的研究方法论的集合体。范式的更替，也就意味着科学信念论与研究方法论的改变和科学家共同体的改组与重构，科学正是在这一过程中向前推进的。

库恩使用范式概念，旨在描述自然科学的发展，对于人文社会科学，他认为并不适用。在他看来，人文社会科学的发展未臻成熟，它只有学派（school），没有范式，尚处于"前范式时期"（pre-paradigm periods）。但更多的学者认为，运用"范式"来解释人文社会科学，仍有其启示性价值。例如，任何科学研究，必然具备相应的哲学基础，这种哲学定向实际上就是一批科学工作者共同遵守的信仰、价值标准、理论逻辑、语言规范和行为准则，而这正是库恩的"范式"含义之一。因此，在被视为人文社会科学领域之一的教育学理论研究中，运用"范式"这一科学规范来研究其历史与现状，并从方法论层次上进行整体反思，也可看作是发展和繁荣教育学理论的一条重要途径。正是在这种意义上，当代瑞典教育学家胡森认为，自教育学形成以来，一直存在着两种主要范式之间的冲突，这两种主要范式是：模仿自然科学，强调适合于用数学工具来分析的经验的、可定量化的观察，其研究的任务在于确定因果关系，并作出解释；从人文科学推衍而来，即注重整体和定性的信息以及说明的方法。②

---

① M. Masterman, The Nature of a Paradigm, in: I. Lakatos and A. Musgrave (eds.): Criticism and the Growth of Knowledge, Cambridge: Cambridge University Press, 1970. PP. 59 – 90.

② T. husen. Research Paradigms in Education, In: T. Husen and T. N. Postlethwaite (eds): The International Encyclopedia of Education, Vol. 7. 1985, PP. 4335 – 4336.

上述情况表明,从范式更替的角度探讨教育学理论的发展,不仅有助于我们更深刻地认识西方教育学理论的本质,而且有助于我们在现代科学背景下去探讨和建立新的研究范式,促使中国教育学理论进一步繁荣。

二、近代以来西方教育学研究的范式

（一）"经验—描述"教育学阶段

1605年,培根在其《论学问的精深与进步》(*On the Porficience and Advancement of Learning*)一书中,首次明确提出了建立教育学,继而在他所设计的知识之球上确立了教育学的学术地位(1620年)。著名捷克教育家夸美纽斯的《大教学论》(*Didactica Magna*),是西方教育学史上的一部划时代的著作,它的问世才使得教育学从哲学母体中脱颖而出,成为一门独立学科,也标志着"经验—描述"教育学的正式诞生。夸美纽斯不像其先辈那样,把思维的视野仅局限于具体的教学方法,而是尝试将"教学法"变成"教学论",并认为自己所创立的理论是一种"把一切事物教给一切人类的全部艺术"[①]。这种试图超越具体方法而对教育作普遍意义上的经验总结,实质上是现代涵义的"教育学"[②]。夸美纽斯的思想来源,一般认为主要有四个方面,即社会政治思想上的民主主义、哲学思想上的感觉论、宗教思想上的神秘主义及长期教育实践所积累起来的丰富经验。先于夸美纽斯的培根已看到新兴的资产阶级从思想上得到了解放,然而,从神的束缚下解放出来的人的思想,面对着神以外的自然世界时还缺乏认识世界、改造世界的哲学方法。于是,他在批判亚里士多德的逻辑学基础上建立了以感觉论为特征的科学归纳方法。正是在这种哲学观的影响下,夸美纽斯首先强调感觉,其次是记忆,然后是理解和判断,并以此为其理论体系的经验规准,再加上他长期教育实践的积累,对教学过程进行了较为详尽的描述:既然自然是有秩序的,教育就必须

[①] 夸美纽斯.大教学论.傅任敢,译.北京:人民教育出版社,1957:3.

[②] 克拉斯诺夫斯基.夸美纽斯的生平和教育学说.北京:人民教育出版社:1957:113

遵循自然,按照自然秩序的本来样子进行教学;既然感觉是认识的唯一途径,在教学上就必须坚持直观性原则;既然直观是人们获得丰富感觉经验的途径,教学过程就是在直观基础上加深记忆、在记忆基础上进行理解和判断的过程。

可以这么说,在夸美纽斯"教育学"中,涉及教育事实时,他一般采用简单的归纳法加以陈述,而涉及"教育价值"时,则从《圣经》、权威著作中演绎出来。因此,与其说夸美纽斯创立了一种"经验—描述"教育学体系,还不如说他系统总结了当时的教育思想成就,并对诸多教育问题进行了描述性的分析。从他着重探讨"怎样教育"的特点上分析,可知其教育学不属于纯粹理论范畴,而应归于应用理论,他本人也称自己的创造为"教学艺术",甚至干脆称为"教育术",不过,比起他以前的人来说,他的"教学艺术""教育术"的外延更为宽泛。

自夸美纽斯之后,"经验—描述"教育学在西方18世纪达到登峰造极的地步。洛克的《教育漫话》(1693年)奠定了早期英国"绅士教育"的基调;卢梭的《爱弥儿》(1762年)揭开了现代西方教育思想中个人主义教育思想的序幕;裴斯泰洛齐的教育实践及思想,横跨18、19两个世纪,在经验教育学(empirsche padagogik)和哲学教育学(philosophische padagogik)之间架起了一座桥梁。

关于"经验—描述"教育学,可概括出以下几个特征。

第一,从教育研究者的哲学定向来看,他们坚持感觉论或自然主义的哲学基础,相信实在论。认为人的本性是根据各自的能力来确定的;心灵是高度复杂的能够思维的机能系统;实在和知识是独立存在的;约束人们言行的最高准则来自于自然律及习俗和惯例。[①]

第二,从教育学理论的来源来看,主要是基于对历史经验的总结和教育家自身实践经验的概括。夸美纽斯堪称是这一时期总结历史经验和自身实践经验的代表。洛克也是在任家庭教师期间意识到教

[①] Edward J. Power, Philosophy of Education, Prentic-Hall, Inc. Englewood Cliffs, New Jersey, 1982, P. 100.

育上的错误是一种终身洗刷不掉的错误,才决意将《教育漫话》公之于众的。① 卢梭虽然没有直接参与教育实践,但对封建教育弊端的深刻认识及其所拥有的广博知识,促使他写成了《爱弥儿》这一教育历史名著。裴斯泰洛齐更是以教育儿童为其毕生事业。可以说,教育家们丰富的实践经验构成这一时期教育学理论的坚实基础。

第三,从教育学著作的逻辑结构来看,这一时期的教育学著作大多缺乏严密的逻辑体系,随笔式、书信式、札记式、小说式写作文体构成了教育学著作的外显特征。这些著作中虽然包含丰富的教育思想,但从教育学的学术性来讲,毕竟缺乏严密的逻辑推论和较完整的理论结构。

(二)"哲学—思辨"教育学阶段

在教育学史上,确立教育学在大学课程中的学术地位的人是康德。作为哲学大师,康德以其敏锐的眼光洞察到教育对于人生的重大价值。对于教育学,他给予了他以前的哲学家所没有过的重视。然而,作为批判哲学家的康德,其教育学说中未含有"批判的活动",也许这与当时教育学比较稚嫩这一背景有关。因此,与其说康德的理论是一种哲学教育学,还不如说它是一种教学的哲学。我们之所以将康德列入"哲学—思辨"教育学阶段,主要是因为他作为哲学家对后来教育学发展有着强大的启迪作用。

试图通过理论来影响教育实践并对近代教育学体系的建树具有开创性的贡献者是赫尔巴特。他作为康德在柯尼斯堡大学哲学讲座职位的继承人,在众多的教育哲学家中占据着重要位置:他对教育问题的看法,不仅仅是从哲学观点出发作出的理论性推导,也是他亲自参与教育实践的经验总结。作为大学教授,他不仅注重对裴斯泰洛齐教育思想的宣传与普及,而且长期在中小学进行观察、调查研究,积累了大量第一手资料。他先后发表了《普通教育学》(1806 年)、《教育学讲授纲要》(1836 年),这些著作作为划时代的教育学著作而被载入史册。

---

① 约翰·洛克.教育漫话.傅任敢,译.北京:人民教育出版社 1985:22.

从赫尔巴特的教育学著作中我们不难看出,德国传统的理性主义哲学是他的思想基础。他认为,构造教育学理论体系不仅需要归纳法,更需要演绎法,归纳和演绎结合并以演绎为主,才能建构完整的理论体系。于是,他观察并研究受教育者,运用归纳的方法论原则提出了对于"儿童兴趣的多方面性"的看法;更从实践哲学(伦理学)和心理学出发,推导出他的教育目的论和教育方法论。然而。赫尔巴特并不以哲学教育学的建立而自喜,相反,他所专注的目标乃在于建立一种真正科学的教育学。[①] 当然,赫尔巴特所主张的科学教育学与现代西方所讲的科学教育学是有区别的,更不同于教育科学。赫尔巴特的本意是要建立一种既具有学术性格、又能指导教育实践的"普遍妥当的教育学",是一种哲学与科学互补的教育学。正是由于这个原因,西方人才把赫尔巴特视为科学教育学的奠基人。

运用历史和逻辑统一的观点来分析赫尔巴特教育学所处的地位,应该说,他所作出的努力是成功的:他吸取了经验教育学的成功经验,并试图将经验认识提升到理性认识;他注重从哲学进行推导,对教育学的概念体系进行了审慎的思辨,建构起较完善的哲学教育学形态;他推崇并追求教育学的科学性,启迪了后来教育学的发展方向。他不仅给"经验—描述"教育学的发展画上了一个圆满的句号,而且创造了"哲学—思辨"教育学的辉煌成就,更开拓了后来教育学发展的科学方向。从教育学研究范式演变来看,他继承了夸美纽斯以来的形而上学传统,把定性研究方式确立在哲学思维层次上,并取得了这种研究传统在当时所能取得的最高成就,铸造了传统教育学的学术形象。他的理论的广泛传播以及以他的名字命名的学派和运动的勃兴,即是这种研究传统获得普遍承认的标志。同时,他所追求的"科学教育学"的信念一被自然科学方法强化,便形成一种新的研究传统。从这个意义上说,赫尔巴特无疑是教育学史上的巨人。

关于"哲学—思辨"的教育学,可概括出以下几个特征。

第一,这一时期的教育学家都试图建立起比较完善的哲学教育

---

① 赫尔巴特.教育学讲授纲要.李其龙,译.北京:人民教育出版社,1989:190.

学体系。赫尔巴特是这样,与他同时代的其他教育学者也是这样。

第二,赫尔巴特所提出的"从伦理学推出教育目的,从心理学引申出教育方法"这一主张,不仅把一批坚定的拥护者吸引过来,构成所谓科学家共同体,而且形成这一时期研究教育学的人的共同信念,"赫尔巴特学派"得以形成,就是以这一信念为基础的。

第三,在教育学研究方法论上,这一时期的教育学家主要是遵循思辨、演绎的方法,从一般哲学概念推导出教育的具体结论,并与观察、归纳等方法一起构成较完整的研究方法论体系。

(三)"科学—实证"教育学阶段

实际上,赫尔巴特所创立的教育学理论,最初并没有被人们真正理解,直到19世纪60年代以后,由于名噪一时的赫尔巴特学派的宣传和应用,赫尔巴特教育学才真正引起人们的兴趣,并且不仅称雄于19世纪下半叶的德国教育理论界,而且在欧洲和美国形成了一场声势颇为浩大的赫尔巴特运动。

赫尔巴特教育学中所包含的两种研究方法导向——以思辨、演绎为特征的哲学导向和以观察、归纳为特征的科学导向,在后来的教育学研究中受到了严格的检验。而当罗森克兰兹等人在哲学思辨的导向上步入死胡同之后,人们很快从赫尔巴特的方法论中发现了另一导向的价值,即教育学理论只有朝着"科学—实证"方向发展,才能成为真正的科学。在这一方向上做出贡献的,除了赫尔巴特的后继者以外,首当论及的是英国教育家斯宾塞。从表现上看,代表英国传统功利主义的斯宾塞与代表德国理性主义的赫尔巴特似乎没有什么直接联系,但在教育学研究的"科学—实证"方向上,斯宾塞是最早也是最自觉地继承赫尔巴特而主张教育学研究科学化的人。可以说,斯宾塞在教育学史上的地位是独特的,尽管他没有留下可供人借鉴的教育学构成形式,却在理论和实践两个方面同时推动了教育的发展。在解决理论与实践关系的问题上,斯宾塞堪称教育学史上的典范。斯宾塞在方法论上向人们昭示:真正有生命力的教育学,主要不在于采取什么样的构成形式,乃在于发现并坚持追求一种符合时代精神的价值取向。颇有趣味的是,斯宾塞研究教育学所坚持的实证方向,并不是直接来源于赫尔巴特所追求的"科学"信仰,而是来源于他所信奉的实证主义哲学。在受哲学价值观支配这一点上,他与赫尔巴特殊途同归。

19世纪下半叶,在现代自然科学取得许多突破性进展的历史背景下,教育学的理论性质出现了一次革命:自然科学研究中的实验方法被引入教育研究,导致原有研究范式出现危机,逐渐孕育并形成了"科学—实证"教育学这一新的研究范式,教育科学应运而生。

1875年—1876年,德国教育学家威尔曼在布拉格大学主讲教育学时,首次宣称要建立教育科学,并成为历史上第一个将教育哲学与教育科学作明确区分的人。1879年,苏格兰教育学家培因的《作为科学的教育学》一书,是历史上第一本以"教育科学"命名的著作。然而,真正使教育学研究范式真正实现格式塔转换并具有现代教育科学性质的,当推拉伊与梅伊曼。他们两人的共同信念是:必须赋予教育学以真正科学的性质。他们认为,所谓"教育科学",实质上就是把教育学当成"教育技术"加以研究,研究的基本原则应是"实验"与"观察",研究的结果是形成实验教育学(experimentelle padagogik),是理论假设转化为"技术"与"操作模型"。虽然他们也主张以心理学为基础去研究教育,但他们所主张的心理学不同于赫尔巴特的心理学:赫尔巴特的心理学是一种建立在哲学基础上的心理学,这种心理学完全出于个人的主观臆测而缺乏客观必然性;实验教育学所坚持的心理学则是冯特建立起来的实验心理学,这种心理学是以生理学、生物学、自然科学乃至医学为根据,用归纳的、实验的及统计的方法去研究的。由此可见,实验教育学者所遵循的心理学是对赫尔巴特心理学的超越或扬弃,难怪有的学者将拉伊的《实验教学论》(1903年)的问世视为"开教育学的新纪元"[1]。而梅伊曼认为,实验教育学有自己独立的知识范围,除了心理学外,还包括儿童学、病理学甚至逻辑学、伦理学与美学,它们共同构成完整的教育学知识体系;同时,梅伊曼更多地强调了以观察、统计为基本方法的教育实验,

---

[1] 姜琦.现代西洋教育史.北京:商务印书馆,1935:184.

从而使实验教育学有了自己的研究范式并得以发展。

这种以追求自然科学化为其特征、以"应用"为其目的的研究范式一经提出,不仅冲破了德国理性主义的思辨哲学传统而获得广泛的支持,而且引起了一系列连锁反应:它波及法国,引发了由比奈(A. Binet)、西蒙(T. Simon)等人发起的智力测验运动;它辐射到美国,导致了桑代克(E. L. Thorndike)等人创立了教育心理学。正是在这种科学化潮流冲击下,教育学领域根深蒂固的学究式研究风气受到了极大的冲击,取而代之的是大量观察、调查、实验、测量的方法。教育研究领域里出现的这种勃勃生机,多年后科学史学家贝尔纳(J. D. Bernal)评论道:"过去的教育学只是哲学的教育学,而不是科学的教育学。教育学具有科学气味并成为一门真正的科学,是由于智力测量引进到教育学中了。"[①]

关于"科学—实证"教育学,我们可以概括出以下几个特征。

第一,在批判传统哲学的形而上学和教育学中建立新的科学观。受实证主义哲学和自然科学发展的影响,这一时期的教育学者坚信,以前的从哲学前提出发的演绎教育学已经没有生命力,新教育学以遵从自然科学的研究方法为特征,梅伊曼认为,无实验根据的任何思辨都是违背实验教育学的精神的。[②]

第二,追求教育研究的科学化。从斯宾塞开始,经威尔曼、培因等人的过渡,至拉伊、梅伊曼的实验教育学的问世,以及后来在法国、美国所兴起的教育研究科学化浪潮,构成了一个比较统一的科学家群体形象。正是由于一大批学者投身于教育实验、教育测量,传统的教育学才改变了形态,这在客观上促进了教育学的繁荣。

第三,调查、观察、统计、实验等方法是这一时期教育学研究最基本的方法。如,梅伊曼认为,实验教育学要具有科学的性质,它必须首先是一种教育研究,它的科学性主要表现为观察和实验。[③]

---

① 张诗亚,王伟廉. 教育科学学初探. 成都:四川教育出版社,1990:141.
② 赵祥麟. 外国现代教育史. 上海:华东师范大学出版社,1987:107.
③ 赵祥麟. 外国现代教育史. 上海:华东师范大学出版社,1987:107.

(四)"规范—综合"教育学阶段

20世纪初,伴随着实验教育学的问世及教育科学的发展,不同的教育理论、学派精彩纷呈,科学主义与人文主义此长彼消,充分显示出教育学发展的勃勃生机。这里试图运用"规范—综合"来表征20世纪西方教育学,包括"科学—人文"教育学的发展。

在学术界,所谓"规范科学"(normative science)一说,意指以研究价值判断、价值选择为特征的相应学科,如伦理学、美学、逻辑学等。这里用"规范"一词来表征20世纪西方教育学价值取向多元化这一发展特点;"综合",则主要指教育学研究方法上的互补、渗透和融合。

自实验教育学问世以后,20世纪西方教育学呈现出一种复杂多变的局面。科学主义每前进一步,几乎都受到来自相反方向的挑战,以至于"价值取向多元化"的呼声,成为当代众多的教育学理论得以共存的基础。

1911年,法国社会学家涂尔干发表《教育与社会学》(*Education and Sociologie*),从实证社会学的角度强化了教育学研究的科学倾向。与涂尔干同时代的德国哲学家、新康德主义者那托尔普则从规范科学角度解释教育学,主张以逻辑学、伦理学、美学为基础研究教育学,认为教育学不过是应用的哲学。美国教育学家杜威对教育学研究乃至整个科学研究领域盛行的这种唯科学主义倾向颇不以为然,他针锋相对地抨击道:"有人把科学一词只限于数学或可用严锋的论证方式来决定精确结果的学科。按这种看法,连物理学和化学都不能算是科学。"因而,杜威主张将"科学"一词理解得更广泛一些,"以便包括通常认为科学的一切学科"[①]。杜威自己所倡导的实用主义教育理论,就是一种兼具科学主义与人文主义性质的综合教育学。

就是在这样一个充满争端的年代里,以斯普朗格等为代表的"精

---

① 杜威.教育科学的资源.杜威教育论著选.赵祥麟,王承绪,译.上海:华东师范大学出版社,1981:276.

神科学教育学"(亦称"文化教育学")诞生了。这种理论的问世,给当时滥用科学的教育研究领域带来了一缕新鲜空气。遗憾的是,由于当时逻辑经验主义的盛行以及后来的批判理性主义的推波助澜,精神科学教育学当时并没有引起人们的足够重视,教育学研究中以自然科学为典范、以技术模型的建构为目的的思维方式一直流行。具有讽刺意味的是,即使那些以追求教育学理论的科学化为目的的人,也不得不借助于哲学这一非技术学科来弘扬自己的形而上学主张。最具代表性的人物当推英国分析教育哲学家奥康纳,他为了使人们真正重视教育学理论研究,曾将当代教育学的科学发展水平等同于17世纪的工程学和医学,并断言:"只有在我们把心理学或社会学上充分确立了的实验发现应用于教育实践的地方才有根据称得上理论。"[1]不过,奥康纳忽视了这样一个事实:第二次世界大战以后,科学技术的勃兴与人文精神的失落正日益加剧着西方社会的危机。面对着这种现象,西方一批哲学家、教育学家也试图寻找回那将要失去的价值,这其中以波尔诺夫(O. F. Bollnow)发表于1959年的《存在哲学与教育学》(*Existenzphilosophie and Padagogik*)最为著名。在波尔诺夫看来,以往的教育学基本上可分为两种学派:工艺学派及器官学派。前者把儿童视为需要加工的材料,认为教育者的任务就是按照预定的目的去完成"制作";后者则把儿童视为是按照其内在规律一步步地在生长发展的自然生物,教育者的责任是"助长"。波尔诺夫指出:尽管上述两种教育学分歧很大,有一点却是共同的,即它们都承认教育是具有连续性的,儿童可按照一定的目标或规律得到塑造,并一步步地发展和完善。如果说过去的教育关注的是连续性教育,今天则应重视非连续性教育。波尔诺夫的贡献在于:不仅在理论上发现了教育学研究的新领域,而且也从实践的角度展示了教育活动的另一半空间,把发端于文化教育学派的"顿悟"思想运用于人格的"碰撞"之中,从而倡导将受教育者复归于人本身。自波尔诺夫开

---

[1] 奥康纳.教育哲学导论//华东师范大学教育系,杭州大学教育系.现代西方资产阶级教育思想流派论著选.北京:人民教育出版社,1980:441.

始,西方教育学者运用当代哲学中的人本主义规范对唯科学主义思潮进行了全线反击,二者的争端客观上导致教育学理论朝着综合化方向发展。

直到20世纪七八十年代,科学主义与人文主义之间的这种争端也没有得到真正解决,而在某种意义上实现了二者的沟通与谅解。如德国教育学家布雷岑卡,在《教育学的后设理论》一书中,重新回到哲学的高度论证教育学的科学性。布雷岑卡认为,教育学要探讨的领域有两个方面:建立法则的教育科学体系和对教育的历史进行描述。前者是教育学的核心,旨在寻找教育现象中的法则与技术模型;后者为教育学的基础,旨在确定过去已经发生的事实,其研究仍要受到科学方法的支配。二者在方法论上的假设均在于:把现象中的"原因—结果"关系转化为教育行为中的"手段—目的"关系。值得注意的是,布雷岑卡虽然致力于建立真正科学的教育学,但他并没有恪守以往的唯科学主义的信条,而是有选择地接受了人文社会科学中的价值导向,如他曾在一篇文章中写道:"如果要使精神或心灵不受偶然事件和狭隘观念的影响,教育者必须要有进行价值评价的勇气。"[1]由此可见,与其将当代教育学理论的发展趋势简单地概括为科学主义与人文主义之争,倒不如表述为二者的合流更为精当。

关于"规范—综合"教育学,也可概括出以下几个特征。

第一,从整体上来说,这一阶段的教育学实际上是科学主义与人文主义在冲突过程中相互融合与渗透,并产生了多种不同主导背景的新型教育学理论。如杜威的实用主义教育学理论,既坚持追求教育学研究的科学性,又注意吸收人类教育思想史上的优秀遗产,使其在批判继承的基础上推出全新的理论形态。再如,产生于美国20世纪30年代至50年代的各种"主义式"教育学流派,分别代表着不同的方法论基础。例如,要素主义较多地强调科学主义、理性主义因素,而在教育目的、课程选择等问题上则体现着传统的人文主义倾

---

[1] 舒耶尔,施密特.教育学//瞿葆奎.教育学文集·教育与教育学.北京:人民教育出版社,1993:304.

向；永恒主义则是追求教育理想中的人文主义，是发端于欧洲文艺复兴时期的古典人文主义的现代复兴，然而在其方法论基础上充满着对理性、对客观实在的崇尚；英国教育学家赫斯特和彼得斯均属于主张科学主义的分析教育哲学学派，倡导教育学研究方法的科学化及语言分析的精确化，在教育实践上却赞成以科学理性原则为基础的自由教育；等等。

第二，在教育学的发展方向上，这一时期的教育学研究者在两个维度上同时向纵深展开：一个维度是促使传统教育学的迅速解体，并分化出许多新兴教育学科，而这些新的学科的出现，又都离不开研究方法上的综合，如教育哲学、教育社会学、教育经济学、教育人类学、教育生态学等，几乎都是在借鉴和综合其他学科方法论的基础上产生的；另一个维度则是不同的教育学理论选择不同的价值定向，使理论的价值取向呈现多元化、多样化的局面。除了在总体上可分列为科学主义与人文主义两大阵营外，在各自的内部又出现微细的分化。例如，人文主义，既有理性人文主义，又有非理性人文主义；既有世俗的人文主义，又有宗教的人文主义；等等。可以说，20世纪的所有教育学理论，都以其独特的价值定向立足于教育学的发展过程之中。

第三，不同的教育学研究方法在争论、冲突中逐渐融合与互补，并在此基础上不断形成新的研究方法。如奥康纳，他极力主张运用语言分析方法研究教育，但同时又承认每种教育学必须有形而上学；传统的哲学演绎方法也没有被科学主义淹没，而是在不断改变其形式；实验方法也没有因人文主义研究范式的阻截而停滞发展，反而被某些人文主义者用作研究教育的基本方法。可以说，20世纪西方教育学研究方法论的这种综合性特点，构成了一种新的研究传统，它在整体上是对原有的教育学研究方法论的超越。

纵观20世纪以来的西方教育学的发展，我们发现，在教育学研究范式上，既是传统研究规范在自然科学方法论的冲击下逐渐解体的过程，同时，又是人文主义研究范式在新的历史条件下不断深化的过程，教育学理论在其形式和内容上，都实现了对传统教育学的彻底改造。其表现就是，几乎所有的教育学理论，都以其独特的价值定向立足于教育科学之林,规范科学的特点在每种教育学流派中均可找到,即使以模仿自然科学而进行的定量性质的教育研究(如教育实验),也不能完全摆脱主体因素的参与,在方法论上仍带有规范性质的价值取向,只不过是这些不同的教育学具有更多的综合性特征罢了。如果说20世纪以前的教育学研究存在着某种意义上的科学家共同体的话,那么今天这种以"规范—综合"为特征的新教育学研究范式,很可能在一个相当长的时间内制约着人们的教育研究活动。

三、西方近现代以来教育学范式演变的启示

在近代教育学理论发展过程中,研究范式的更替导致研究传统的变革,几乎成为规律。"经验—描述"教育学对于教育学理论的形成起到了奠基的作用。假如没有夸美纽斯的贡献和18世纪教育思想的成就,人类的教育智慧就会显得贫乏;但教育学若仅仅停留在这样的经验思维水平,显然是缺乏学术生命力的。于是,人们开始注重从哲学高度来提高其理论思维水平,企图建立一种基于理性主义传统的哲学教育学,赫尔巴特是这种尝试的集大成者。他在实践哲学和心理学基础上建构起来的教育学理论,不仅规范了19世纪以来大部分教育实践的行为模式,而且也是后来的"教育科学"的学术雏形;在这个意义上,我们甚至可以说,赫尔巴特的教育学几乎跨越了三个阶段:它既集经验教育学之大成,又建立了完整的哲学教育学,还是科学教育学的先驱。当然,19世纪末以后,教育学逐渐导向一种不考虑人格与文化因素而成为纯粹的"技术—操作"的模式,是赫尔巴特所始料不及的。但是,一种新的研究范式——定量化的实证研究的出现,给教育学的发展带来了新的契机;而在传统教育学陷入危机时,教育理论的价值取向也趋于多元化。可见,假若没有研究范式的突破和超越,教育学的发展要取得这样的成就是不可能的。值得注意的是,即使在科学主义盛行的时候,传统的人文主义思潮也并没有销声匿迹,而是以新的姿态迎接新的挑战,如由狄尔泰倡导、斯普兰格完成的精神科学教育学,使赫尔巴特的教育理想在全新的理论框架中,转化成一种完善的人格和成熟的教育文化。由此,我们可以

说,理论教育学发展的历史,实质上就是研究范式不断更新和变化的历史,是新的研究传统不断替代或扬弃旧的研究传统的历史。

如果我们把近代教育学的研究方式视为沿"归纳—演绎—实证—综合"方向推进的螺旋式发展过程的话,其研究传统则可视为按"经验—哲学—科学—规范"的历史轨迹运行。在研究传统与研究方法之间,任何一种教育学都包含着某种特殊的范式组合,从而构成了教育学理论的不同形态:既有"归纳—定性—经验"的教育学模式,也有"演绎—定性—哲学"的教育学模式;既有"实证—定量—科学"的教育学模式,也有"规范—定性/定量—综合"的教育学模式。而且,每种教育学模式在其主导背景下又含有他种因素的影响,如经验教育学中,包含着感觉论、自然主义的哲学基础;哲学教育学中,蕴含着追求科学化的信念;科学教育学的成功,离不开实证主义、逻辑经验主义的哲学导向;至于当代以综合为特征的教育学理论,更是不同研究范式之间渗透、互补的成果。

从教育学研究范式的演变反观中国的教育学,我们几乎只见到经验教育学的发展轨迹,鲜见有那种不同特质、不同流派的教育学并存或相互替代的历史逻辑。20世纪初,在引进西方教育学中确立了教育学的学术地位后,中国人就开始探讨具有学术性格的教育学,然而,要么是照搬赫尔巴特教育学,要么就是康德、杜威哲学思想的演绎,抑或借鉴所谓科学教育学的模式,其思维框架和理论来源基本上是因袭西方教育学或哲学。新中国成立后,我们从50年代学习苏联教育学到60年代经验教育学盛行再到80年代热衷于引进西方教育学,倡导建立所谓科学教育学的呼声日益高涨,这也基本上是新中国成立前40年发展历史的重演。中国教育学发展的这一历史现象表明,简单的照搬和因袭只能算重复劳动。今天,中国教育学的发展不能重蹈历史的覆辙,而应该从教育学发展的历史必然性上认识其规律,从研究范式突破和更新这一点上去实现教育学的创新,只有这样,才能对教育学的发展方向作出理性的抉择。

我国当前教育学研究方法论应着重探讨以下几个方面的问题。

第一,逐步建立完善的具有教育学研究特点的方法论体系。

多年来，人们普遍感到我国教育学研究方法缺少特色，除了从哲学、历史学、社会学、文化学等相关学科借用某些概念外，几乎没有专属于教育学研究方法论的内容。应该说，这从一个侧面反映出教育学研究领域理性思维的贫乏。然而，从另一个角度来分析，我们会发现，其他学科也是在借鉴别的学科的研究方法中逐步得到发展的。以历史学为例，除传统的历史考证学外，几乎所有的现代历史学方法都是从别的学科移植过来的。例如，从哲学中借鉴形而上学而形成的历史哲学，从文化学借鉴文明、文化的概念而构成历史形态学，从心理学中借鉴心理分析方法而产生心理历史学，更从自然科学研究中借鉴定量研究方法而生成计量历史学，等等。教育学研究，实际上也是从各门学科中借鉴某些方法而构成独特的教育学理论，如前述的教育学发展阶段就表明，"经验—描述"教育学兼具哲学方法和科学方法两种属性，并且也是一定历史条件下的产物；而"哲学—思辨"教育学在方法论上主要反映哲学倾向，然而，它并未完全排斥科学，甚至是历史性地继承了归纳、观察、描述等具体科学研究方法；"科学—实证"教育学则主要反映科学主义倾向，不过，它仍然有其哲学形而上学的基础，且更多地强调了教育学理论的自然科学性质；至于当代以"规范—综合"为特征的教育学，则是不同性质的方法论的碰撞、融合与渗透。以上情况表明，单纯属于某一学科的方法是不存在的，科学研究的实践和科学理论的发展离不开不同性质的研究方法的互补和渗透。既然这样，我们就没有必要对教育学研究方法进行过多的指责和苛求，而是应该冷静思考：从什么角度、在什么意义上借鉴哪些方法更科学、更合理？怎么体现教育学研究的特点并获得实际效果？

基于这种理解，我们认为，在教育学研究方法论体系中处于恒定地位的主要有三种方法，即哲学方法、科学方法和历史方法。这三种方法在教育学研究中的历史演变就构成不同的研究范式，并由此形成具有不同特点的教育学理论。同样，从横向的角度看，这三种方法同时影响着不同的教育学理论。可以说，在教育学研究方法论的整体格局中，这三种方法如同三角形的边，由相互之间不同的组合模式或在研究过程中使用力度的变化而生成多种变式,并由此而构成不同的教育学。

首先,从历史上来看,真正有生命力的教育学理论,往往不是只运用单一的方法研究出来的,而是上述三种方法的特殊组合。夸美纽斯研究教学艺术,主要运用的是哲学方法和科学方法,前者是从《圣经》中进行演绎,并以感觉论为基础对教育现象进行直观描述;后者是从实践中进行归纳,同时也借用对自然现象的观察和理解对教育和人的发展进行类比或证明。在使用这两种方法的同时,夸美纽斯也适当地运用了历史方法,总结和吸收了拉特克(W. V. Ratke)等人的成功的教育经验,使其教育学成为站在前人基础上的新探索。赫尔巴特教育学,在习惯上被人们视为哲学教育学的代表,但赫尔巴特本人所矢志不渝地追求的,乃是建立真正科学的教育学,而他的这一信念又是建立在对历史特别是对教育学史深刻的了解和反思的基础上的。至于以斯普兰格为代表的德国"文化教育学"则更是综合运用这三种方法的典型。在哲学上,胡塞尔的"现象学还原方法"是其理论赖以建立的支柱;在历史上,它继承了自施莱尔玛赫以后的德国浪漫主义艺术哲学传统,以极其精致的语言和相当成熟的文化理性对教育作深层次的思考;至于在科学上,则吸收狄尔泰关于建立"精神科学"的观点,主张建立一种与自然科学相对应、侧重研究人的精神世界发展的教育学理论。在具体研究方法上,斯普兰格等人虽然没有像梅伊曼那样去刻意追求自然科学化,但"科学化"的信念是在一种理论的缄默中表达出来的。至于当代有影响的教育学理论,无一不是在综合运用哲学方法、科学方法的同时,渗透着一种巨大的历史感和鲜明的时代特征。

其次,从我国教育学研究现状来看,教育学理论发展状况不令人满意的原因之一,就是缺乏综合运用不同研究方法去思考教育问题的能力和素养。我们在研究教育问题时,比较多的是从一维的角度看问题,缺乏多维参照系参与的整体分析和论证。我们常常见到这样一种现象:某种理论或观点一经提出,人们很容易指出其方法论上的破绽而加以拒绝甚至否定。例如,习惯哲学思辨的研究者对科学研究方法知之甚少，进而轻视对教育进行实验研究；而沉迷于教育实证研究、实验研究的人，对严密的逻辑推论和理论假设表示出漠不关心甚至不负责任的奚落；从事教育历史研究的人，则偏重于历史资料的考证和历史事实的陈述，对历史背后的思想及思想演变的方法论原因，鲜见有人作出深刻的反思和深刻的揭露。教育学研究中这种方法论上的门户之见是造成教育学理论落后的原因之一。

第二，对如何运用马克思主义哲学方法论指导教育学研究要深入探讨。

应该说，新中国成立以来，我国教育理论工作者在运用马克思主义哲学方法论指导教育学的研究上，取得了不少成功的经验，初步形成了我国教育学理论的民族特色，并为我们今后的进一步探讨奠定了基础。但是，由于众所周知的原因，我们在教育学研究中也出现过偏差，这些问题突出表现在两方面。其一是教条主义式地对待马克思主义，以为只要在经典作家的著作中引用几段话、摘录只言片语，就是坚持马克思主义。实际上这仍然是一种传统的"六经注我"或"我注六经"的研究方法，并没有提供多少新信息和新观点。我们认为，从根本上讲，坚持马克思主义方法论，就是要从教育实际出发，运用马克思主义的立场、观点、方法，观察、分析和解决教育问题。革命导师对教育问题的论述，特别是这些论述所体现的立场、观点、方法，对教育研究无疑具有重要的指导意义，但不应当把坚持马克思主义的方法论理解为以革命导师关于教育的言论取代对教育问题的实际的具体的探讨！其二是缺乏学术自由、百家争鸣的气氛。回顾近几十年来教育学理论的发展，我们在承认其进步、发展的同时，也感到教育学研究中似乎缺少什么，这也许是或就是针锋相对的理论争鸣和独树一帜的一家之言。难怪有人说，中国教育理论界没有权威教育理论，也没有权威教育学家。从某种意义上说，这种结果是长期沉闷、压抑的学术空气所致。著名科学哲学家波普尔曾说："追求保险的、不可能出错的理论，不是科学工作者的目的，这种思维方式只能使我们对世界的认识停滞不前。"①其实,权威并不可怕,凡是被尊称为权威的人或理论,其贡献是人所共知的。同时,如果没有后人的批判精神,没有他人的革新创造,权威也就成了一种可望而不可即的超现实神化偶像,这种结果也是权威理论创造者本人所不希望产生的。如,在马克思的时代,康德、黑格尔哲学可算得上是权威,马克思早年甚至是一个黑格尔主义者,然而,马克思正是从德国古典哲学中发现其谬误,从而在批判继承的基础上,将康德的唯心主义主体论发展成为辩证唯物主义的主观能动性,并形成了以尊重人的历史主体地位为特征的历史唯物主义;将黑格尔头足倒置的辩证法重新颠倒过来,建立了以唯物辩证法为特征的实践唯物主义,实现了对德国古典哲学、旧唯物论的彻底批判与全面超越。可以说,离开了对权威理论的挑战勇气和批判精神,马克思主义就不可能产生。

第三,要进一步探讨国外教育学理论发展的历史和现状,以期从方法论的角度为教育学研究提供借鉴。

我们以前研究国外教育学理论,较多的是介绍某种理论本身的内容,而对该理论产生的方法论依据分析研究得少,以至于我们在相当长的时期内,把学习别人的先进经验等同于模仿、因袭和照搬。从20世纪初自日本引进德国教育学,到二三十年代袭用美国实用主义教育理论,从50年代照搬苏联模式到80年代吸收西方理论,几乎都具有一种僵化的思维模式,以至于当我们回顾起中国教育学的历史发展时,发出了类似日本学者的感叹:中国教育学近乎于"进口教育学"! 用这种简单照搬的方法去学习别人的理论,是一种低层次的模仿,其结果只能是跟在别人的后面爬行。

纵观整个西方近现代教育理论的演进,几乎是高潮迭起,新思想、新学说连绵不断,每一个时代变动几乎都导致教育学理论整体格局的重新组合,那么,隐含在这些历史表象背后的原因是什么? 这样的问题,如果从方法论上认真研究,更能体现我们的科学态度,也才

---

① K. Popper, Normal Soronoe and Its Dangers, Cambridge University Press. 1970. PP. 54 – 55.

能进一步发展和繁荣中国教育学理论。

第四,要对我国目前运用的教育学研究方法进行反思,使不同性质的研究方法能够互补和完善。

目前,我国教育研究所使用的一般方法包括观察方法、实验方法、调查方法、统计方法、历史方法、逻辑方法、比较方法、因素分析方法及个案分析方法等。我们对这些方法缺乏系统研究,便在一定程度上导致选择和运用方法上存在随意性和片面性。例如,实验方法可称得上是目前使用得比较普遍的一种教育研究方法,并取得了丰富成果。然而,实验方法研究教育的效果还不尽如人意,人们褒贬不一,在对实验方法的理解和运用上也存在问题,对实验方法的局限性估计不足,等等。从目前我国的教育实验来看,一般存在两种问题:一是实验主体"重叠化";二是对实验对象的主观因素或主体性考虑不够。所谓实验主体的"重叠化"现象是指实验方案的设计者一般不参与或极少参与实验中的教育过程,而参与实验过程的一般教师也极少参与实验设计,这样,实验设计者与实验操作者之间,完全有可能存在认识上或理解上的差异。从认识论的角度看,这种多层次的认识主体必然导致实验结果的不精确。至于实验对象的主体差异,则是人所共知的常识。此外,教育实验本身还存在着评价标准问题,在不同标准指导下的教育实验,其结果也是不一样的。况且,教育实验还要受到伦理学、社会学理论的制约。所有这些,便决定了教育实验不可能完全等同于自然科学实验。从教育学研究方法论的角度来分析,运用实验方法研究教育,不过是胡森所说的两大基本范式之一,它与定性研究或人文社会科学中的解释方法一起,构成教育学研究方法论中的互补关系,我们没有必要对其顶礼膜拜。这二者的适用范围和所起的作用是相互不能取代的。

可见,在教育学研究方法的运用中,任何只强调一方面而否定另一方面的观点,都是片面的。

◆ 思考与争鸣

1. 随着"元"意识的出现,人们开始了对教育学自身的反思,这是教育学要取得进一步发展的重要一环。对于学科发展的反思,除了从方法本身这一维度展开批判之外,更需要从教育学的立场与方法论来展开进一步的反思。

2. 就教育学作为一门独立的学科而言,其演变及发展过程中的转折点是需要我们认真把握与思考的。

例如,赫尔巴特受康德影响,在当时的哲学概念的基础上推演了教育学的概念及相应的理论;同时,他通过人与动物的比较揭示了人的心理特征,这是一大进步与贡献。但赫尔巴特忽视了人之心理能动性从而受到了杜威的批判。

杜威通过对意识观的拨乱反正改写了教育学,但杜威忽视了符号的认知,从而其教育理论又被皮亚杰、波普尔等人的理论所纠正并完善。

人之学习并不仅仅是一个认识或认知的过程,也是一个文本理解的过程,在这方面,德国的现象学、诠释学以及意义心理学给出了较为科学的回答,从而使得人们对教育问题的理解更为完整与丰富。

3. 在教育学理论建构过程中,不仅涉及如斯宾塞等人所提到的知识的价值问题,也必然涉及如后现代思想家们所论及的谁来确定价值的问题,并由此使得教育学从早期关注知识的认识论研究而转向当代的关注知识的话语分析与文化批判,从而推动后现代主义教育学发展。

第二讲　教育的本质与规律

第一节　什么是教育

　　一部教育史,实际上就是人们对教育的理解与探究不断丰富的历史。实践表明,不论是从事教育理论研究,还是从事教育实践工作,要想事遂人愿,首要的条件就是要对自身所从事的工作——"教育"有全面的认识。什么是教育,教育有哪些形态,它经历怎样的演进才有了今天的面貌,这也是教育本质研究的题中之意。

一、对教育的理解①

（一）"教育"的词源

　　在西方,教育的英文是"education";法文是"éducation";德文是"erziehung",都起源于拉丁文"educare"。"educare"是个名词,它是从动词"educěre"演进过来的。"educěre"是由"e"和词根"ducěre"合成的。前者"e"有"出"的意思,而词根"ducěre"则为"引导",二者合起来就是"引出",其内涵就是采取一定的方式,把某些本来就潜藏于人身上的东西引导出来,让它由潜质变为现实。

　　在我国,普遍认为"教育"一词最早见于《孟子·尽心上》中的"得天下英才而教育之,三乐也"一句。但"教育"这一概念在当时的意义与如今并非完全一样。据考证,在 20 世纪之前,人们很少把这

---

① 唐斌.教育学教程.苏州:苏州大学出版社,2009:226.

两个字合成一个词来使用。思想家们在论及教育问题时,使用的大多是"教"与"学"这两个字,并且又以"学"为多。正因为如此,中国古代教育家关于教育的论述大多以"学"表现出来,如《学记》《大学》《劝学篇》。因此,我国学界常把"教"与"学"的词源看作是"教育"词源,并由此把握古代人对教育意义的理解。

在我国早期的文字当中,"教"的甲骨文的写法是"敎",金文的写法是"敎"。对这个字的解释是:左上方的"爻"代表一种类似八卦的经典,意指教的内容;左下方的"子",表示一个孩子,意指教的对象;右边的"攵",表示成人的手中拿着一根鞭子,意指教的方法与手段。整个"敎"字形象地表示孩子在成人的监督之下学习某些内容。"学"的甲骨文字是"學",金文是"學"。"学"的左上方和右上方表示两只手,位于它们中间的"爻"表示占卜的活动;中部的"冖"表示房间,意即学习的地方;下部的"子"表示孩子,即学习的主体。合起来的意思就是孩子在一所房子中学习相关的经验与知识。因此,从词源上看,"学"与"教"基本上是统一的,分别从不同的角度描述了同一种现象、同一种活动。

由教育的词源考证可以看出,教育是人类社会中最早出现的一项社会职能活动之一。此后,中外许多思想家继续从不同的角度解释"教育"的意义。古希腊与古罗马的许多思想家和教育家如苏格拉底、柏拉图、亚里士多德、昆体良等对教育都有过解说。在他们看来,"教育"就是引导年轻一代获得知识、才能和美德,或者说引导年轻一代发展原有的天赋的智慧、美德和才能的过程。文艺复兴后期,法国思想家卢梭说:"教育的最大秘诀是身体锻炼和思想锻炼互相协调。"[1]瑞士教育家裴斯泰洛齐认为:教育就在于"依靠自然法则,发展儿童的道德、智慧和身体各方面的能力"[2]。德国哲学家康德指

---

[1] 卢梭.爱弥儿.北京:商务印书馆,1978:274.
[2] 张焕庭.西方资产阶级教育论著选.北京:人民教育出版社,1979:206.

出:"人只有靠教育才能成为人。人完全是教育的结果。"①美国现代哲学家、教育家杜威立足于实用主义立场,认为"教育即生活","教育即生长","教育乃是社会生活延续的工具"。②

在我国,对教育的意义也有过多种诠释。战国时代的思想家子思认为"修道之谓教"。另一位思想家荀子则认为,"以善先人者谓之教"。被誉为中国第一部教育学的《学记》则将教育理解为"教也者,长其善救其失者也"。东汉时期的文学家许慎在其所著的《说文解字》中对教育的表述已相当完整:"教,上所施,下所效也","育,养子使作善也"。

尽管中外思想家与教育家对"教育"的理解与表述各不相同,但他们都认可教育是人类社会中一项最重要的职能活动之一,它同社会发展与人的完善有着密切的关系。

(二)"教育"的定义

"教育"的定义即"教育"的内涵。给"教育"下定义的过程很大程度就是透过现象揭示其本质的过程。它不仅是对教育现象理性认识的开始,也是教育学得以科学化的一个重要标志。

在中外学术界,人们从不同的学科视阈出发,对"教育"有过不同的解说,可谓仁者见仁、智者见智。在教育学语境中,人们通常是从两个不同的角度给"教育"下定义的:其一是从"教"的角度给"教育"下定义;其二是从"学"的角度给"教育"下定义。从"教"的角度来定义"教育",可以把"教育"定义为三个不同的层次:(1)广义的,泛指增进人们的知识和技能,影响人们思想品德的活动;(2)狭义的,主要指学校教育,即教育者根据一定的社会或阶级的要求,有计划、有组织、有目的地对受教育者身心施加影响,把他们培养成为一定社会或阶级所需要的人的活动;(3)更狭义的,有时被特指为思想道德教育。这三种定义方式均强调了教育者的影响与作用,在我国大多数教材中通常也都是这样来解说"教育"的。从"学"的角度来定义"教育",

---

① 康德.康德论教育.北京:商务印书馆,1926:5.
② 杜威.民主主义与教育.北京:人民教育出版社,2001:58-62.

往往把"教育"等同于个体的学习或发展过程。如德·朗特里(D. Rowntree)在其编著的《西方教育词典》中,把"教育"定义为"成功地学习(不一定是,但通常是在教师的辅导下)知识、技能和态度的过程"。他写道:"其中学习的内容,对于学习者来说,是值得(按照使用这个词的一切人的看法)花费时间和精力的。通常这种教育进行的方式,须使学习者能用已学到的东西表现他自己的个性;随后能运用它,并灵活地使它适应那些在他学习中没有考虑到的情境和问题"。① 这种定义的出发点是"学"(即"学习"与"学习者"),侧重于从个体需要的满足及人的个性的发展来解说教育。

从多方面揭示教育活动的本质属性,对于理解教育活动是有价值的。分析教育哲学家谢佛勒(I. Scheffler)在《教育学的语言》一书中,探讨了教育定义的三种方式,即规定性定义、描述性定义和纲领性定义。② 所谓规定性定义,是作者所创制的定义,其内涵在作者的某种话语情境中始终是同一的。所谓描述性定义,是指对被定义对象的描述或对使用定义对象的适当说明。所谓纲领性定义,是一种有关定义对象应该是什么的界说。谢佛勒有关定义方式的区分为我们考察纷繁多样的教育定义提供了一个重要的视角。"教育"定义的复杂性、多样性和歧义性很大程度源于人们认识水平与角度的差异。对于教育活动来说,其理想的定义应该同时具备"规定性""描述性"和"纲领性",以凸显"教育"活动内在的事实性与价值性的统一。从教育实践活动来看,"教育"似乎应从"教"的角度来定义更为合理。综合"教育"的各种定义,结合人们对教育的新认识,它可以被定义为:教育是根据一定社会的要求与人的身心发展规律,在特定的机构中,通过教育者与受教育者的交互作用,有计划、有目的、有组织地促进个体社会化的实践过程。这一定义包含了以下内涵。

1. 教育是人类所特有的一种社会实践活动

动物界,尤其是高等动物界的代际之间虽然存在类似的"教"与

---

① 德·朗特里.西方教育词典.陈建平,等,译.上海:译文出版社,1988:79.
② 瞿葆奎.教育学文集·教育与教育学.北京:人民教育出版社,1991:31-37.

"学"的现象,但它与人类的教育有着本质的不同。动物之间的"教"与"学"的活动,主要是基于生存本能的自发行为,它满足的是动物式的生理和生存需要。而人与动物的最大差别就在于人的活动有目的性,活动内容有社会性,人类教育不是产生于生存本能的需要,而是产生于个体在社会中生存和社会延续、发展的需要。教育是人类特有的社会活动,也就意味着它的发生与发展与社会政治、经济、文化等有着密切的关系,从而使得教育活动具有鲜明的社会性、历史性和文化性。

2. 教育是以促进人的社会化为目的的活动

教育活动归属于人类的社会实践活动。人类的社会实践有很多,它们在目的上有不同的指向。教育活动区别于其他人类活动就在于它对人的发展产生促进作用。有目的地促进人的发展,首先意味着发展的内容明确,即个体社会化。个体的社会化是指根据一定社会的要求,把个体培养成为符合社会发展多样化需要的人才。当然,强调根据社会的要求培养人才,并非意指个体发展需要与社会需要无条件一致,还应该重视个体的个性化。其次,这个定义强调了教育活动的"动力性",即教育活动要在个体社会化的过程中起到一种"促进"的作用,为此,"教育"往往要与某些特殊的条件相联系,如明确的目的、精选的内容、专门的人员、良好的环境等。再次,人的发展的目标有积极与消极之分,旨在促进人的社会化的"教育",显然是为了促进人的身心向积极方面发展。所以,对"教育"的认识,不仅仅是一个事实问题,而且还是一个价值问题。因此,只有"养子使作善"才能称作"教育"。

3. 教育是教育者和受教育者借助一定中介而开展的交往活动

按照现代系统论的观点,任何一项完整的活动必须至少具备三个要素,它才能构成一个封闭的回路。因此,教育活动可简要地划分为教育者、受教育者、教育中介这三个基本要素。有别于日常活动中"养育"与自然状态下的"养成",作为一种有目的的活动,教育是以特定的内容与方法等为中介来促进人的社会化的,并在这一过程中形成特殊的交往关系。教育促进人的发展,不能靠教育者对受教育者采取简单的方式来完成,而需要通过教育者与受教育者之间多方面的交往关系来实现。

二、对"教育"含义的把握[①]

从上面的论述可知,尽管教育事实或者说教育实际已经存在了数千年,人们对教育的思考也经历了无数个年头,但是,对教育的含义,远未达成一致的见解。

(一) 教育含义的分歧

在现代社会中,每一个人都或多或少地受过教育,每个人往往从不同的角度看待教育,理解教育。

例如:

在广义上,教育指的是对一个人的身心和性格产生塑造性的影响的任何行动或经验……在专门技术性的意义上,教育就是通过各级学校、成人教育机构和其他有组织的媒介,有意地把上一代的文化遗产和所积累起来的知识、价值和技能传给下一代的过程。[②]

所谓教育,乃是把本是作为自然人降生的儿童,培育成为社会一员的工作。[③]

教育是年长的几代人对社会生活方面尚未成熟的几代人所施加的影响。其目的在于,使儿童的身体、智力和道德状况都得到某些激励与发展,以适应整个社会在总体上对儿童的要求,并适应儿童将来所处的特定环境的要求。[④]

此外,还有一些在日常用法中使用的"教育"含义,像通常所说的"没有受过教育(uneducated)的人",一般是指没有上过学,或者没有通过其他途径学到在学校里教的读、写、算和一些有关文化、历史、自然科学等学科的初步知识的人。

---

① 这部分内容主要编自郑金洲《教育通论》,华东师范大学出版社,2000年版。
② 陈友松,等.当代西方教育哲学.北京:教育科学出版社,1982:26.
③ 筑波大学教育学研究会.现代教育学基础.钟启泉,译.上海:上海教育出版社,1986:3.
④ 张人杰.国外教育社会学基本文选.上海:华东师范大学出版社,1989:9.

但以上有关教育的正式界定,就至少提出了这样几个有待思考的问题:

第一,教育与社会自然影响有何区别?教育是否有明确的目的性?

第二,将自然人培育成为社会人的一切工作是否都可称为教育?

第三,教育是否只是在上下代之间进行的?是否是代代传承的?

先来看第一个问题。

每一个人都是社会的人,从他降生到这个社会以后,就无时无刻不在接受着来自社会各方面的影响,如父母、同辈、教师、旅游、看电视、读书等。这些影响有些是自发的,有些是有意图的。那么,哪些能称为教育呢?在我们看来,那些缺乏目的性的自发的影响不应列入教育之内,它们虽然对人的发展有着一定的影响,甚至这种影响有时比那些有目的的影响还要大,但是其自发、无意识的性质,使其不能称为教育。否定了这点,就否定了教育的独特性,并在一定意义上否定了教育存在的价值和意义。

有目的这样一个因素也并不能保证一切促使人发展的活动都是教育活动,必须进一步明确这种活动的性质。促进人发展的活动,并不仅仅由教育来承担,医疗卫生也是其中之一。因此,只有有目的地培养人的那些活动,才能称为教育活动。

再来看第二个问题。

人首先是一个自然人,然后才能成为一个社会人。从自然人转化为社会人,其间有许多因素影响,并有着诸多转化环节。教育是其中必不可少的因素或环节。除此之外,其他的社会影响和环境影响也是不可或缺的。看来,教育并不能包揽将自然人培育成社会人的一切职责。

从人的发展历程上看,在其出生后的相当长一段时间,他们是懵然无知的,对外界环境只是作机械的条件反射,此时对他们的"培育",尚不能构成教育。教育的目的性并不仅就教育者而言,对受教育者来说,其主观能动性的发挥也是必要条件之一。最低限度是受教育者需有一定的接受能力,能够对教育者的施教作出一定的反应。

最后看第三个问题。

代与代之间的传承,无疑是教育的典型方式,甚至机械化时期大都如此。上一代积累的经验,作为从事社会生产、参与社会生活的强有力的"武器",是应付自然、调解人与人之间关系的"利器",年轻一代在上一代的指导下,将其加以继承、掌握,就能对周围环境应付自如。就教育产生来讲,它也主要是年长一代基于社会生产与生活需要,将自身从实际生活中形成的经验传递给下一代,以便种族得以延续。但是,进入20世纪四五十年代以后,社会变迁的速度大大加快了,也就出现了美国著名人类学家玛格丽特·米德所说的"前喻学习(前象征学习)"的情景,年长一代向年轻一代传递知识、经验的旧有模式被打破了。教育既存在于上下两代之间,也存在于同辈之间,同时也存在于下上两代间,相应就有了后象征文化、互象征文化、前象征文化及其相应的教育方式。

(二)"教育"的界定方式

由于存在着这样或那样的分歧,人们也在思考:能否有一个界定或者说一种界定方式,将所有的分歧"归于一统",形成一个为人人所认同的教育定义?这种努力到现在为止一直在进行着。但也有一些人,特别是分析教育哲学家,对此提出了疑问,在他们看来,这种努力是徒劳的、无益的,他们认为并不存在能达成共识的唯一的教育定义。

前文提到的分析教育哲学的代表人物谢弗勒在其《教育的语言》(*The Language of Education*)一书中,曾把教育的定义区分为三种:规定性(the stipulative)定义、描述性(the descriptive)定义和纲领性(the programmatic)定义。这种区分有着一定的道理,这里作进一步的说明。

规定性定义是"创制的"定义,就是作者自己所下的定义。也就是说,"不管其他人所用的'教育'一词是什么意思,我所用的'教育'一词就是这个意思"。

与规定性定义不同,描述性定义不是"我将用这个术语表示什么",而是适当地对术语或者使用该术语的方法进行界说。在词典上，一般见到的大多数定义是描述性定义。由于有的词在不同的语境中有不同的用法，因此就有着多种描述性定义，所以，像教育这样的词，在词典中往往有若干种定义就不足为奇了。我们通常所见到的广义的教育及狭义的教育，实际上就是关于教育的描述性定义。描述性定义回答的是"教育实际是什么"的问题。

即使存在以上两种界定教育的方式，人们仍会就哪些成分属于教育以及描述的精确性问题进行争论。例如，在一些人看来，并非所有有意识培养人的活动都是教育，最典型的例子如盗窃等犯罪团伙的师徒授受。此不可谓无目的，也不可谓不是在"培养"人，但这些与教育的目的是背道而驰的，是为"真正的教育"所不容的。于是，就有了关于事物"应该"(should)怎样的纲领性定义。纲领性定义总是明确或隐含地告诉我们教育应该是一个什么样子。我们常把教育界定为"有目的地促进人的身心发展的活动"，也就暗示着，教育应该以促进学生的身心发展为定向，那些与学生身心发展相违背的做法是不被允许的。纲领性定义是说教育应该怎样，与描述性定义所说的教育实际是怎样不同，与规定性定义所说的"我暂且对教育作这样的理解"也不同，它往往是描述性定义和规定性定义的混合。

既然教育在定义的方式上存在不同，而每种方式又有着关于教育的不同界定，因而就难有一个"一统"的定义。拿教育的规定性定义来说，教育毕竟是人类的一种事业，在这项事业中，人们总是试图把自己认为好的、有价值的、理想的东西加诸教育；而对于哪些属于好的、有价值的、理想的东西，人们的认识又各不相同，所以提出的规定性定义因而也就不同。况且规定性定义的实质，是发表意见有着自由，如果只有一个绝对肯定的教育的规定性定义，反而可笑了。同样，教育的唯一的描述性定义，似乎也不存在，因为在不同的语境中，为了不同的目的，"教育"一词有着多种描述性的意义。

看来，我们一直孜孜以求教育的真正定义，很可能就是在寻求有关教育的一种正确的纲领性表述——那种将"教育是什么"和"教育应当是什么"结合起来的一种表述。按照这种认识，从广义上说，凡是以教与学为活动形式，有意识地促进人身心发展的活动，都是教育;从狭义上说,教育是教育者有目的、有计划、有组织地对受教育者施加影响,促使其身心得到发展的活动。它主要指学校教育,但并不限于学校教育。

(三)教育的构成

从对教育概念的分析中,我们对什么是教育产生了一个大致的认识,依据这种认识,接下来分析一下由哪些成分构成了教育。

在日常生活中,常常会听到这样一个词语——"自我教育",它概指人为了提高自身的素养,有意识地加强学习、反省,从而使自身得到一定发展的过程。那么,自我教育是不是一种教育活动呢?与此相关,自学或者没有明确指导的学习,能否称为教育呢?对这两个问题的回答,直接涉及对教育自身包含的要素的解析。

无论对教育做什么样的界说,似乎都会承认教育是离不开"教"与"学"两个方面的,《说文解字》中的解释——"教,上所施,下所效也;育,养子使作善也",就说明教育是在施教者与受教育者双方间展开的。任何单方面的活动,都不能称为教育。按照这一理解,上面所说的"自我教育"和没有明确指导的"学习"都不应归入教育之列。

由此可见,教育在其构成上,至少存在着这样两种要素——教育者和受教育者。但是,教育者与受教育者,只是一种角色或者说身份,其要形成还需借助于一定的目的,采用各种各样的方式,传递一定的内容,这些中介是必不可少的。教育者、受教育者、教育中介构成教育的三个要素。

1. 受教育者

在整个教育活动中,受教育者是处在第一位的。若没有受教育者的存在,教育者也就没有"用武之地",教育活动就无法展开。"受教育者",虽然从其词的含义上说,似乎是处在一个被动的、被引导的地位,但是,这只是其一个方面,受教育者积极、主动的参与,同样也是教育能达到预期目的的根本性前提。

在这里,有这样几个问题需要进一步思考:一是人能不能受教育,也就是人接受教育的可能性问题;二是人发展到什么样的阶段才能受教育;三是在教育活动中,受教育者处于一种什么样的地位。

人能否接受教育？这个问题看上去是不言而喻的。但在历史上,尽管人们一直在受着教育,对人能不能受教育,却是有争议的。欧洲中世纪长期盛行天主教的"原罪说",认为人生而有罪,是"受神罚的人",自己不能具有任何思想,只有靠祈祷去赎罪,从而否认人有受教育的必要性与可能性;即使接受教育,所受的也只是宗教教育。17世纪捷克教育家夸美纽斯对人原始状态(自然状态)重新加以解释,断言人是造物中最崇高最完善、最美好的,人只有受过恰当教育之后,才能成为一个人。18世纪英国教育家洛克认为,人或好或坏,或有用或无用,十分之九都是他们受的教育所决定的,人类之所以千差万别,便是由于教育之故。

从理论上阐释人的可教育性,是由教育人类学来完成的。教育人类学等学科,通过对比人与动物表明人与动物在本能上有着巨大的差别。动物的每一器官都是专门化的,完全适合于每一特定的生活条件和需求,如鸽子的方向感、蝙蝠的声呐系统、蚊子的定位;而人生来羸弱,在本能上有着巨大的缺陷。人的原始特性是:生理机制上未特定化,反应机制上未确定化,生存功能上具有不完备性。正是人这一原始本性,赋予了人巨大的潜能和可塑性。

第一,人的生理机制的未特定化使人产生教育的需要。人出生以后,大脑机制等都是未特定的、有待发展的,这种未特定化在给人以巨大的开放性和自我塑造能力的同时,也使人面临更艰巨的抉择:一是巨大的开放性使人难以作出准确的选择,需要加以指导;二是人类的自我塑造能力只是一种潜能,把潜能转化为现实,需要外界环境的引导。

第二,人对于外部影响的开放性使人受教育成为可能。人的本能上的缺陷,使人无法依靠遗传机制来实现自身的需要,人与环境建立联系,实现自身需要,都有待后天的建立。在人的本能活动与人的需要之间,存在着一个广阔的空间,人对外部世界的影响是开放的,随时都可与外部世界建立联系。大自然所赋予的人的可塑性,使人能根据外界的要求自我确定存在和活动方式,教育由此成为可能之物。

教育人类学认为,使人能发出内在的巨大潜力,在巨大的需求与广泛的开放性之间建立起有效的联系,其中的一个关键手段就是教育;人是需要教育的,也是完全可以接受教育的。

人是一出生即可接受教育,还是发展到一定阶段才能接受教育,对于这一问题的回答,需借助心理学特别是教育心理学和发展心理学的研究。教育既然是教育者和受教育者双方展开的活动,那么,受教育者本身就需具有一定的接受能力,否则,教育就成为了教育者"一厢情愿"的独白。受教育者的这种接受能力,突出地表现在他自身的思维能力上。就儿童的思维来讲,其发展经历着一个由直观动作思维向具体形象思维再向抽象逻辑思维转化的过程。或许能这样认为:在儿童直观动作思维发展的初期,也即1岁之前,由于儿童大脑的发展及思维的发展尚未超出动物的水平,这时的所谓的接受教育实际上更多的是一种模仿,或者说教育还不属于真正意义上的教育;只有在儿童出现了自我意识之后,才能对自身及外界事物有较为明确的认识,才能在自身与外界事物之间建立起一定的联系,"授"与"受"的双方活动才得以真正展开。

从人的生命历程看,受教育者在教育活动中所处的地位,是有变化的。在其生命初期,因为人生理机能尚不完备,经验匮乏,自我意识较弱,虽然外界的影响总是要经过他的"内因"才能起作用,但相对来说,他处于较为被动的地位。随着生理上的成熟和心理上的不断发展,他的自主与自觉在教育活动中会占据越来越重要的地位。但即便如此,由于整个教育活动一般是由教育者引导和控制的,教育目的、内容、方法等大都是由教育者制定的,所以在整个教育活动历程上,受教育者应该说是教育活动的客体,而教育活动的主体则是教育者——那些对受教育者发挥影响的人。

2. 教育者

在这里,教育者的含义是较为宽泛的,凡是有意图地向他人施教的人,都可以称为教育者。因而教育者并不因职业、年龄、地位、场所等而仅仅局限于某些特定的人群。在学校教育中,一般来讲教育者就是教师。教育者在教育活动中既然属于主体,处于主体地位,是根据一定的目的对客体——受教育者或者说教育对象发挥作用的,所以也就对受教育者起着主导作用。教育作为一种以培养人为目的的活动,就是教育者以其自身的活动来引起和促进受教育者的身心按照一定的方向去发展。教育者在教育活动中的这种主导作用,主要表现在两个方面:指导和管理。这两者也可看成一回事情。指导更多的是从教育的内容层面(与形式相对的内容)上来讲的,而管理更多的是从教育的形式层面上来讲的。

在教育活动中,教育的"指导"作用,一方面表现在"定向"上,即为受教育者的努力提供方向,为整个教育活动提供方向,因为教育毕竟是一种以培养人为目的的活动,目的性是教育赖以区别于影响的基础,教育者为教育活动规定的目的,左右着教育活动的开展;另一方面表现在选择上,即确定教育的内容、方法等,因为教育毕竟是要传递一定知识、经验的,换句话说是"有的放矢"的,仅有"的",而没有"矢",就如同"水中月""镜中花",可望而不可即,但待用的"矢"与"弓"数不胜数,哪一张"弓"、哪一只"矢"能够中"的",则由教育者来裁定。

"管理"是教育者发挥主导作用的另一重要方面。管理在一定意义上是为指导服务的,也就是说,通过管理使得教育者的指导更有成效。"管理"实际上是由"指导"派生出来的,要很好地行使指导职能,就需要对整个教育活动进行控制。但是,教育实际中存在的"管理"与"指导"割裂的现象,把这两者的关系搞混乱了。

与此相关,教育者的主导作用,也因着"指导"与"管理"的错位,以及"指导"与"管理"的不当,而受到一定的影响,从而也存在着教育者主导地位落空的现象。也就是说,虽然教育者处于主导地位,但是不能发挥主导作用,在学校教育中这种现象的确存在。

3. 教育中介

教育中介是教育者与受教育者进行教育活动时所依赖的一切事物的总和。可具体分解为如下几个方面。

(1) 教育目的。指教育活动预期要达到的目的。

(2) 教育内容。指依据教育目的或目标选择出来的知识、经验等,在学校教育中,教育内容主要体现在教科书上。

(3) 教育方法。指为达成目的,使受教育者掌握所传递的内容而采用的方法,如讲授法。

(4) 教育手段。指教育活动所运用的物质手段,如实验器材、电化教育器材、口、手等。

(5) 教育组织形式。指教育活动方式的形态,如正规化教育和非正规化教育形态。

(6) 教育环境。主要指教育的物质环境,如场地、设备等。

(四) 教育的形态

教育的形态,是指教育的组织形式。依据教育活动的组织程度和制度化水平等,可以将教育形态进行不同类型的区分。

1. 依据教育的正规化程度所作的划分

正规教育与非正规教育的分类,是依据教育的正规化程度划分的,多见于西方一些国家。正规教育主要是指学校教育,是学生在有组织的教育机构中所受到的教育,近来也用制度化教育的术语来指称。非正规教育是对有组织的教育机构以外所从事的教育活动的总称。

正规教育与非正规教育至少存在以下区别。

第一,在制度化上,正规教育在某种意义上是一个"真正的"体制,至少它的所有组成部分是相互联系和相互依附的;而各种非正规教育活动一般是各自独立的,虽然它有时是某一发展系统的一个组成部分,例如农业系统中的农民识字计划,但它们彼此之间缺乏严密的联系。

第二,在稳定性上,正规教育一般是相对稳定的课程结构中全日制的、连续性学习;而非正规教育更多的是部分时间的、时间较短的、内容局限于特定学习者能很快使用的专门的实践类型的知识和技能的传授,内容具有灵活性,能迅速适应随时出现的新的学习需求。

第三,在管理体制上,正规教育具有集中的计划和管理;非正规教育在这些方面正好相反,它具有许多不同的发起者、管理者和资金来源。

在英文中,还经常出现这样一个词语——非正式教育(informal education),它似乎很像非正规教育,但实际上两者相差很远,它是指在日常生活经验中根据个人的需要和兴趣获得知识、技能和态度,类似于孔子所讲的"三人行,必有我师"的学习方式。孔布斯对这个词语是这样解释的:"每个人从日常经验和生活环境——家庭、工作、娱乐中,从家人和朋友的榜样和态度中,从旅游、读报和看书中,或通过收听广播,收看电视和电影,学习和积累知识、技能、态度和见识的终生过程。一般来说,非正式教育就是无组织无系统的,甚至有时是无意识的,然而它却占了所有人,包括那些受过多年教育的人,整个生命中学习过程的很大部分。"[①] 将非正式教育也归为教育之列,在一定程度上是将教育的含义扩大化了。

2. 依据实施教育的机构所作的划分

学校教育、家庭教育与社会教育这种分类就是依据实施教育的机构进行划分的,先见于苏联的一些教育学著作,在很长一段时间我们一直沿用这种分类。这种分类实际上并不完备。

学校教育的含义在前面已经做过分析,这里谈谈家庭教育与社会教育。

《中国大百科全书》对家庭教育是这样定义的:家庭教育——"父母或者其他年长者在家庭内自觉地、有意识地对子女进行的教育"。这一定义实际上是不周延的:一是它仅将家庭的施教者定位在父母或者年长者上,未将成人同样可以雇请比自己年幼者在家庭内对自己进行教育的情况考虑在内;二是表现在它一方面将施教者视为父母或者年长者,另一方面又将受教育者仅限定为子女,造成称谓上的混乱。

《中国大百科全书》对社会教育的定义:社会教育——"广义的指一切社会生活影响于个人身心发展的教育;狭义的则指学校教育以外的一切文化教育设施对青少年、儿童和成人进行的各种教育活

---

① 孔布斯.世界教育危机——八十年代的观点.赵宝恒,等,译.北京:人民教育出版社,1990:24.

动"。

"社会教育"是一个含糊其辞的说法,上述广义的社会教育的含义,实际上将所有的教育都包括在内,概念中的"社会生活"无疑是一个涵盖范围极广的词,家庭当属社会生活,"学校"也不能说是脱离社会生活而存在,相反,它也是社会生活中的一部分。因此,按照广义来理解"社会教育",就犯了逻辑学中分类的"子项相容"这一逻辑错误。而按照狭义来理解社会教育,也存在着一个问题,即它仅是指社会文化机构所实施的教育,而将各职业部门在该组织内部实施的教育以及社区教育剔除出了"社会教育"之列。这样一来,学校教育、家庭教育与社会教育三者,就不能包含所有的教育成分或类型在内,就成了一种不完备的分类。

我国著名的教育学家孟宪成在其所著的《教育概论》的"教育机关"一章中,将教育机关区分为家庭、学校、职业组织、文化组织四大类。这种分类比"社会教育"这一词语的含糊不清要好些,更明了一些。如此,我们也就依从事教育的机构,将教育的形态区分为学校教育、家庭教育、职业组织教育、文化组织教育、社区教育五类。这五类教育的承担者各不相同,其中,职业组织教育,指的是各种各样的职业部门所进行的职业技能训练等,如农民和手工业者的生产训练、工厂等职业部门的培训等;文化组织教育,主要是由文化机构如青少年宫、图书馆、展览馆等来承担的,也就是上面所引述的狭义的"社会教育";社区教育是由社区机构特别是领导机构承担的,是社区机构间一种横向的联系和协调。

根据以上对教育形态的分析,教育形态类别大体可表示如下图:

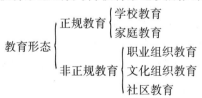

(五)教育的语言

1. 教育语言的构成

按照谢弗勒的分析,教育语言主要有三种形式:教育术语、教育口号、教育隐喻。他认为,教育术语有着较为清晰的涵义及相对明确的规定;而教育口号一般是非系统化的,在表述方式上也不严谨,由于它通俗易懂,常被人们不假思索地加以接受和传诵;与术语、口号相比,隐喻并不用标准或规定的方式来表达词语的意义,只是借助于对比、类似和相近来论述问题,它与口号一样,也没有标准的陈述形式,缺乏系统。

谢弗勒的分析是精到的,我们还可以在此基础上对教育语言这三种形式间的联系与区别进行更进一步的探讨。

首先说区别。

教育术语主要以概念、范畴形式出现,是人们对教育现象的概括性反映,它是人们理性思维的产物。教育口号虽然可能会以人们的理性分析、判断为基础,但毕竟是以一种情绪化的形式表现出来的,它激起的是人们的情绪化反应(当然并不仅限于此),因此,在一定程度上可以说,教育口号是"主情"的,而教育术语是"主知"的。前者唤起的是人们的情感、情绪的相应反映;后者是建立在理性分析之上,给人以教育某一方面或某几方面的一般性认识。大概也正因如此,教育术语采用一种"冷冰冰"的形式,不会随时势而更迭、依社会条件而变迁;而教育口号则采用一种"活跃"的姿态,因时而动,因势而更。在"动"与"静"这架天平上,教育隐喻是介于两者之间的,它来自于感性认识,而又尚未脱离感性的樊篱;它试图借助理性达到抽象概括的水平,而又苦于没有适当的语词来表达,暂且就范于其他学科或其他事物的旗帜之下,借着它们所提供的语词来表达自己所包括的含义。

三者还有一个区别需要提及,那就是它们所属的群体不同。"教育口号"这种语言形式,多属于教育实践工作者。那些在教育实践中影响较大、传播较广的教育口号,一般属于某一政党、政府或在社会上有着广泛影响的个人。而"教育术语",是属于教育理论工作者的,他们凭借概念、范畴阐述问题,表述的是一般的、抽象的知识。"教育隐喻",多属于教育理论—实践工作者,他们既熟知实际,又多少了解些理论,常通过类比来说明问题。当然,这种区分只是相对的。

其次谈联系。

三者相互依存。无论是教育口号的"主情",还是教育术语的"主知",抑或是教育隐喻的"情、知杂合",反映的都是人类认识教育的不同程度、方面和形式。它们是相互联系的,彼此依存的,三者共同结成了教育语言的整体。口号中有时会包含隐喻的形式,如"全社会行动起来,努力打好'普九'战役",此处的"战役"即是一种隐喻。同时,口号中也会将教育术语中阐述的一些理性的认识外显出来,唤起人们的关注,如"经济要发展,教育要先行",实际上就是将"教育先行"的观念用口号性语言表达出来了。

三者相互转化。如,隐喻长期运用以后,如果没有更为严谨、精当的词语来代替它,久而久之就有可能演化成为约定俗成的术语。如"上层建筑"这个词语,最初并不是一个表示社会结构的学术概念,不能精确地概括与经济基础相对的生产关系,但随着历史唯物主义关于社会发展学说的确立,它逐渐摆脱初始的隐喻形态,而成为哲学、经济学等学科中的重要术语。

2. 教育语言的特征

"教育术语",是教育学科的研究对象。本书的章节,大多是以某一或某些教育术语为起始点的,这里不再赘述。

"教育口号"的特点至少表现在如下所述的几个方面。

(1) 简约化。任何教育口号,使用的几乎都是简单明了的语句,表达意思也言简意赅。它将一些复杂的有着丰富多样含义的问题,用短小精悍的词语表达出来,化繁为简。就拿希望工程的代表性口号"为了托起明天的太阳"来说,其背后所涉及的问题是多样的,它包容了众多的信息与含义在内。简约化是一切教育口号的共有特征,同样,不精确也就成了一切教育口号的必有缺陷,因为它在使复杂问题简单化的同时,其本身的表述常常会有许多不严谨的地方。

(2) 情绪化。口号并不排斥概念、术语的认知意义,但是更重视的是概念的情绪意义。为了能打动人、鼓舞人,引起人心理上的共鸣,口号有时会夸大其辞,使人不由自主地受到情绪上的感染。就此,谢弗勒说,教育口号是为教育运动的主要观念和态度提供鼓励性的符号。正因为如此,作为一个富有同情心的人,您不会对"再穷不能穷教育,再苦不能苦孩子"的口号无动于衷。

(3) 具有导向性。教育口号表述的意思,一般都有着明确的指向性,它规定的是教育发展的主要方向,是将教育发展的未来前景用口号的形式外化出来。从这点来说,教育口号有时颇具理想化的色彩,不一定是着眼于现时。

(4) 具有价值倾向性。描述教育现象可以有两种基本的形式:一是以事实判断的形式客观地描述教育发展中的真实状况;另一种是以价值判断的形式,从一定的价值取向出发,阐释教育的发展情景。前者属于描述性研究,后者属于规范性研究。教育口号明显地属于后者。对它来说,重要的不是客观描述,而是将一定的价值倾向借助于适当的语言表述出来。

教育口号的上述特性,决定了它所能发挥的作用。一是在教育理论发展中的作用。教育口号的语言形式,虽然与教育理论的陈述方式有着很大的区别,两者相去甚远,但是,它对于某一教育理论问题的"通俗化",对于将教育理论由学府的殿堂深入到普通民众的观念与行动,不无助益。诚如歌德(Goethe, J. W., 1749—1832)所说,"理论是灰色的",教育理论揭示的是教育的一般现象,使用的是脱离了经验形式的抽象化、概括化了的语言,正因为如此,理论常显得高深莫测,教育实践者常对其敬而远之。而教育口号则可能以其得天独厚的优势,很快为人们所熟知。它虽然有使理论简单化的危险,却使理论"下嫁"到了实践,在理论与实践之间铺设起了一座桥梁。比如"教育要先行"这短短的五个字,实际上反映出的是教育理论研究者对教育本质、功能的认识,是教育理论界沸沸扬扬争论了很长一段时间后取得的共识。二是在教育实践中的作用。其一,唤起人们对一些教育活动的关注。对于人们关注较少、认识不定的事物,通过教育口号来提升它的重要性,可以说是再好不过的了。"电子计算机要从娃娃抓起",这句口号一下子使得全国上下都来关心小学生甚至幼儿园小朋友的电子计算机的教育问题。其二,对实际开展教育活动具有强烈的鼓舞、推动作用。那些带有导向性的教育口号,对教育实践干预甚大,它促使人们做出抉择,向着某一特定的方向迈进。例如,"五四"时期的"打碎孔家店"就为教育上倡导废除封建礼教、引进新思想大开方便之门。

与西方国家相比,我国似乎更注意教育口号,这与新中国成立后政治运动不断不无关联。可以说,在每次政治运动中,都有着一些激动人心的口号作"先锋",它导引着运动的方向,制约着人们的行动。实践工作者一般并不会去认真地阅读、领会某一政府文件——哪怕是至关重要的文件,而是大多借助于口号性语言对政策、法规、文件等有所了解。例如,大多数教师对《中国教育改革与发展纲要》可能知之不多,但大都知道"教育要为提高全民族素质而努力"这一口号。鉴于此,善用教育口号在中国就显得尤为重要。

3. 教育隐喻

隐喻也称为"暗喻",是指不明显的比喻。它与明喻一起构成比喻的两种基本形式。与明喻相比,隐喻不容易马上被指认出来,在这其中,本体与喻体的关系被隐藏起来了。隐喻这种修辞方式在教育陈述中运用较为普遍,它通过捕捉教育中的某一方面或某些方面与其他事物之间的类同与共同因素,采用其他事物比照被思考的教育对象。教育陈述中的隐喻类型是多种多样的,这里仅就教育含义的隐喻列举几例。

(1)"塑造""雕琢"。"塑造""雕琢"在教育陈述中甚为常见,尤其是"塑造",它作为教育的同义词,几乎与"教育"成了表示同一事物的两个词语。它们在从古到今的教育典章中俯首可拾,绝不鲜见。

《学记》中有"玉不琢,不成器;人不学,不知道"。

《论语》有这样的记载:宰予昼寝,子曰:"朽木不可雕也,粪土之墙不可圬也,于予与何诛!"

在古代典籍中,将教育喻之"雕琢""雕刻",中文似乎更较西文常见,究其缘由,概与我国古代社会以雕刻艺术见长有关。在西方,更多处是以"塑造(mould)"而不是"雕刻(carve)""雕塑(sculpture)"来与教育作类比的。

夸美纽斯在"假如要形成一个人,就必须由教育去形成"[①]思想的引导下,把人的头脑比喻成能接受刻印、制成各种形象的蜡,认为可以将其塑造成各种形状。至今,"塑造"已成为表征教育性质的重要术语,如"教师是塑造新一代人的工程师和艺术家"。

无论是将教育喻为"雕琢""雕刻",还是将其比为"塑造""刻画",有一个共同的特点,那就是强调教育在人的发展中的决定性作用。以"塑造""雕琢"来界定教育,实际上隐含的是认同人性被动或中性论、"环境决定论"和"教师中心论"。

其一,在对人性的认识上是持人性被动或中性论。各种教育观念无不含有对人性的基本假设,"塑造""雕琢"的隐喻,暗含着的意思是人性是被动的,是接受外部力量左右的。这种外部力量的好与坏、善与恶,直接决定着人性的好坏、善恶。

其二,在对人的发展的认识上是持"环境决定论"。一个物品被塑造或雕刻成什么样子,完全是由塑造者或雕刻者决定的,他们可以依据自己的设想将物品制作成各种各样的形象、姿态。人的发展是受外部力量左右的,人内在动机的激发、主观能动性的发展,对人的发展来说是无足轻重的。因此,以"塑造""雕琢"喻教育,无异于说对人而言,教育、环境是无所不能的。实际上,一些持"塑造""雕琢"隐喻的人,也的确有着支持"教育万能论"的嫌疑。

其三,在对师生关系的认识上是持"教师中心论"。"塑造""雕琢"在教育过程中就体现为以教师为中心,学生在一定程度上成为被教师随意摆布、塑造的"泥块"等,或者说成为教师任意刻画、雕绘的"玉器"等。学生的地位近乎于不见。

(2)接生、生长的隐喻。接生的隐喻(midwifery metaphor)意味着教育就是接生,教育的过程与产婆为产妇接生或助产没什么区别。

这一隐喻源于古希腊伟大的哲学家苏格拉底。在他看来,儿童天生就具有心智能力、知识与品德,教师如果采用得当的方法,就可以将这些先天的品质引导出来——教师是灵魂的"产婆"。接生的隐

[①] 夸美纽斯.大教学论.傅任敢,译.北京:人民教育出版社,1984:39.

喻也贯穿于苏格拉底的全部教育活动之中,他在教育当中,时刻注意引导人形成正确的思想,得到有关道德的完善无误的概念。

与塑造、雕刻之类的隐喻不同,接生的隐喻强调教育应是由内而外的,是将儿童心灵中的智慧不断引出、发展的过程,而不是由外而内的,不是注入、训练、铸造的过程。前者注重内发,而后者注重的是外塑。教育观念上的分野、价值上的差异,从教育的隐喻中就已经显现出来了。

生长的隐喻,主要来自于杜威,教育即生长(education as growth),是杜威关于教育的基本认识。杜威认为生长的基本条件是处于一种未成熟的状态。处于未成熟的状态,就是说有生长的可能性。这句话不是说现在绝无能力,到了将来才会有,而是表明现在就有积极的能力——成长起来的能力。处于未成熟状态的主要特点是具有"可塑性",即具有从经验中学习的能力。由此引出结论:生长是生活的特征,所以教育就是生长。与接生的隐喻相比,生长的隐喻更注重把学习者作为有生命的学习主体,更关注学习者主动求知的兴趣与需要。它要求学校致力于对个人能力的磨炼和提高,使学生获得所需要的最美好的东西。

接生、生长的隐喻,在西方之所以盛行,与西文中"教育"一词的来源也不无关系。从辞源上说,西文中"教育"一词含有"内发"之意,强调教育是一种顺其自然的活动,旨在把自然人固有的或潜在的素质自内而外引发出来,成为现实的发展状态。

接生、生长的隐喻,在对人性的基本假设上,是持人性主动论和性善论的。认为人本身具有一种趋善的性向,先天就具有关于真、善、美的知识与品德,教育就是把人性中这些内在的东西通过人自身的努力引发出来。教育的最终目的,是使儿童内在的、固有的人性能够充分地展开。

在对人的发展的认识上,是持"内因决定论"。人内在天性的展开,固然离不开外在的引导,但其前提是儿童自身的主观能动性要得到充分的发挥,否则,引导就失去了意义。苏格拉底有句名言,那就是"认识你自己",隐藏在这个口号背后的意思就是人要能够自觉地分析自己的内心世界,靠自身的主动性去探求外在世界。

在对师生关系的认识上,是持"学生中心论"。就拿苏格拉底的方法来说,教师并不用现成的原理的形式,把他所认为是真理的东西提示出来。他用问答的方式进行教学,刺激学生自己在教师帮助之下寻找正确的答案。

◆ 思考与争鸣

什么是教育或者说教育是什么?就目前来看,在这一问题上学界远未达成统一的认识。但无论如何,首先应该承认教育是一种社会活动,是人类所特有的一种活动,并且这种活动是以人为对象的,其目的在于培养人,使人掌握一定的知识、技能、态度等,进而达到一定社会的要求。在这种活动中,目的性始终是至关重要的,人所接受的无目的的自然影响,不应归入教育之列。有目的地去培养人,促进人的身心发展,成为教育区别于其他一切社会活动的特征。

近年来,西方分析教育哲学对教育概念的分析很有见地。其把教育的定义区分为三种——规定性定义、描述性定义、纲领性定义,试图为分析教育含义找到一条适宜的途径。虽然无论是纯粹的规定性定义,还是纯粹的描述性定义,抑或是纯粹的纲领性定义,都是无法找到的,但这种分析至少使我们意识到了教育定义的复杂性、多义性,并且为我们了解科学概念本身提供了一定的帮助。

哪些因素构成了教育?这一问题与对教育概念的理解紧密相连。例如,若把"自我教育"也归为教育之列,那它与上面我们对教育的理解,在基本因素的构成上,肯定是有所不同的。在我们看来,无论是广义的教育,还是狭义的教育,都不可或缺地包含着三个因素——教育者、教育中介、受教育者。教育各个因素的地位与作用各不相同。

教育的各个构成因素,因其各自的表现形式在不同的情境中有所不同,使教育出现了不同的表现形态,大体可分为正规教育与非正规教育。其中正规教育主要是指学校教育,非正规教育包括家庭教育、职业组织教育、文化组织教育以及社区教育。

教育的语言,是近年来为人们所关注的一个问题,较为常见的有三种语言形式——教育术语、教育口号、教育隐喻。三者在教育语言中所处的位置不同,发挥的作用也各不相同。正确认识三者的性质、地位、作用,对于规范教育语言,对于教育理论工作者和实践工作者反省自身,都不无益处。

第二节 教育的起源[①]

明确"教育"的内涵,有助于考察教育活动产生与发展的相关问题。这两者的关系是:对"教育"概念的研究为认识教育的产生与发展划定了范围;反过来,对教育的产生与发展的研究将会通过大量的史实丰富与深化人们对教育的理解,形成对教育认识的立体感。需要指出的是,在讨论教育起源的时候,所提及的教育是指非制度化的"教育",即指那些没有能够形成相对独立的教育形式的教育。这种教育是与生产和生活高度一体化的,没有从日常的生产或生活中分离出来成为一种相对独立的社会机构及其制度化行为。人类学校产生以前的教育就属于这种非制度化的教育。[②]

一、教育起源说的几种观点评析

教育起源这一问题,至今是一个"悬而未决"的难题。其原因之一,与教育起源问题自身的性质有关:教育起源是个历史问题,年代久远,很难对其进行科学的实证研究。因此,教育学界对该问题的研究,主要采取的是思辨的理论推演和逻辑论证。理论论证只要不自相矛盾、言之成理,都可以作为一种假说而具有其存在的价值和意义。在教育起源问题上"众说纷纭"的另一个原因,与对教育起源概念的界定有关:论者往往并不是在同一概念或同一视角上使用和论证教育起源,其结论也就莫衷一是。在教育学史上,关于教育的起源

---

① 尹艳秋,陆正林.教育起源说的学术视角.南通大学学报,2010(3).
② 石中英.教育学基础.北京:教育科学出版社,2003:7.

问题主要有以下几种观点。

(一) 教育的"生物起源说"

该学说的代表人物是法国社会学家、哲学家勒图尔诺（C. Letourneau，1831—1902）与英国教育史学沛西·能（T. P. Nunn，1870—1944）。勒图尔诺在《各人种的教育演化》一书中提出，教育活动不仅存在于人类社会之中，而且存在于人类社会之外，甚至存在于动物界；人类社会的教育是对动物界教育的继承、改善和发展。[①] 沛西·能在其所著的《教育原理》中也表达了同样的观点。在他看来，"教育从它的起源来说，是一个生物学的过程"，"生物的冲动是教育的主要动力"。[②] 这就是说，教育的产生完全来自动物的本能，是种族发展的本能需要。

教育的"生物起源说"认为动物界也存在着教育现象，教育是一种"天生的而不是获得的表现形式"[③]。这种混淆动物本能活动与人的实践活动的做法当然是错误的，但如果就此便将这种观点扔进故纸堆，认为其只具有被批判的"价值"，也是不甚妥当的。教育的生物起源说是教育学史上第一个正式提出的关于教育起源的论说。它是以达尔文的进化论为理论依据，并以一定的"事实"为依据而提出来的学术观点，较之以往的各种神话起源说，不能不说是一大进步，它标志着在教育起源问题上开始了科学的解释。尽管人类的教育与动物的本能授受活动之间有着本质的区别，但从教育原型是什么这一视角来说，教育的"生物起源说"——教育的原型是动物的本能授受活动，恰恰说明了人类教育的起源问题。

教育是人类所特有的一种社会现象，自有人类就有教育，这是学界基本认可的。探讨教育的起源问题，必然会与人的起源问题交织在一起，因为教育与人，无论在逻辑上还是时间上，都是同时出现的。"人起源于猿"这个进化论命题，是一个基本的科学常识。进化论中

---

① 勒图尔诺.教育的源起//瞿葆奎.教育学文集·教育与教育学.北京：人民教育出版社，1993：156-177.
② 沛·西能.教育原理.王承绪，等，译.北京：人民教育出版社，1992：8.
③ 沛·西能.教育原理：译序.王承绪，等，译.北京：人民教育出版社：1964.

所说的"人起源于猿",更多、更主要地是从生物特性和遗传基因的意义上讲的。但生物学意义上的人还不是真正的、社会学意义上的人。马克思主义对于人这个概念是有其明确的界定的。对于人的本质,我们可以从两个角度来把握。人的本质,"在其现实性上,它是一切社会关系的总和"①,正是不同的社会关系,将不同的人区分开来,这是就人的特殊本质而言的。另一方面,人,无论其处于怎样不同的社会关系之中,他们又都有其共同之处,而这正是人区别于动物的地方。在讨论人的起源问题时,我们主要地不是区分人与人相别的特殊本质,而是要明确人与动物相区分的共同的类本质。从猿向人的进化是一个漫长的历史过程,无论在这个过程中猿如何地类似于人,在"完全的人"形成之前,它都只是猿而不是人,它的活动只是动物的活动而不是人的活动。我们不可能绝对准确地把握住人猿相别的这个临界点,但是为了思维和研究的需要,又必须确定这样的一个点。这个点,在马克思主义看来,就是劳动或实践。"一旦人开始生产自己的生活资料的时候……人本身就开始把自己和动物区别开来。"②

恩格斯在《劳动在从猿到人的转变中的作用》一文中,简要地描述了人的起源过程。其过程大致如下:①环境的变化引起猿的生存方式的变化;②表现为手开始越来越多地从事其他活动,即"劳动";③同时,更多地"直立行走";④作为劳动产物和劳动器官的手的不断"劳动"和群居的特性,使各成员之间"互相支持和共同协作的场合增多了",他们之间"已经达到彼此间不得不说些什么的地步了",这些"需要也就造成了自己的器官",然后,语言从劳动中并和劳动一起产生出来了;⑤"语言和劳动一起,成了两个最主要的推动力",使猿脑逐渐过渡到人脑,并进而促进了人的各种感觉器官的完善化;⑥最终,"由于随着完全形成的人的出现又增添了新的因素——社会"。③ 正是基于劳动在从猿向人的转变过程中的这种重要作用,恩格斯才说"以致我们在某种意义上不得不说:劳动创造

---

① 马克思,恩格斯. 马克思恩格斯选集:第4卷. 北京:人民出版社,1995:56.
② 马克思,恩格斯. 马克思恩格斯选集:第4卷. 北京:人民出版社,1995:67.
③ 马克思,恩格斯. 马克思恩格斯选集:第4卷. 北京:人民出版社,1995:374-378.

了人本身"。

遗憾的是,对恩格斯关于人的起源和劳动的作用的论述,我们在一定程度上存有误解。比较典型的误解就是质问劳动和人出现的先后次序[①],表现在教育起源问题上是争论教育与语言(教育的工具)、经验(教育的内容)等出现的先后次序。粗看起来,这似乎很有道理,因为没有语言(教育的手段和工具)、经验(教育的内容)等,教育不能进行。实质上这是"直观"思维导致的误解。显然,在"完全形成的人"形成之前,只存在处于进化过程中的猿,而不存在真正意义上的人。恩格斯在描述这个进化过程时所使用的"劳动""语言"等概念,严格地说,其前面都要加上一个"类"字,它既与人的"劳动""语言""意识"有内在联系,又有本质的区别。只有当"完全形成的人"和"社会"出现后,猿最终完成了向人的进化,其"类劳动""类语言"等才转变成专属人的一般意义上的"劳动"和"语言"等。同时,恩格斯这段论述,还表明了人类是如何在劳动中逐渐向更高阶段进化的。人自身的进化发展,就是在劳动的作用下,各个方面协同发展。在人的发展进程中,劳动(生活资料的生产)是起点和推动力,它促进了人的其他方面如语言、交往、意识等的发展。正是在这个意义上,"劳动创造了人本身",劳动将人"和动物区别开来"。

弄清楚了这几点,我们就不会无谓地纠缠于劳动、人、意识、语言、交往、教育、社会等出现的时间先后了。因为所有这些,是作为"一个系统"而同时出现的。我们只是在这个系统出现后,采用分析的方法,将其"分析"为不同的要素,然后再将这些因素运用到系统的形成过程中。人与动物的区别在于劳动,而劳动又与人、意识、教育等不可分割。换句话说,劳动、教育、意识、人际交往、语言等,彼此之间是互相规定、互为前提和条件的。它们只能共同构成和作为一个系统出现,而不可能作为单个的要素一个一个地出现。

(二) 教育的"心理起源说"

教育的"心理起源说"认为教育起源于儿童对成人的无意识的

---

① 李醒东.方法论意义上的教育起源观.宁波大学学报(教育科学版),2006(8).

"模仿"或"学习"。美国著名教育史专家孟禄(Paul Monroe)在其所著《教育史教科书》中,从人类学和心理学的角度出发,对人类教育的起源和发生过程作了专门的和详细的论述。他根据原始社会没有学校、没有教师、没有教材的原始史实,断定在原始社会中,不论是社会还是个体,其教育的发生都是"非理性的"和"单纯的无意识的模仿",从而推论教育应起源于儿童对成人无意识的模仿。在这个观点的基础上发展起来的"学习起源说",用有意识的学习代替无意识的模仿,但基本的观点与"心理起源说"并无不同。我们承认,模仿和学习,是教育得以进行的内在要素和环节,没有模仿和学习,教育就不可能展开。但是,模仿和学习,与教育在活动的内在结构上是有着本质区别的:前者是模仿者或学习者"一个人"的活动,被模仿者或被学习者并不一定进行有意识的示范;而教育则是教育者与受教育者共同参与的有意识的活动。因此,教育的心理起源观,与其说是在探讨教育的起源问题,不如说是在探讨人的发展的始源问题:人的发展首先表现为个人无意识的模仿或有意识的学习,教育以人的发展为目的。因此,严格说来,教育的"心理起源"说,并不是在"教育的原型是什么"这一意义上使用的,而更多地是指明教育何以可能或者教育得以进行的内在机制。教育不能离开模仿和学习,但依此就断定模仿和学习是教育的原型显然是有欠妥当的。

(三) 教育的"劳动起源说"

这一学说是以历史唯物主义为指导,针对"生物起源说"与"心理起源说"的局限性而提出来的。在我国与苏联教育学界,大多数学者都认可这一观点。教育的"劳动起源说"是以恩格斯的"劳动创造了人本身"这一著名论断为依据推演出来的,曾被视为马克思主义的教育学说的重要基石,并在相当一段时间内未曾受到任何质疑。20世纪80年代,受"反思哲学"的影响,在我国也曾一度对教育的"劳动起源论"这一问题进行了广泛的学术争鸣。尽管争鸣最终未达成共识,但这一探讨过程极大地深化了人们对教育起源问题的认识。

从前面的论述可知,如果将人类的某一种活动当作教育的原型,那么教育理应是也必然是"后"于这个人类活动而出现的,这就与我们的前提——自有人类就有教育,是矛盾的。因此,只要承认这个前提,教育的原型就不可能从"人"的活动中寻找。那么,应如何看待同是专属于人的劳动与教育的关系呢？马克思在《德意志意识形态》中指出,人的活动或劳动从一开始就始终包含以下三个方面的因素或关系:"一方面是自然关系,另一方面是社会关系"①,并且,"人还具有'意识'"②,即包含认识关系。自然关系反映的是人与自然的关系,属于"生产力"的范畴;社会关系是指许多个人的共同活动,构成"社会状况";认识关系反映的是人对自己的活动的"意识"。③ 这三个方面的关系是人的同一种活动的三个侧面。进一步说,将人的活动划分为物质生产劳动、处理社会关系的活动和精神生产活动,只是为了表明这三类活动的侧重点是不同的——它们各自的重心分别是处理人与自然的关系、处理人与人的关系和处理思维与存在的关系。广义的劳动(泛指一切属人的活动),都内在地包含了这三重性质。显然,狭义的劳动是指处理人与自然的关系的物质生产活动,教育的重心显然不是处理人与自然的关系。教育与狭义的劳动最初是交织在一起的,它们是在社会发展到一定阶段才获得了各自相对的独立性,才可以相对地脱离对方而进行。二者之间不是谁产生谁或演化出谁的关系,而是互为条件的。而就广义的劳动而言,它本身就包含了教育活动。正是在这个意义上,笔者认为,"教育的劳动起源说"（即认为教育起源于劳动）,实际上只是指出了教育的"实践"特性,显示了教育何以必要,而并没有指出教育真正的原型。

（四）教育的交往起源说

正是看到了教育劳动起源说的局限,叶澜教授等率先提出教育的原型不是处理人与物相互关系的生产劳动,而是"人类相互非物质性的交往活动"。她认为交往活动包含了教育的各个内在要素,并且要素之间具有内在的联系。"一旦交往的作用被人类意识到,并将此

---

① 马克思,恩格斯.马克思恩格斯选集:第4卷.2版.北京:人民出版社,1995:80.
② 马克思,恩格斯.马克思恩格斯选集:第4卷.2版.北京:人民出版社,1995:81.
③ 马克思,恩格斯.马克思恩格斯选集:第4卷.2版.北京:人民出版社,1995:83.

转化为以影响新生一代生长为直接目的的特殊活动"①,教育就演化而生了。教育的交往起源说在以下两个方面是对劳动起源说的超越:其一,指出了教育与狭义劳动的根本区别在于教育的人际交往特性,即教育中的主要关系不是人与物的关系,而是人与人的关系,教育的核心问题和价值不是物而是人;其二,提出应该高度重视教育活动中人与人的互动。但是教育的"交往起源说"虽然指出教育作为一种特殊的交往活动,其原型只能是另一种交往活动,但是并没有指出这"另一种交往活动"到底是什么。

还应指出的是,"交往起源说"还涉及对"交往活动"的理解问题。一种理解是,将交往活动作为一种独立的活动类型,与物质生产劳动等人类活动相并列——唯其如此,才可说教育起源于"交往"。"交往"活动关注的是人与人的关系问题,物质生产劳动关注的则是人与物的关系问题。那么,如何理解人与人的交往关系呢?从"交往起源"说的理论旨趣和相关论述中可以看出,它们强调的是教育交往过程中的"民主、平等"和真正有效的"交流"。另一种理解是,交往只是一切人类活动诸多关系或特性中的一种,正如意识性是人类一切活动的内在因素一样。这与我们上文所述的马克思对人的活动中所包含的各种关系的理解是一致的,即任何人类活动都内在表现为人与自然的交往、人与人的交往和人的思维与人的存在的交往这三个方面的关系。如此,将教育的起源归结为人类活动的某一特性,显然也是不恰当的。因此,我们认为,与其说"交往起源"说提出了一种新的"教育起源"观,不如说它深化了我们对教育本质特性的认识,丰富了教育过程的内涵。

二、研究教育起源问题的不同立场

从前面的分析来看,论者对教育起源问题的理解与探讨至少涵盖了以下三层意义,也反映了他们在教育起源问题上的不同立场。

---

① 叶澜. 新编教育学教程. 上海:华东师范大学出版社,1991:44-45.

(一) 教育何以必要

对这个问题的探讨涉及很多方面,如教育的目的、功能、价值等,但其实质都围绕着"需要说",即教育产生于人的需要。至于这个需要到底是什么,论者之间存在着极大的分歧和争论,主要有人类生产生活的需要、传递经验的需要、传递语言的需要、人自身发展的需要、人的社会化需要等。我们认为,所有这些需要,都是促进教育产生的动力和原因,它们是作为一个需要系统而相互联系在一起的,因而不能用一种需要去反驳另一种需要,也不能用一种需要来否定或贬低另一种需要。必须看到,在教育产生之初,人类的需要并不像现在这样发达、细化和具有相对独立性。现在我们可以相对独立地进行研究或分类出来的各种需要,在当时还是一个"混沌"整体,只是随着人类实践的发展,这个整体内部的各个方面才逐渐被认识到并进而获得相对独立的地位。因此,从某种意义上说,对"教育何以必要"的深入研究,就是对人类根本需要的研究,也是对"人"的本质的研究。人的需要不是先天既成的而是后天养成的——正是这些后天的、属人的需要使人不再是动物,教育正在于养成并为了这些需要。同时,人的需要,虽然在人类产生之初是一个"浑沌的"整体,实际上却是多方面、多层次的,对这些需要的深入研究既能深化我们对人的认识,也有利于认识教育多方面、多层次的功能和价值。因此,在"教育何以必要"的意义上对于教育起源问题进行的研究和争论,既没有必要也不可能有一个最终的统一答案或定论,所形成的各种不同的观点是相互补充而不是相互对立的。

(二) 教育何以可能

这个问题与劳动、意识、语言、学习(模仿)、交往等密切相关。劳动和交往使教育成为可能,也为教育提供了内容;没有意识的参与,教育便不再是教育,而沦为动物的本能;教育作为一种认识活动,自然也不能离开语言;同样的,教育作为一种"对学习的指导"活动,也是不可能离开学习的。所有这些方面的因素,虽然有外部条件与内部条件之别,但在其对于教育的不可或缺上是相同的,少了任何一个条件,教育都是不可能的。这各种条件在教育产生之时就具备了(不具备也就不可能产生教育),因此,在教育何以可能这个意义上探讨教育的起源,也就更多地具有了认识论而非本体论的意义。

(三) 教育的原型是什么

教育的原型是什么,问的是教育作为一种活动,是从什么活动发展、演化、变化而来的。我们认为,对这一问题的回答恰恰反映了教育起源的应有之意。换句话说,把对教育起源问题的探讨,理解为对"教育的原型是什么"这一问题的追溯。通常,事物的原型只能有一个。因此,如果说前两个问题的答案不是唯一的,那么,对于"教育的原型是什么"的各种回答,彼此就不是互补的、兼容的,而具有明显的排他性。这个问题侧重的是理论清思,对于实践的直接意义不像前两个问题那么明显,但这并不表明这个问题没有价值。事实上,对这个问题的回答,暴露出了我们理论思维中存在的一些问题。在当今追求"多元"的潮流下,"一元"的答案往往引起人们的排斥,甚至导向虚无。笔者认为,从教育的原型是什么这个意义上说,不管研究者持有什么观点或争论,最终都理应形成统一的共识。

◆ 思考与争鸣

对起源的不同理解,导致了教育起源问题在几个不同方面得以展开。这几个方面之间有着内在的联系,但又各有自身的特殊之处。具体说来,"教育何以必要",从最初的纯理论问题逐渐演变为一个与现实有着密切联系的问题,对这个问题的探讨与探讨教育功能、教育目的、教育价值等有着千丝万缕的联系。"教育何以可能"这一问题,实际上包括了教育的内在规定性和外在制约性,这个问题既是一个理论问题,更是一个现实问题。在这两个问题上,复杂性思维是必要的,因为各种不同的观点由于相互补充而共同深化了对问题的认识,唯独在"教育的原型是什么"这个问题上,由于答案具有唯一性,争鸣不是研究深入的表现,反而表征了研究的停滞不前。虽然"教育的原型是什么"相对地缺乏现实意义,但对这个问题的解答,在一定程度上暴露出了我们当前在学术研究中所存在的非必要的"复杂化"或过于追求"多元"的倾向。

我们在教育起源问题上所持有的几种观点,如"生物起源"说、"心理起源"说、"劳动起源"说等,实际上是针对教育起源所涉及的上述三个问题中的不同方面来说的。因此,对教育起源问题进行讨论,首先要理清或表明论者的学术视角或立场,避免把基于不同视角或立场上所形成的几种观点不加区分地混沌而论;也不应该不加区分地用一个单一的视角去评价在多层意义上所形成的不同观点。

第三节　教育的历史演进[①]

考察教育的历史演进,目的在于帮助人们认识与把握教育发展过程中的"内在逻辑",从而为把握今天和未来的教育发展与改革的脉络提供智慧的启迪。根据历史唯物主义的观点,以社会的生产方式的转型为依据,人类社会发展的历程可简要地划分为原始社会、古代社会和现代社会三大阶段,相应地,教育的发展历程也可概括为三大阶段:原始教育、古代教育和现代教育。

一、原始社会与教育

原始社会是人类的第一个社会形态,在这个社会形态中,人们对自然、社会以及自身的认识都处于原始的水平,尚未能形成多少系统可靠的知识。生产工具主要采自自然的或经过简单打磨的石器。知识的贫乏与生产工具的落后,既反映了早期人类实践能力的低下,又制约了早期人类实践的范围。为了维持人类的生存,他们不得不过着一种原始共产主义的生活,集体劳动,集体消费,没有剩余产品,没有剥削与阶级。在这种生产力和生产关系背景下发展起来的原始教育,是一种非形式化的教育。它没有相对独立性,教育是在整个社会生产和生活中进行的,没有成为专门的社会职能,没有专门的教育机构和专门的教职人员。教育内容也十分简单,主要传授制造和使用简单生产工具的技能,从事打猎、采集等劳动的经验以及原始社会的

[①] 本节部分内容参考唐斌主编《教育学教程》,苏州大学出版社,2007年版。

生活经验和风俗习惯。教育与被教育的方法手段也极端原始,主要是生产劳动中的言传身授与直接模仿。在教育对象上,原始社会的教育具有原始的平等性,面向氏族与部落的所有儿童。

二、古代社会与教育

比起原始社会来,古代社会的生产力有了相当程度的发展。石器已经被金属手工工具所代替。经济生活也由以不稳定的狩猎和捕鱼为主转变为以稳定的农业为主。物质生产和生活资料除了满足人们的日常需要之外,还有了一定的剩余,社会从此产生了私有制。人与人之间的关系也由原始的平等转变为人身依附甚至是直接占有的关系,社会日益演化为两个对立的阶级。人们对自然和社会的认识水平有了一定程度的提高,经验的积累已经孕育产生了古代的各种知识体系。根据生产方式的不同,古代社会又可划分为奴隶社会和封建社会。

（一）奴隶社会与教育

奴隶社会是人类历史上的第一个阶级社会,也是史学上所讲的人类文明的开端。据考证,世界上最早进入奴隶社会的是埃及,大约在公元前3500年左右。其次是印度、古巴比伦、中国等。比起原始社会,奴隶社会所经历的时间要短得多,却创造了原始社会无法比拟的物质与精神财富,形成了灿烂的古代文化。

一般而言,奴隶社会是教育作为独立的社会活动的形成时期,这首先表现为学校的产生。有了学校,就意味着人类形式化教育的诞生——有了专门的教育者与受教育者,有了稳定的教育场所和设施,教育内容也开始相对规范了。据可查证的史料记载,最早的学校出现在公元前2500年左右的埃及。我国的学校产生于公元前1000多年的商代,也有很悠久的历史。欧洲最早出现学校的地方是古希腊的雅典,约在公元前8至7世纪。

学校在奴隶社会出现并不是偶然的,它的产生有着一系列社会历史条件。

首先,生产力的发展已经达到了可使一部分人脱离直接的生产劳动而专门从事教育活动的程度。在西语中，学校的英文单词"school"源于拉丁语的"schola"，后者又源于表征"闲暇、有闲"之意的希腊语"skhole"。由学校的词源意义可知，奴隶社会生产力的发展，已经能使一部分人从直接生产劳动中游离出来，成为"有闲者"，这就为形成新的社会职能活动者（即专门从事教与学活动的师生）提供了可能。其次，文字的产生为大量、准确地传递和学习历史上所积累的社会生产和生活经验提供了独特的载体。随着生产力以及人们交往层次的提升，人类所创造的知识和经验也日趋增多，在这种情况下，仅靠言语这种交际手段是难以满足人们的需要了，于是，一种新的交际手段——文字便应运而生。与此同时，文字的出现，促使人要掌握它就要经过专门的学习。最早的文字主要掌握在祭司手中，"象形文字"的希腊语就是"祭司的文字"，我国最早的知识分子也是巫师，他们为了从事宗教祭祀活动和管理寺庙，需要掌握文字、计算、历法、天文等知识。这部分人也就成为最初的教师。再次，体脑分工的出现伴随着阶级与国家的出现。奴隶主为了维护自己的统治，需要有官员从事管理国家的活动，需要武士为保卫政权而战，还需要有一批掌握知识的人从事各种宗教与文化的活动。这些人都要经过一定的训练才能培养出来。因此，当时的学校大多是以培养国家机器的管理者和统治阶级的接班人为目标的。

　　由此可见，学校的出现是奴隶社会政治、经济与文化发展综合作用的结晶，它的出现是人类文明的一大进步，也极大地推动了人类总体文明的进步。由于学校的出现，人类的教育活动开始从非形式化走向形式化并向制度化发展，从低级水平进入到高级水平，从对人的影响的随机化、自然化转向有计划有目的的培养与造就。这说明人类教育已进入到一个新的阶段。至此，人类社会不只是有言传身教这一简单的教育方式，而出现了以文字为中介的专门的教育形态。

　　尽管世界各国奴隶社会的教育都有自己的民族性和地方性，然而在一些基本的方面也呈现了某些共同的特征。

　　（1）教育的阶级性。由于奴隶主阶级对生产资料绝对占有，他们同样地也占有学校。实际上，学校从一开始就是奴隶主国家机器的一个组成部分。奴隶社会的教育的阶级性非常明显，它不仅表现在教育权和受教育权上，而且还体现在教育目的、教育内容、教育方法等方面。具体体现在：教育目的是培养奴隶主阶级治理国家所需要的人才；教育的对象主要是一些奴隶主贵族子弟；教育内容和方法多是以军事教育及严酷的操练为主，以满足统治阶级对内对外武力镇压的需要。与统治阶级的教育相对应，当时也同时存在着被统治阶级的教育，奴隶们在自己的生产劳动和生活的过程中，教育自己的子女。从奴隶社会开始，阶级性成为了时至今日教育的重要属性。

（2）学校教育与生产劳动相脱离。在原始社会中，教育过程与生产和生活过程是相互交织在一起的。但进入到奴隶社会之后，由于统治阶级对学校教育权实行控制，他们不允许学校向自己的下一代传递那些只有被统治阶级才需要的生产知识和技能，只要求自己的子弟学习一些统治术、战争术、外交术等。生产劳动的知识一开始就被排斥在学校的大门之外。这方面的经验的传递主要依靠生产过程中"师徒制"的方式进行。

（二）封建社会与教育

封建社会是继奴隶社会之后兴起的人类又一种古代社会形态。在封建制度下，地主拥有大部分的土地，而农民或农奴则完全没有或很少有土地。他们靠租种地主的土地而生活，对地主有不同程度的人身依附，但比起奴隶来说，则有一定程度的人身自由和少量的个人财产。封建社会基本的阶级是地主阶级和农民阶级，其上层建筑主要以君主制和等级制为特点，在此基础上形成了封建道德。自给自足的自然经济是封建社会的主要经济形式，手工业、商业等是占次要地位的。与奴隶相比，农民或农奴由于有了一定的人身自由和自己的生产工具，促进了生产力的发展。在生产力发展的基础上，艺术、文学、历史、宗教、建筑、哲学以及科学技术等有了相当程度的发展，促进了人类文化的繁荣。

与封建社会的政治、经济与文化的变革发展相一致，封建社会的学校教育在保留古代奴隶教育若干特征的基础上，又发生了一些重要的变化,构成了封建社会教育的基本特征。最为重要的有以下两个方面。

第一,学校教育不仅具有鲜明的阶级性,而且还有严格的等级性或宗教性。封建社会的国家官僚机构与奴隶社会相比,更加复杂化和更加完善。为了维护这样的国家机器,就必须加强等级制度和等级观念。封建社会的等级性以世袭的方式、血缘的纽带维系,又涂上了宗教的色彩,所以特别牢固、富有束缚力,成了封建社会统治的重要特征之一。与此相对应,封建社会教育在强调学校教育为统治阶级服务的同时,更加突出了教育的等级性或宗教性。教育的等级性就是指在封建统治阶级内部,不同官职出身的人的子弟接受不同等级的教育。教育的宗教性是就欧洲封建教育而言的。在中世纪的欧洲,宗教统治了人们的生活,宗教权力往往高于世俗权力,封建政权各级领导人的更替都需要经过教会的认可。在这种情况下,僧侣教育主要是传播宗教教义,培养人们对上帝的虔诚和热爱,对世俗生活的鄙视和疏远。骑士教育尽管主要是世俗教育,但是也浸透着宗教精神,需要学习宗教教义。在一定意义上,可以说欧洲封建教育引导人们对宗教的皈依就是训练人们对欧洲封建统治的服从。

第二,形成了较完整的教育体系,学校教育的对象、规模与种类相对扩大,内容也日趋完整。比起奴隶社会来说,封建社会人们对教育重要作用的认识得到了进一步的提升,推动了教育在封建社会的进一步发展与完善。中国在封建社会初期,思想家们就提出了"建国君民,教学为先"的方针,把发展教育作为实施国家统治的一个重要策略。正因为历代统治阶级的重视,在我国封建社会时期,就创建了比较完整的教育体系。在汉代就建立了从中央到地方的官学体系,值得指出的是,在封建时代,我国还建立了较完整的私学体系,在官学和私学之外,还设有书院和社学。中国封建社会之所以在某些方面能走在世界的前列,在很大程度上应归功于当时教育系统相对"完善"。在欧洲,教会为了传道和培养人才,也创办了大量的、各种层次和类型的学校,如教区学校、主教学校、修道院学校以及教会大学等。当然,随着教育的复杂性程度的提高,教育实践迫切需要教育理论的指导,从客观上促进了当时教育思想的进步与提升。因此,中外此时都产生了不少著名的教育思想家,提出了丰富的教育思想。

三、现代社会与教育

现代社会包括资本主义社会与社会主义社会。尽管这两个先后出现的社会形态在生产关系方面有着本质的差别,但在其他方面有不少的相似之处。经济形态方面,从自给自足的自然经济转变为以市场作为资源配置方式的商品经济;生产方式方面,从手工生产转变为现代机器大生产。与之相适应,社会统治和管理方式从古代的专制政治走向了现代的民主政治,社会关系从古代的人身依附关系逐渐转变为物的依赖基础上的人的独立个性之间的交往关系。日趋健全的各项制度成为人们生产与生活的基本行为准则。科技得到了快速发展,日益成为了推动社会进步的革命性力量。这一切都使得教育发生了质的变革和空前的发展。尽管奠基于两种不同社会形态的两种教育在某些方面有所不同,但由于两者都是奠基于现代大生产的现代教育,在不少方面存在着共性。

(一) 现代教育的基本特征

1. 现代教育的公共性

现代教育的公共性是指:学校教育越来越成为社会的公共事业,是面向全体人民,而不是只面向某些特权阶层的。与之相关的就是现代教育日益追求教育的平等性,即现代教育追求为每一人创造平等的受教育机会,包括起点平等,过程平等,结果平等。这就是说,现代教育的公共性也就是现代教育的普及性。当然,追求教育的普及性,并不是要否定对少数精英人才的培养。在现代社会,随着社会科学化程度日益提高,无论是大众素质还是精英人才,都是衡量一个国家科技实力的重要指标,为此,各国都根据自身发展的实际需要,努力在提高大众素质的基础上选择精英,培养精英。

2. 现代教育的生产性

这一特征是指:现代教育越来越与人类的物质生产结合起来,越来越与生产领域发生密切的、多样化的关系;生产的发展也越来越对教育系统提出新的要求。一个重要的标志就是职业教育得到了很大的发展。人们日益认识到：今天的教育就是明天的经济。教育的经济功能得到各国政府的充分的重视，教育改革因此被作为经济发展与社会进步的战略决策。随着知识经济时代的到来，教育的生产性将会进一步地凸显出来，教育不仅是改变人们的精神生活的一种力量，而且也是改变人们的物质生活的一种重要力量。而且，随着生产形式、技术、规模的不断变化，教育的生产性也将日益呈现新的品质。

3. 现代教育的科学性

这一特征是指：一方面，教育的发展日益受惠于科学；另一方面，科学的发展日益受惠于教育。在现代社会，科学发展与教育的进步在总体上是同步的。可以说，有什么样的科技水平，就有什么样的教育发展水平。科技一旦有了某种进步，教育或早或迟地也会发生相应的变革。阿什比认为，人类教育史上曾发生过"四次教育革命"：第一次是将教育的责任从家庭转移到专职教师和学校手中，它发生于原始生产方式解体、物质财富丰富到一部分人足以脱离物质生活资料的生产之时；第二次革命以文字和书写工具的出现为前提，采用文字和书写作为与言语口授同样重要的教育手段；第三次革命是普遍采用教科书作为教学的基本依据，发生于17、18世纪印刷技术和造纸技术兴起的时期；第四次革命是光、电、磁等现代科技广泛应用于教育，大约始于20世纪初，至今方兴未艾。[①] 可见，这几次教育革命，都与同时期的科学进步直接相关。科学的发展推动着教育的发展，反过来，教育也对科学的发展起到重要的作用。

4. 现代教育的终身性

这一特征是指：教育已不再局限于人的职前时期，而是贯穿于人的一生。现代教育注重创造一个适合人终身学习的社会，以满足于不同年龄段的受教育者的教育需求。相比传统教育，终身教育首先是时间的拓展，它贯穿于人的一生；其次，终身教育是空间的放大，它意在整合学校教育、家庭教育、社会教育等各种教育资源与形式，加

---

① 阿什比. 科技发达时代的大学教育. 北京：人民教育出版社，1983：37.

速推进教育的社会化的进程;再次,终身教育是教育观念的转变,终身教育注重人的个性发展与素质的全面提升,它强调教育是一个过程,着眼于它的全过程的多个方面的表现;最后,终身教育是教育形式的创新,它使教育与社会生产、生活更贴近。为此各种教育形式纷纷问世,除了先前的学校之外,电大、夜大、自学考试、远程教育、企业教育等各种教育形式与机构的产生与发展,成为了现代教育的一个"亮点"。

5. 教育的国际性

这一特征是指现代教育从观念、知识、能力等方面培养学生适应全球化时代的要求。20世纪中叶以来,人类逐渐进入到全球经济一体化的时代,发达的通讯、共同市场的形成、全球性问题的出现,都日益把不同地区、不同民族和不同意识形态的人民的命运紧密地联系在一起,全球化意识不断增强,但是,由于存在国家利益、意识形态、文化传统等多方面的差异,人们越来越清楚地认识到全球化并不意味着同质化。基于这种认识,现代教育在注重培养学生国际意识以及相应知识、能力与情感的同时,更加注重培养学生的民族文化的认同感以及爱国主义的精神。日本确立的21世纪的教育目标是"培养面向世界的日本人",韩国表述为"面向世界的韩国人",等等。这些都表明,为应对全球化挑战,不少国家在教育上纷纷采取有效的措施,尽力处理好"全球化"与"本土化"的关系。[①]

(二) 教育现代化

以上以社会生产方式的发展与变革为依据,将教育发展划分为几种不同的形态。其中,现代教育是相对古代教育而言的。现代教育的这种概念有明确的时间界限:一般是把以手工工具生产与自给自足的经济为主要特征的社会形态下的教育称为古代教育,它包括奴隶社会与封建社会的教育;而把以机器生产与商品自给自足的经济为主要特征的社会形态下的教育称为现代教育,包括资本主义社会与社会主义社会的教育。

---

① 石中英.教育学基础.北京:教育科学出版社,2003:12.

而学界对现代教育概念的理解还有其他的意义。如现代教育可以作为一种学术派别来使用，这主要是以美国实用主义教育家杜威的教育思想为特征；现代教育还有一种用法是相对于传统教育而言的，它没有明确的时间界限，重在体现改革的精神与方向，是推进教育不断与现代生产、现代科技发展、现代政治经济制度适应的过程，是随社会的发展而不断实现从传统教育向现代教育的转化与变革的过程。我们所谓的教育现代化也是在这个意义上而言的。需要指出的是，现代教育虽然是与传统教育相对的，但两者在概念上是相对的、动态的，体现的是随时代发展的教育的不断转型与变革。

1. 什么是"现代化"

对"现代化"涵义的理解，一般要把握以下几点。

所谓现代化，是指人类认识自然、利用自然和控制自然（包括人类自身）的能力空前提高的历史过程，以及由此而引起的政治、经济、文化等社会领域广泛而深刻的变革。其目标是创造高度发达的物质文明和精神文明。

现代化是一个历史过程，至于这个过程从什么时候开始，一般有两种观点：一种以意识形态的转变为标志，它是从欧洲文艺复兴（人的解放）开始的；一种以科学技术与生产的结合为标志，它是以产业革命为起点的。一般倾向于第二种观点。文艺复兴，是现代化开始的先兆，是现代化的思想准备阶段；产业革命把科学技术与生产结合起来，使大工业机器生产代替了手工业生产，人类认识、利用、控制自然的能力才有了空前提高。

现代化是一个动态、不断发展的过程。现代化发展到今天经历了工业化、信息化两个阶段。有学者把工业化看作是第一次现代化，而把以信息化为主要内容的现代化称为第二次现代化。如果说产业革命时代的现代化的主要特征是机器代替人的体力，那么本世纪中叶以来的现代化的主要特征则是电脑代替了人的部分脑力，社会生产趋于智能化。

2. 教育现代化

教育现代化是社会现代化的组成部分，是指传统教育向现代教育转化的过程。教育现代化与现代化教育有本质上的联系,是同一事物的两个方面。教育现代化反映了人类根据社会发展不断推进教育、改革发展的历史进程,而现代化教育则是指这个过程在一定历史阶段的结果。

教育现代化是一个动态的发展过程,没有统一及固态的发展指标,其衡量的标准既有定性规定,又有定量规定。教育现代化的内容很广泛,包括教育思想与观念的现代化、教育制度的现代化、教育内容的现代化、教育方法的现代化、教育手段的现代化、教育管理的现代化等。其中,最关键的是教育思想与观念的现代化。它主要有以下方面。

一是教育的民主性。这主要表现为教育公平。传统教育只是少数人的特权,现代教育强调人人享有受教育的权利与机会;传统教育恪守"师道尊严",现代教育观念是民主的,师生是平等的,强调学生的主体性、主动性等。

二是教育的个性化。现代教育不仅关注知识的传授,更关注人的个性的全面发展,关注学生整个人格的发展。教育现代化要落实到每个人现代性的获得,使每个学生得到自由而全面的发展。

三是教育的多样性。包括教育功能及价值的全面性;办学形式的多样化,有正规与非正规、正式与非正式等多种教育形态,公办、民办及多种形式的合作办学;学校特质的多样性;人才成长途径的多样性;等等。

四是教育的开放性。传统教育观念是封闭的,把教育局限于课堂、学校;现代教育观念是开放的,教育不仅在学校,还在家庭、社会开展,同时社会也参与学校管理;传统教育把教育局限于青少年时期的正规教育,现代教育是广泛的,延续到人的一生,以终身教育的理念来培养学生;传统教育总是留恋于以往经验的保持,现代教育是主动适应社会变革,为社会变革服务。

五是教育的信息化。信息社会必然要求教育的信息化。如果说,农业社会,不识字的人叫文盲;工业社会,没有科学技术知识的人叫文盲;而在信息社会,缺乏信息素养,不会使用信息技术的人也是文盲。目前,我国教育事业发展的战略选择就是以教育信息化来带动与引领教育现代化。

六是教育的国际化。教育所要培养的人要有国际化的视野与胸怀,具有国际竞争力;同时,要促进教育的国际交流与开放,在保持自己特色的基础上,吸取世界上先进的办学理念与办学模式。

第四节 教育本质及其判定[①]

教育学研究人类社会特有的教育现象,它多回答两个基本问题:什么是教育？如何进行教育？人们往往首先关注"如何进行教育"这个问题。但是,当人们试图回答这个问题时,才发现要想弄清"如何教育",先要弄清"什么是教育"。"什么是教育",这是一个根本性的问题,也是教育学必须回答的第一个基本问题。教育本质实质就是回答"什么是教育"的问题,对这个问题认识不同,就会有不同的教育思想,也就有不同的教育方针、政策,继而有不同的教育实践。所以,教育本质是教育学研究中最根本、最核心的问题,任何教育思想的改革,教育方针和政策的制定,都不能不涉及这一问题。

教育本质问题看起来属于抽象的哲学问题,但这个问题与每个教育者、受教育者息息相关。因为在现实中,对教育本质的认识常常表现为各种不同的教育观或教育取向等,而这些教育观又指导着各种各样具体的教育实践,形成了教育本质→教育观→教育思想→教育实践的作用模式。所以,如果把教育理论比喻为一棵大树的话,教育本质在一定程度上是这棵树的树根,其他的理论是在这个根的基础上长成的枝杈。

就受教育者来说,不了解教育本质,树立不了正确的教育观,就会受各种错误的教育观念的影响。如"文革"中的"读书无用论",使许多学生荒废学业;恢复高考后,学生受片面追求升学率的影响而片

---

① 本节与下节内容主要编自洪宝书《教育本质与规律》,成都科技大学出版社,1992年版。

面发展；当前，在市场经济冲击下，又有一些人，成为新形势下"读书无用论"的受害者。

就教师和家长来说，由于不了解教育本质，不能正确把握教育对人究竟意味着什么，许多教师和家长在教育过程中，除了关心孩子的学习成绩，就不知道还该关心些别的什么。

就教育管理者来说，了解教育本质对于教育工作的领导者、教育政策的制定者来说尤为重要，因为对教育本质的认识不仅影响教育目标的确立，而且影响教育内容、教育方法及教育评价的尺度；最重要的是，它关系到国家教育发展战略的选择及各项教育决策的制定。

能否理解教育本质，也直接关系到教育学这门学科的发展。教育学目前处于一种迷惘与贫困的状态，它不断地被别的学科"蚕食"，难以同别的学科进行深层次的"对话"。其主要原因在于教育学缺乏主体地位和独立意识，过多地依附其他学科，教育学没有了自己的"名片"。实际上，对教育本质的认识不存在正统与非正统、"真货"与"假冒"的问题，所印名片也不会是唯一的一张，但不能"张冠李戴"。

一、事物本质的界定

（一）什么是本质

要讨论教育的本质，首先要对什么是事物的"本质"有一个清晰、明确的概念，这就需要对事物的"本质"进行共同的界定。换言之，对于事物的某一属性是或不是它的本质属性，要有一个公认的辨别标准，或一个共同的衡量尺度，不然争论就没有意义。

什么是事物的本质呢？苏联H.T.弗罗洛夫主编的《哲学辞典》注释：本质是"事物的涵义，表明该事物既是它自身，而不同于其他一切事物，并且还不同于该事物在某种情况影响下经常变化的状态"，"本质不是在事物之外，而是在事物之中，并作为事物共同的主要特征、事物的规律而贯穿事物之内"，又说"本质是决定物质体系发展的主要特征和趋向的一些深刻联系、关系和内在规律的总和"。《辞海》注释："本质是事物的内部联系。它由事物的内在矛盾构成，是事物的比较深刻的一贯的和稳定的方面",又说"本质从整体上规定事物的性能和发展方向"。再据李秀林、王于、李准春共同主编的《辩证唯物主义和历史唯物主义原理》的解释,"本质就是事物的根本性质,是组成事物基本要素的内在联系。事物的本质是由它本身所固有的特殊矛盾所决定的。一事物的根本性质,对于该事物来说,就是它本身的特殊本质,对于它事物来说,就是它们之间的本质区别",又说"本质……是同类现象的共性,是内部深藏的东西"。根据以上的一系列引证,可将对事物"本质"的界定,概括为如下四个方面。

其一,事物的本质就该类事物来说,是它们必然具有也必须具有的共向属性。凡不具有这种共同属性的事物都将被排斥在该类事物之外。事物的本质又是事物最一般、最普遍、最稳定的性质,是该类事物任何时候、任何情况下都应该具有的属性。什么时候事物的这一属性发生改变,事物的本质就发生了改变,该事物就不再是原来的事物。据此,我们可以作这样的概括:事物的本质是事物的内涵,是该事物必然具有也必须具有的、最一般、最普遍和最稳定的共同属性。

其二,一类事物的本质,对于其他事物来说,是它的特殊性,这种特殊性是由该类事物内部特殊矛盾所决定的,是它不同于其他一切事物的原因和根据。因此,任何其他事物都不会(也不可能)具有与该类事物本质相同的属性,否则就无法将两类不同的事物相区分。因此,我们可以简言之:事物的本质是该类事物内部所固有的特殊矛盾所决定的,是该事物不同于其他一切事物的所有属性。

其三,世界上的事物是复杂的,有时会出现这样一种情况:某类事物同时具有几个不同于其他事物的特殊矛盾,因而也同时具有几个不同于其他事物的特有属性。在这种情况下,事物的本质又是由事物的根本矛盾所决定的根本性质。在多种矛盾共存的复杂事物中,根本矛盾贯串过程的始终,起着领导和决定的作用,它的存在和发展规定和影响着其他矛盾的存在和发展。所以,事物的本质又是规定和影响事物各种非本质属性的存在和发展的根本属性。

其四,事物的本质,是把事物的各个组成要素按照一定规律联系起来、统一起来,使之成为一个有机统一体的原因和根据,是组成事物的各个要素之间相互制约、相互协调的作用过程。所以,我们又可以说,事物的本质是表现事物内部深处所发生的过程,反应事物内部各要素间的内在联系的属性。

根据上述四个方面的界定,我们就可以找到相应的判断事物本质的共同尺度,就可以找到判定事物的某一属性是或不是它的本质属性的具体办法。

(二)事物本质的判定标准和判定方法

事物的本质是该类事物必然具有也必须具有的、最一般、最普遍和最稳定的共同属性,所以,在判定某一属性是或不是某类事物的本质属性时,可以从两个方面加以考虑。

其一,判定该属性是不是一切该类事物都具有的共同属性。如果该属性只为该类事物的一部分所具有,而另一部分不具有,则可以判定它不是该事物的本质属性。

其二,判定该属性是不是该类事物在任何时候、在任何情况下都具有的稳定的属性。如果该属性只在该事物的某一特定历史发展阶段才具有,在另一些发展阶段则不具有,或者它只是在某种特定条件下才具有,在另外的条件下则不具有,那么我们就可以判定,这一属性不是该类事物的本质属性。

事物的本质是由该类事物内部所固有的特殊矛盾所决定的,是该事物区别于其他一切事物的特有属性,所以,这种属性就只能为该类事物所独有,是该事物的"特有属性"。因此,如果事物的某一属性不但为它自身所具有,而且其他的事物也具有,是该类事物与其他事物共有的属性,那么我们就可以判定,这一属性不是该类事物的本质属性。

事物的本质是由事物的根本矛盾所决定的根本性质,而在事物内部复杂的矛盾体系中,根本矛盾规定和影响着各种非根本矛盾的存在和发展,事物的本质也就规定和影响着各种非本质属性的存在和发展。因此,从事物的本质属性出发,可以科学地、合乎逻辑地解释各种非本质属性的产生和发展。如果从事物的某一属性出发,无法解释其他各种属性的产生和发展,那么我们也就可以肯定,事物的这一属性也不是它的本质属性。

事物的本质是反映事物各组成要素间的内在联系的属性,所以,事物的本质一定在事物自身的内部,而不在事物的外部,不在该事物与它事物的外部联系之中。另一方面,事物的本质又是把事物各组成要素联系起来,统一起来,使之成为有机统一体的内在原因和根据,所以,倘若事物的某一属性无法使事物的所有组成要素都按一定方式联系起来,无法反映各要素之间的特定联系和它们相互间的作用过程,那么就可以判定这一属性也不是该事物的本质属性。

上面提出的判定事物本质的四个尺度中,前两个是独立的,后两个则是从属的。因此,前两个尺度可以作为辨别事物本质属性的根本标准,任何事物的本质必须同时满足这两个根本标准的要求。后两个尺度则可作为辅助性标准。无论是对有关教育本质的各种理论观点作出评析,还是要在此基础上提出新的理论,都必须以"标难"来作为我们的判断依据。

二、教育本质的几种表述及其评判

中国共产党十一届三中全会以后,党的工作重点转移到经济建设上来,教育开始面向经济建设,为经济建设服务。同时,关于真理标准问题的讨论,引发了学术界思想的开放与活跃。在这个背景下,关于教育本质问题的争论应运而生,并持续不断。

在长期的教育本质争论中,人们提出了许多不同的理论观点,从不同侧面、不同角度研究了教育的功能和属性,提出了各自对教育本质的看法。但是,这些理论观点是否全面、准确而深刻地揭示教育的本质,还有必要对之作出认真的评析。

这里有必要申明两点。第一,以下所讨论的"教育本质",除有特别标明者外,都是指"广义教育"的本质或教育的普遍本质。即从时间上看,包括一切历史时代的教育;从空间(地理)位置上看,包括一切区域、一切国家的教育;从受教育的对象来看,包括一切年龄阶段、一切阶层和民族的教育;从教育的形式上看,既包括正规的学校教育,也包括非正规的教育等。总之是指涵盖古、今、中、外一切可以称为"教育"的那些活动的"本质"。第二,在评析过程中,是以上述的辨别事物本质属性的四条标准来加以考量的。

(一)"教育是社会的上层建筑"

持"教育是社会的上层建筑"观点者,都是从教育与社会的政治、经济有密切的本质联系和教育具有阶级性等方面来论证的。他们认为,教育是由一定社会的政治、经济所决定的,又反过来为一定社会的政治经济服务,教育的主要方面,如教育思想、教育目的、教育方针、政策等,都属于社会的意识形态范畴;随着一种社会经济结构被另一种社会经济结构所代替,一种教育类型就会改换成另一种教育类型,教育的目的、内容、方法、形式等都要发生根本的变化……所以,他们认为教育的本质是社会的上层建筑。

下面对此观点作出评判。

根据本质属性的第一个特点,事物的本质是该类事物最一般、最普遍、最稳定的性质,是该类事物必然具有也必须具有的共同属性。教育是人类社会普遍永恒的现象,从无阶级划分的原始社会,到阶级社会再到消灭阶级之后的共产主义社会,教育都和人类社会一样,永恒存在。但是教育的上层建筑属性只与教育发展的一定历史阶段相联系。在马克思、恩格斯和列宁的大量论述中,都对"上层建筑只与人类社会发展的一定历史阶段相联系"这一命题作了充分的论证。另外,教育中的自然科学技术教育、体育、卫生与健康教育等,也都是不具备上层建筑属性的。由此看来,教育的上层建筑属性,一方面只与教育发展的一定历史阶段相联系;另一方面,它又只与某些形式和内容的教育活动相联系。因此,它不是一切教育必然具有和必须具有的共同属性,所以它不是教育的本质属性。

根据本质属性的第二个特点,事物的本质是一事物区别于其他事物的原因和根据,是为该类事物所独有的属性。如果说上层建筑是教育的本质,而政治、法律、宗教、艺术、哲学、道德等事物也具有上层建筑属性,那么上层建筑属性就不是唯教育才具有的特有属性。这也就是说,如果把上层建筑属性说成是教育的本质属性,那么,"教育"这一事物就无法与政治、法律、宗教、艺术、哲学、道德等几类事物相区分,就不能说明教育之所以成为教育的根本原因。

根据本质属性的第三个特点,事物的各种非本质属性的产生和发展,都受本质属性的规定和影响。如果把教育的本质说成是上层建筑,从这一本质出发,还无法解释教育所具有的生产力属性,也无法解释教育促进科学文化发展和促进人的身心发展的属性。由此也可以判断,上层建筑属性并非教育的本质属性。

"教育是社会的上层建筑",这一定义并不能反映出"教育"这一事物内部所蕴含的变化过程,也不能揭示出教育的各组成要素——教育者、受教育者、教育中介等相互之间的内在联系。由此同样可以判断"上层建筑说"并没有揭示出教育的真正本质。

(二)"教育是社会生产力"

持"教育是社会生产力"(下称"生产力说")观点者,是从教育与社会生产力的发展有密切的本质联系来论证的。他们提出的主要论点有如下几个。①教育的基本方面与生产力有着客观的本质联系。它的联系点着重在生产劳动经验和知识的传递以及劳动生产力的再生产方面。而劳动经验与知识,首先是生产力的反映而不是生产关系的反映;培养出什么规格的劳动力,也是首先受生产力决定的,而不是由生产关系所决定的。②教育的根本任务、内容和方法、设备和手段等,归根到底要反映生产力发展的需要与可能。③教育的对象是人,而人是生产力最重要的因素。人通过教育获得生产能力,也就促进了生产力的发展。④教育与生产有着本质的联系,它不仅是劳动力再生产的必要条件,也是把科学技术由潜在生产力变为现实生产力的桥梁;教育作为生产斗争之工具是存在于一切社会形态之中的普遍永恒的职能,而教育作为阶级斗争工具的职能则只存在于一定的社会形态之中。

可以看出,持"生产力说"观点者,与持"上层建筑说"观点者具有相同的论证方式,只不过他们是从教育与生产力的发展有密切的本质联系这个角度来加以论证罢了。其失误也就同样在于把事物之间的"本质联系"直接等同于事物的本质属性。教育的生产力属性,只是教育的多种属性中的一种属性,不是教育的本质属性。理由如下。

(1)在历史的长河中,教育的生产力属性虽然和教育一样,可以永恒存在,但是即使是在同一历史发展阶段,它也不是一切形式和一切内容的教育都必然具有和必须具有的共同属性。只有那些能促进生产工具革新与改进的教育,能提高人的生产经验和劳动技能的教育,培养物质资料生产者的教育,才具有生产力的属性,如自然科学教育、技术教育、生产劳动教育等。但是,还有一类教育,如以军事、法律、政治、宗教等为内容的教育,这一类教育并不是培养物质资料生产者而是培养政府官员、法官、律师、士兵和军官以及虔诚的宗教徒等,它们是直接为上层建筑服务的。这一类的教育与生产力的发展没有直接的联系,所以它们不具有社会生产力的属性。由此可见,教育的社会生产力属性,只与某种形式和内容的教育相联系,它并不是一切教育都必然具有和必须具有的共同属性,它不具备本质属性的第一个特点,所以不是教育的本质属性。

(2)如果说教育的本质属性是生产力,而显然劳动资料、劳动力、科学技术等也属于社会生产力,那么它就不是"教育"的特有属性。可见教育的生产力属性不具有"本质属性"的第二个特点,它不能成为教育的本质属性。

(3)从判断本质的另两个标准出发,也无法确定教育的本质属性是生产力。

(三)"教育的本质部分是上层建筑,部分是生产力"

我们把这种观点称为"双质说"或者"双重说"。持这种观点者对此又有两种不同的解析。

(1)第一种解析。教育是同时受生产关系和生产力的制约的,从来就同时具有两种社会职能。教育的第一种职能是传授一定生产关系所要求的社会意识,在教育活动中,凡与政治思想有关的部分,都具有鲜明的阶级性,其本质就是社会的上层建筑。教育的另一种社会职能,是传授与一定社会生产力发展水平相适应的劳动经验和生产知识,为发展生产力服务。教育活动中凡与生产力直接相联系的部分,其本质是社会生产力。

(2)第二种解析。组成教育的诸因素可分为两类,其中,教育的思想、理论、方针、路线、目的、制度,教育的领导权和受教育权,教育性质,思想道德教育,等等,具有鲜明的阶级性和上层建筑的全部特征,它们都是一定社会经济基础的反映。所以教育的这些部分,其本质是上层建筑。但是,教育的诸因素中,又有与生产力直接相关的另一类因素,如自然科学与技术的教育内容,教育与教学所使用的设备、手段,教育与教学的组织形式,教育的投资规模和发展速度,等等,都是由社会生产力的要求所决定的。教育的这些部分,其本质是社会生产力。所以教育的本质部分是上层建筑,部分是生产力。

按照"双质说"的第一种解释,教育同时具有上层建筑和生产力两种不同的本质。我们知道,事物的本质是由事物内部的特殊矛盾所规定的,一事物可以同时具备多种特殊矛盾,因而可以同时具备多种特有属性。而其本质属性则是由这些特殊矛盾中居于领导和核心地位的根本矛盾所规定的。因此,从不同角度看,事物同时具有两种以上的特有属性是可能的;但是,说事物同时具有两种以上的本质,则是违反哲学基本原理的。

按照"双质说"的第二种解释,教育被分为两部分,各具有不同的本质。那么,具有上层建筑属性本质的这一部分教育,就不具有生产力属性的本质;相反,具有生产力属性本质的这一部分教育则不具有上层建筑属性的本质。但是,根据"本质属性"的第一特征——事物的本质,应该为该事物的一切对象所具有(必然具有和必须具有)——既然上层建筑属性和生产力属性都分别只为教育这一事物的部分所具有,那么它们就都不可能是教育的本质属性。

与"双质说"相类似的观点还有"多本质说",即认为教育是一种特别复杂的社会现象,具有多种多样的本质,是多种本质的复合。依据上述的判断,"多本质说"也是不能成立的。

(四)"教育本质演变说"

在对教育本质的争论中,有人提出,随着不同社会形态的社会历史演进,教育的本质处于不断地从量变到质变的演变过程之中,即在不同的社会形态之下,教育具有不同的本质,这就是"本质演变说"。

"本质演变说"认为,教育本身客观地包含着生产力与上层建筑这两方面的因素,在不同社会形态之下的教育,其生产力因素和上层建筑因素不但不是均衡的、等量的,而且它们所处的支配地位还是可以交替的,互换的。原始社会中,教育是为整个社会服务的,它主要属于生产力范畴。而进入阶级社会,教育开始为阶级服务,教育本质就会发生质变。所以,在进入阶级社会以后,教育本质主要属于上层建筑范畴。在阶级社会完全解体,为整个社会服务、为全人类服务成为教育的唯一方向时,教育本质才真正属于生产力范畴。[1] 这种观点其实可用两句话来概括:在无阶级的社会中教育的本质是生产力;而在阶级社会中教育的本质则是上层建筑。这种观点的实质则是否定了教育具有共同的普遍本质。在关于教育本质问题的争论中,我们所要探讨的,是超越一切社会形态,一切被称为"教育"的社会现象的普遍本质。

(五)"宏观、微观说"

持这种观点者认为:教育一词通常在两种意义上被人使用:涉及教育与人的发展关系时,"教育"是一种质的规定性;涉及教育与社会发展关系时,"教育"则是另一种质的规定性。两者无论在内涵、外延和功能、结构上都有很大差别。如持"上层建筑说"的人是从历史唯物主义的角度考察社会和教育,他们研究的是宏观教育;而持教育"非上层建筑说"的人,是从生理学和心理学的角度考察人和教育,他们研究的是微观教育。

持"宏观、微观说"观点者认为,有两种"不同涵义的教育概念"。如果这种观点能成立,我们就只能分别探讨"宏观教育的本质"和"微观教育的本质",而不能去探讨"教育"的本质。但是,无论是"宏观教育"还是"微观教育",它们都是教育,它们只有"种差"的差别,而属概念"教育"则是相同的。那么它们就一定有共同的本质,我们所要探讨的也正是这种作为属概念的"教育"的本质。

---

[1] 喻立森.试论教育本质的演变.中国人民大学报刊复印资料《教育学》,1982(3).

持"宏观、微观说"观点者,他们的失误也在于把事物之间的本质联系直接当成事物的本质属性。他们把教育与社会发展的本质联系,看成是宏观教育的本质属性;又把教育与人的发展的本质联系看成是微观教育的本质属性。这样,在他们看来,就有两种本质不同的教育。这与上述本质判断标准大相径庭!况且,"宏观教育"与"微观教育"都不能成为一个独立的概念,不可能存在两个不同质的"教育"概念。

(六)"教育是培养人的活动"

"教育是培养人的活动"(下称"培养说"),这种观点是目前最普遍、最流行的观点。前面所讨论过的几种本质说有一个共同的特征,就是把注意力集中在教育与周围事物的外部联系之上,试图从教育的外部矛盾中去探寻教育的本质。持此观点者忽视了这样一个最基本的原理:事物的本质一定在事物自身的内部,在于事物自身的内在矛盾之中,而不是在于事物的外在矛盾之中。应该肯定,"教育是培养人的活动"这种观点,其注意力已经从教育外部转向教育的内部,无疑是教育本质研究中的一大进步。但是,把教育定义为培养人的活动,仍是不够准确、不够深刻和不够科学的。

在"教育是培养人的活动"这一定义中,"培养人"仍是一个抽象的概念,而什么是"培养人",或者说"培养人"的涵义是什么,这里面还有许多问号,是必须进一步加以指示的。《现代汉语词典》注释:培养:是按一定的目的长期地教育和训练,由此可见,"培养人"是按一定的目的,有计划、有组织、有系统地对人进行长期的训练和教育。把"培养人"的定义与"教育是培养人的活动"相比较,我们就会发现,这是两个"循环定义",因为"培养人"这个概念本身的涵义尚需用"教育"的概念来说明,而在给"教育"下的定义中却又用"培养人"的概念来给教育作说明。这就犯了逻辑学所谓的"循环定义"的错误。

在上面的分析中我们已经知道,"培养人"是指按一定的目的,有计划、有组织、有系统地对人进行长期的训练和教育的活动。那么,它的反面,是那些无固定目的、非计划、无组织、非系统的教育活动。

因为它们没有始终如一的目的性和方向性，又没有严格的计划性、组织性和系统性，就不能保证受教育者始终按照一定的目的和方向发展，因而它们就不可能真正达到"培养人"的目的。

所以，"培养人"的属性并不是一切教育都必然具有的最一般、最普遍、最稳定的性质，而只是那些有计划、有组织、有系统地进行的长期的教育活动才具有的功能和属性。因此，它不具有本质属性的第一个特点，它就不能成为教育的本质属性。

"培养人"的属性并不是唯教育才具有的特有功能和属性。教育虽然是培养人的重要途径，却不是唯一的途径，社会实践活动（包括阶级斗争、生产劳动、科学实验等）也是培养人的一条重要的途径。由此可知，"培养人"是教育和阶级斗争、生产劳动、科学实验等实践活动所共有的属性，它不是只为教育所特有的属性。

值得指出的是，我们说教育的目的是"培养人"，这是对的，但是，这绝不等于说教育的本质是"培养人"。这是两个不同的概念，不能混为一谈。"教育目的"，说的是教育活动的目标指向，而不是过程本身。具有不同本质的活动，却可以具有共同的目的。例如，"建设社会主义"，可以是政治活动、经济活动、文化活动、科学技术活动等具有不同本质的活动的共同目的。所以，绝不能以目标代替过程。

（七）"教育是人类自身的生产实践"

这种观点，我们称为"自身生产说"。持这种观点者认为教育的基本职能有两种，一是"重现历史人"，一是促进人的"社会化"。所谓"重现历史人"，就是作为前辈的人将积累起来的，日益增多的知识经验，同时也把在种系发展过程中逐渐得到改进的遗传素质传递给后代，使后代浓缩地经历人类生命的发展过程，从而能够站在当代的前沿，继续推动人类的发展。所谓"社会化"就是作为前辈的人根据一定的社会要求和个体成长的规律，通过各种社会组织形式作用于个体的身心，在个体上铸造德、智、体、美、技等素质结构，使之成为某种社会需要的"载体"，能够完成一定的社会使命，从而把个体的发展可能性转变为直接的社会现实。他们认为，教育这两种功能归结起来都属于"人的生产"过程,所以"教育就是人的自身的生产实践"。①

人具有两种属性,即自然属性和社会属性,因此"人类自身的生产"应该包括"自然人"的生产(即种的繁衍)和"社会人"的生产。显然"自然人"的生产教育是不能完成的。也有人说"教育是精神的社会人的生产实践",这仍然不妥当。因为,虽然教育是生产"精神的社会人"的重要途径和方法,却不是唯一的途径和方法,社会实践也是生产"社会人"的重要途径和方法。我们知道,一切精神的东西都来源于实践,所谓"实践出真知"。可以说,归根结底,人就是在无限丰富的实践活动中得到发展的。教育不但不能单独完成"人类的自身生产"任务,甚至也不能单独完成"精神的社会人"的生产任务。由此可看出,"人类的自身生产"既不是教育必然具有的共同属性,也不是教育独具的特有的属性,所以不是本质属性。

上面我们依据对事物本质属性的辨别标准,对教育本质争论中的几种主要观点作了评析。这些理论观点在教育本质研究中,从不同侧面揭示了教育本质的某些方面;但同时,这些理论观点各有偏颇,还没有能够全面而深刻地揭示出教育的真正本质。因此,我们有必要厘清教育本质研究中的方法论问题。

四、教育本质研究中的方法论问题

教育本质问题为什么长期存在争论而得不出统一的结论?一方面,由于教育这一事物特别复杂,人们要认识和把握它也就特别困难;另一方面,在教育本质研究中,许多人所使用的方法是欠科学的。这里,有必要指出在对教育本质问题的讨论中首先必须明确的几个问题。

(一)"教育"这一概念的内涵和外延

我们要讨论教育的本质,对"教育"这一概念的内涵和外延就要有严格的限定。"教育"这一事物,人人都在接触,人人都在谈论。但是每个人对"教育"的理解又是很不相同的。例如,有的是指"广义

---

① 龚永宁.简论教育的本质和职能.教育研究,1986(12).

的教育",即指古今中外一切内容、一切形式的教育;有的又指"狭义的教育",即指学校教育。在"狭义教育"中,"教育"有时还作为特义的"思想政治教育"来使用;等等。在对教育本质的讨论中,常常出现这种现象:许多人以狭义的学校教育作为分析问题的立足点,然而又将其得出的结论无条件地"泛化",去涵盖一切教育。还有学者给教育下这样一个定义:"教育是有目的、有计划、有组织、有系统地对人的发展施加影响的活动",这里的"有计划、有组织、有系统"显然只能适用于正规的学校教育,而大量的非正规教育,如家庭教育、社会教育等显然不能说成是"有计划、有组织、有系统"的。如果不加限定,就不可避免地使自己论述的问题出现前后矛盾、逻辑混乱、以偏概全等毛病。所以,在对教育本质的讨论中,务必严格限定和统一所论"教育"的论域,确定统一的"教育"这一概念的内涵和外延,以便确定讨论的共同前提。

(二) 相关概念的辨析

在对教育本质问题的讨论中,之所以得不出一个统一的结论,还有一个十分重要的原因,那就是对某些哲学概念及其相互间的关系理解不一。某些争论,表面上看来是对教育本质问题的争论,实际上则是对一些哲学基本理论问题的争论,这样就使对教育本质问题的争论更加复杂化了。

1. 关于事物的"质"与"本质"

在关于教育本质问题的争论中,许多人把事物的"质"与"本质"相混淆,视为同一,因而把事物具有多质性,理解为事物具有多个甚至无限多个并列的本质。事实上,一个事物往往是多个矛盾并存的统一体。其中必有一个是根本矛盾(或主要矛盾),其他则是非根本矛盾(或非主要矛盾)。事物内部的每一个矛盾,都相应地决定了事物具有某方面的质和某种属性。其中,事物的根本矛盾(或主要矛盾)决定了事物根本的质,即"本质",并表现为事物的本质属性;而其他非根本矛盾(或非主要矛盾)则决定了事物非根本的质,并表现为非本质属性。正因为如此,事物才具有"多质性"和"复合性",是多样性的统一。但是,因为事物的根本矛盾(或主要矛盾)只能有一个,所以其本质也只能有一个。事物的本质一般是不会改变的,事物的本质发生了改变,那么这个事物就不再是原来的事物了。所以说,把事物的多质性(即多方面质的统一)理解为事物具有多个并列的本质,是很大的误解。

2. 关于"本质联系"与"本质属性"

许多人把两个事物之间的本质联系直接当成事物自身的本质属性,这又是一个极大的误解。两个事物之间的本质联系,是指它们之间的必然的、规律性联系,即一事物的存在和发展对另一事物的存在和发展所必然产生的影响和作用。事物之间的这种必然的规律性联系,是由事物的本质所决定的,但是"由事物的本质所决定"不等于这种联系本身就是事物的本质。在关于教育本质问题的争论中,许多人把教育与社会的政治经济制度等相互间的本质联系以及由这种联系所表现的上层建筑属性,直接当成是教育的本质属性,因而得出教育的本质是上层建筑的结论;而另外一些人则又把教育与社会生产力发展之间的本质联系直接当成是教育的本质属性,因而得出教育的本质是生产力;等等。其实,探讨事物本质,不只是去认识和把握一事物和另一事物之间的本质联系,而是要找出事物所以能够产生与周围事物的这些联系的内在根据。这个内在根源才是事物的真正本质所在。

3. 关于"本质"的内隐性与外显性

事物的本质是由事物内部的特殊矛盾所决定的,不能由人的感官直接观察到,须由人们用深刻的辩证思维去把握。这是"本质"的内隐性。但是本质总是通过与周围不同事物的联系以及在联系中所表现的功能和属性来表现的,这就是本质的"外显性"。这就是说,本质要表现为一定的现象,而现象也总是反映事物本质的某一特定方面。世界上既没有不表现任何现象的本质,也没有不包涵任何本质信息的现象。懂得了"本质"的内隐性与外显性之间的关系(本质与现象之间的关系),就不至于总是在教育的外部关系中去寻找教育的本质,就会正确地利用教育的这些外部关系,到教育内部去寻找教育的本质。教育与社会的政治、经济、生产力、生产关系、经济基础、上层建筑、科技与文化等的联系,都是教育的外部关系,试图从这些外在联系中直接找到教育的本质是不可能的,我们到教育的内部去,从教育与人的发展的联系中,从教育内部各要素的联系中,才有可能寻找到教育的本质!

(三) 定义的基本规则

"定义"是揭示概念内涵的逻辑方法,定义的目的在于揭示概念所反映的对象的本质属性。定义的基本方法是"种差加属概念"。在这里,"种差"即事物的本质属性,它是同一个属下某一个种不同于其他种的特有属性。定义的基本规则有三:①应相称,即定义的概念和被定义的概念的外延相等;②不应循环,即在定义项中,不应出现被定义的概念;③定义必须清楚,确切。在对教育本质的讨论中,普遍地存在这样几个问题。

1. 没有"种差",只有属概念

如上所说,"种差"是一个种不同于其他种的特有属性,即事物的本质属性,定义一个概念最重要的工作是要找出这个"种差"。所以没有"种差"就不能揭示事物的本质,没有"种差"就不是"定义"。持"教育是社会上层建筑""教育是社会生产力"等观点,其所犯的逻辑错误正是没有找到"种差",因而这些概念就不可能正确地揭示出教育的真正本质。

2. 不相称

如"教育是人类自身的生产实践"这个定义中的定义项的外延大于被定义项的外延。

3. 循环定义

如"培养说"的"教育是培养人的社会活动",因为"培养人就是对人进行教育与训练的社会活动",在这里,定义概念"培养人"还需要用被定义概念"教育"来说明,所以是循环定义。

如果对教育的定义违反了"定义"的基本原则,也就不可能正确地揭示教育的真正本质。所以,自觉地遵守定义的逻辑规则也是教育本质研究中应注意的一个方法问题。

以上阐明了教育本质研究中的几个方法论方面的问题。还有一些方面,这里不再一一细说了。只有这些基本的方法问题解决了,我们对教育本质的研究,才可能是全面的,得出的结论才可能是深刻的和科学的。

第五节 教育规律

事物的本质与规律是同等程度的概念,研究事物的本质与研究事物发展规律具有不可分割的内在联系。事实上,研究事物的本质,其目的仍在于掌握事物运动发展的规律。教育规律问题,是教育理论中又一个重大的理论问题。

一、规律的特征及其分类

（一）对规律的界定

什么是事物发展的规律呢?《中国大百科全书·哲学卷》注释:"规律亦称法则……是客观事物发展过程中的本质联系,具有普遍性的形式。规律和本质是同等程度的概念,都是指事物本身所固有的、深藏现象背后,并决定或支配现象的方面。然而本质是指事物的内部联系,由事物内部矛盾所构成,而规律则是就事物的发展过程而言,指同一类现象的本质关系或本质之间的稳定联系,它是千变万化的现象世界的相对静止的内容;规律是反复起作用的,只要具备条件,合乎规律的现象就必然重复出现。"本质与规律的共同点,在于它们都是事物本身所固有的,深藏于现象背后,并决定和支配现象。它们的差别在于它们回答不同的问题。教育本质所要回答的是"教育是什么",它所揭示的是教育不同于其他一切社会活动的特有属性;而教育规律所要回答的是"教育怎样运动发展",它所揭示的是教育运动和发展过程中所必然受到的制约因素。依据上述解释,可以从下述三个方面来把握"规律"。

1. 规律具有客观性

规律是客观存在,是事物本身所固有的东西,它不依赖于人的意志和意识而存在。因此,规律既不能人为地去创造,也不能人为地去消灭。人们只能发现规律、认识规律、掌握规律并利用它来为自己的目的服务。例如,事物发展运动的普遍规律、对立统一规律、质量互变规律、否定之否定规律,物理学的万有引力定律、能量守恒定律,化学的元素周期律,生物学的遗传三大规律,经济学上的价值规律和剩余价值规律,等等,这些都是不依赖于人的意志和意识而存在的客观规律。

2. 规律具有必然性

规律是事物或现象之间的必然联系。所谓"必然联系",是指事物或现象之间的这样两种关系:其一,是指一些事物的存在及其发展变化,必然地引起另一些事物的存在,并发生相应的发展变化;其二,是指事物的发展从这一阶段,必然地过渡到另一阶段所遵循的逻辑轨道。所以,规律又是事物和现象之间的因果联系。但是,这里要特别注意,并不是任何因果联系都具有"规律"的意义,只有作为事物或现象之间的必然联系的那种因果关系,才具有规律的意义。

3. 规律具有普遍性

规律是同类事物或同类现象之间那种普遍的、稳定的、重复有效的联系。这可以从两个方面来理解:其一,规律是大量同类个别现象中那种共同的、构成个别现象差别中的同一性的东西;其二,规律是把事物或现象的循序渐进的各个阶段联合起来,使其成为统一的发展过程的东西。例如,生物学上的遗传三大规律——基因分离规律、自由组合规律、连锁与互换规律——就是千万种不同的生物物种在遗传中共同遵守的、普遍和稳定的东西,是千万个不同物种的巨大差别中保持着同一性的东西。又如,"生产关系一定要适合生产力性质"这一社会发展规律,它是世界上各个不同民族,在自己的历史发展进程中共同的、普遍的、稳定的东西,是各个民族在差别巨大的历史中保持着同一性的东西;另一方面,它又是把人类社会由原始公社制度,到奴隶制度、到封建制度、到资本主义制度,最后发展到社会主义和共产主义制度等各个循序渐进的发展阶段联合起来成为统一发展过程的东西。这里也需要注意,并不是任何事物之间的普遍联系都具有规律的意义,如果这种联系不是事物内部的本质的联系和必然的联系,而只是外部的一种联系,就不具有规律性的意义。

(二) 规律的种类

规律按其发生作用的对象特点,可以分为动力学规律和统计学规律两类。所谓动力学规律是这样一种规律:它可以根据物体的初始状态来准确地确定物体的整个运动,预知这个物体每个定时点上的位置和运动速度,例如万有引力定律就属于这一类规律。所谓统计学规律则是指这样一种规律:它在组成统计集团大量现象的领域,即在事物和现象的总体中发生作用。这些大量的事物和现象在时间和空间上共同存在,或者只是在时间上重复,依次相互更替,并由一定的标志联合起来,从而形成某种完整的、相互联系的整体。

规律按其作用的范围是自然或社会,又可分为自然规律和社会规律。自然规律的实现是无意识的,它是物质自发的相互作用的结果。而社会规律的实现则有赖于人们自觉的、有目的的活动。社会发展规律,多属于统计学规律。

规律按其作用范围的大小,又可分为普遍规律和特殊规律。所谓普遍规律(或称一般规律),是对于我们研究的整个领域来说,这个规律对这个范围内的一切对象都发生作用。所谓特殊规律(或称局部规律),是对于我们研究的整个区域来说,它只对这个范围内的某一部分对象发生作用。当然,普遍规律与特殊规律都是相对概念。

(三) 与教育规律相关的几种概念辨析

1. 教育(教学)原则与教育规律

在教育规律研究中,许多人把教育教学原则、规则都作为教育规律来论述。例如,有的论者就把教学过程的科学性与思想性统一的原则、系统性原则、直观性原则、巩固性原则、量力性原则、统一要求与因材施教结合原则等,都作为教育规律来论述。其实教学原则与教育规律不是完全等同的概念。原则是人们的一种主观要求,是人们为了达到某种目的而制定出来的行动准则,为了达到某一相同的目的,不同的个人根据各自不同的经验认识,会制定出完全不同的原则。因此,原则可能是正确的,也可能是错误的,只有反映了客观规律要求的原则,才是正确的原则。规律则是一种客观存在,它不以人的意志和意识而转移。因此,规律无所谓正确的规律与错误的规律,规律是自在之物。但是,原则与规律又不是毫不相关的。人们制定某种原则,总是力图反映某种客观规律的要求,因此,原则本身虽然是主观的,却又有一定的客观内容。正确的原则总是在一定程度上反映客观规律的要求。

2. 教育方针、政策与教育规律

在教育规律研究中,也有许多人把党和国家的教育方针、政策等,作为教育规律来论述,这也是值得商榷的。例如,有人把教育方针中关于德、智、体全面发展的要求,说成是教育规律;有的又把教育与生产劳动相结合说成是教育规律;等等。其实教育方针也属于"原则",是指导教育工作的总原则。当然,制定教育方针,要求它要反映教育规律,但绝不能认为它本身就是教育规律。例如,德、智、体全面发展,它作为教育方针的一个内容,只是人们对自己工作提出的主观要求和努力奋斗的目标,绝不能直接被看成是教育规律。原因很明显,教育活动与人的德、智、体全面发展,二者之间不是一种必然的、普通的和稳定的联系,并不是任何教育活动都必然地导致人的全面发展。

在教育规律研究中,还有一些人把教育过程所表现的职能和属性,直接说成是教育规律,这也是不恰当的。

二、教育基本规律探索

根据上面对教育规律的界定,可以确定,我们对教育基本规律的探索,必须始终遵循三点:其一,我们所概括出来的教育基本规律必须具备客观性、必然性和普遍性三种属性,三者缺一不可;其二,根据"规律就是关系"的界定,我们所概括出的教育基本规律,必须能够说明是什么事物之间的关系和是怎样的关系;其三,这种规律必须对一切教育有效,而且只对教育有效。

第一条规律:教育形态与社会生产方式相适应的规律。

什么是"教育形态"呢?这里指表述在一定社会条件下所形成的教育体系、制度和模式,教育的目的、方针和政策,教育的内容、手段和方法,以及教育的规模、机构和设施等的总和。什么是"生产方式"呢?生产方式是生产力与生产关系的总和。这条规律所揭示的是教育形态与生产方式之间的关系,实质也就是揭示教育形态与生产力和生产关系的发展状态之间的关系。根据这一条规律可知,一定社会的教育体系、制度和模式,教育的目的、方针和政策,教育的内容、手段和方法,以及教育的规模、机构和设施,等等,既要与社会生产力发展状态相适应,又要与社会生产关系的发展状态相适应。

教育是人类社会特有的现象,人类教育发展的历史,跟人类历史一样长。在这漫长的历史发展中,社会历史的每一次变革,都必然地引起教育形态做相应的改变。例如,夏、商、西周时期是我国的奴隶社会,奴隶主为了把自己的子弟培养成为统治者,建立了政教合一的奴隶官学体系,形成了六艺教育。但是当时受教育的对象只限于奴隶主子弟,奴隶和平民则只能在劳动和实际生产中接受自然形态的教育。到了春秋战国时期,即奴隶制社会末期,由于生产力的不断增长,社会生产关系也在发生变化。社会中产生了新的"士"阶层(文士和武士),新兴的地主阶级也正在崛起,封建制的生产关系在萌芽和发展。在这种情况下,奴隶主贵族的"官学",已经不能满足新兴地主阶级的要求,因而官学渐渐衰废了。而由"士"阶层举办的"私学"则崛起并日益兴盛起来。私学的兴起冲破了"学在官府"的旧传统,教育对象由贵族扩大到平民。总之,整个社会的教育形态发生了一次重大的历史变革,为封建制度的确立奠定了思想文化基础。

教育从原始形态发展到今天的现代教育,这期间经历了一系列的发展变化,每一次发展和变化的终极原因,都在于社会生产方式的变革,都是社会生产力和社会生产关系发展变化的必然结果,这也就是我们所概括的教育的第一条基本规律,即"教育形态与社会生产方式相适应"的规律。

社会生产方式与社会教育形态,二者是决定与被决定的关系。但是,对这里的"决定"和"被决定"要辩证地看。教育形态既为现存的生产方式服务,在一定条件下教育形态又会促进社会生产力的发展,促进社会生产关系的变革,因此,二者是辩证统一的。

第二条规律：教育进程与个体身心发展状态相适应的规律。

什么是"教育进程"呢？教育进程指的是教育在个体身上的产生和发展，必然由一个阶段逻辑地发展到另一个阶段的序列。对于每一个受教育者来说，教育的进程是怎样必然地从一个低级阶段发展到一个较高阶段，又怎样必然地从一个较高阶段发展到一个更高阶段，是教育的第二条基本规律所要回答的。人的生理和心理，都要按照一定的序列经历成长、发育、成熟和衰退的发展过程，呈现出不同的顺序阶段。对应于上述生理和心理发展的顺序阶段，教育活动也就呈现出相应的序列或进程。

"教育进程与个体身心发展状态相适应"的规律，是教育的微观发展规律，它所揭示的是教育与个体产生和发展过程中所必然受到的制约因素。教育进程受个体身心发展状态的制约，同时教育进程对个体身心发展又有促进作用。

对教育规律作出上述概括和表述绝不是为了"哗众取宠"和"标新立异"，而是为了表述得更准确、更科学。以往的表述中，往往用"教育"这一概念来代替"教育形态"和"教育进程"，这显然过于笼统和空泛。事实上，并不是一切内容一切形式的教育活动都直接受社会的政治经济发展所制约；也不是一切具体、细小的教育活动都受社会的政治经济所制约。实际上，受社会政治经济发展制约的，只是教育的总体方面、宏观方面，是教育的体系、制度、模式、目的、方针、政策、内容、手段、方法、规模、机构、设施等的"总和"。同样，并不是教育的一切方面都受人的身心发展状态所制约。受身心发展状态制约的只是教育的微观方面，如教育的内容、手段、方法等，是"教育进程"。所以，在"教育受社会的政治经济发展所制约"和"教育受人的身心发展规律所制约"这种表述中，前后两个"教育"在内涵上并不完全相同，所以这种表述并非准确、合理。

三、反本质主义

反本质主义是后现代主义的重要组成部分，代表人物有罗蒂、德里达、福轲、维特根斯坦等。

反本质主义是针对本质主义而言的。所谓本质主义是指以"本质追求""本质信念"为基本特征的一种知识观及认识论。柏拉图、理性主义、科学主义、实证主义、经验主义及逻辑主义等都可归于这个范畴。本质主义信奉的认识路线是:相信任何事物内部都"深藏"着本质,这个本质是唯一的,本质与现象的区分是人类观察事物的基本图式;科学认识的任务就是透过现象看本质;揭示事物的本质是知识分子的学术使命;只有反映事物本质的知识才是"真知识";事物本质不能通过直观来把握,只有通过概念思辨或经验的证实才能把握;一旦认识了本质,就会拥有真理,从而能很好地利用和控制事物。

针对本质主义的上述认识,反本质主义展开了批判。

反本质主义对本质主义第一个批判集中在实体信仰上。在本质主义看来,本质先于存在;而反本质主义认为:那种称为"自在之物"或"实体"的东西,不是事物自身创造的,而是人类赋予的,它对人是有依附性的。

反本质主义对本质主义的第二个批判集中在本质信念上。在反本质主义看来,本质也不过是人们的一种信念或假设。事物确实有许多特性,但事物本身并不能告诉人们哪些是本质的,哪些是非本质的,能区分的只有人类。但人类又找不到一种标准来判断自己的区分是不是符合原样,更找不到一种标准来判断自己所用的标准是不是合理的。

反本质主义对本质主义第三个批判集中在符合论的语言观上。在反本质主义看来,语言与其所表达的对象之间并不存在同一关系,本质是不可言说的。

反本质主义对本质主义第四个批判集中在本质主义的目的假设及其引起的学术与政治后果上。本质主义坚信"本质"的存在,把揭示本质作为认识的终极目的,并认为掌握了本质就能够对人类进行启蒙。反本质主义认为,由于不能确认本质之类的东西的客观存在,本质、真理等不过是知识的意识形态化,其后果是导致"蒙昧主义"的产生,因此,本质主义从根本上阻碍了知识的进步,导致认识领域出现"自大狂"、学术霸权。

在对本质主义的批判中,反本质主义确立了自己的认识路线:我们言说的世界总是属于人的世界;通过符号表达的知识并不是对实体世界本质关系的表达,而只不过是人类根据自己的趣味、需要、利益,对世界的一种尝试性解释,且这种解释也不是终极的、绝对的;人类对世界的认识,不是"镜式"的反映而是"建构",不是"全景式"的而是"视角主义",不是说明,而是解释;研究者必须成为语言学家,要对自己使用的语言进行分析,把"真理""规律"这类"大词"从认识论中剔除;知识分子要通过反省自己内心的本质主义信念,在学术生活中理解多样交流与对话的必要性,反对"学霸"。

那么,在教育本质研究中,我们从反本质主义那里,能够得到什么启示呢?

依照本质主义的观点,教育本质是指事物和教育本身的"内在联系",是"客观必然",是不以人的意志为转移的。它们被认为是现象界的自然的实在的东西,无论人们能否认识到它,它总是"在那儿";人们凭借自己理性的力量可以把握它们,表述它们。照此推论教育本质问题,以"教育是什么"表述,它应该得到一个"事实的陈述"。可事实上,我们对教育本质问题的回答不仅仅是一个事实陈述。在回答"教育是什么"的同时,我们也在回答"教育应该是什么"或者"教育能干什么"。

爱因斯坦说过,一种理论观点,只有它具备"内在的完备"和"外在的证实"时,才能称为科学理论。前者指逻辑上的严密证明;后者指经验的检验和证实。这一准则在自然世界中尚能适用,但在文化世界中是否能适用就有疑问了。

自然问题是自然本身的问题,自然科学需要描述和说明"事物";文化科学问题是人自身的问题,它需要理解和解释"事物"。教育问题有客观性(客观存在),否则它就是任意的了。但这些客观性的问题要引起人们的注意并成为研究对象,就必然会涉及人的需要、意志、价值等主观问题。所以,教育问题本质上是主观问题。

在西方及我国研究中,认为教育问题可以分为两类:一类是事实问题,回答"是什么""怎么样",属事实陈述,需要证明;一类是价值问题,回答"应该是什么""应该怎么样",属价值陈述,需要"辩护"。同时,教育事实问题内在地包含着价值问题。所以,我们认为,"本质"是存在的,但打上了人的烙印。但无论是怎样强调历史性、个体性、境遇性,我们还是应该尊重事物的"原态"。我们应当在"存在"(时间、空间)中揭示本质,在"存在"中发现能为大家所共识的普遍的、共同的东西。

◆ 思考与争鸣

其一,教育理论上一个最普遍、最基本的问题是"教育是什么"。教育上的许多失误,多数是由于对"教育究竟是什么"缺乏正确的认识引起的。

从理论上说,"教育"概念可称是多种基本教育概念中最基本的概念,是最抽象的概念,是适合于任何时代、任何形式的教育的。所以,以"教育是什么"这一点来理解教育本质,就是要撇开教育的历史形式,探寻各时代教育共有的一般含义,是对教育事实的抽象、概括。

而从教育实践上看,教育实践上认可的"教育"不限于对某种教育事实的肯定,还代表一种关于教育的价值取向,反映人们在教育上的追求,实际上是一个"教育应该是什么"的问题,也就是"教育观"的问题。

长期以来,我国教育界似未分清"教育是什么"和"教育应当是什么"的问题。所以,在给教育上的许多基本概念如"教育""教学"下定义时,往往夹杂着许多价值追求的成分。当我们提倡"教育为无产阶级政治服务"或"教育为生产力服务"时,事实上反映的是教育在某特定时期的价值取向。而我们常常不清楚或忽视了这种特定时期的价值取向,就以这种特定时期的价值取向去剪裁历史上的教育实事,以偏概全,说什么历史上教育的本质从来都"属于上层建筑"或"从来都属于生产力"。以剪裁历史上的教育实事的方式来证明自己的结论,以至于近十年间讨论"教育本质"问题时,其实所讨论的是我们的价值取向问题。这不仅在理论上限制了教育科学的发展,在教育实践中也造成了极大的影响。比如,把"教育方针"作为教育指导思想而忽视教育本质;把某一时期强调的教育的某一功能看成"唯一功能"而孤立地去完成。

所以,探讨教育本质问题,首先就必须弄清"教育是什么"及"教育应当是什么"的区别。这两者都是教育本质问题的应有之义。一是探讨撇开教育的历史形式的、各历史时期教育共有的一般含义,即教育是什么。另一是探讨不同社会形态下教育的特质,即把抽象的教育概念上升为具体,弄清教育在不同社会尤其是在现代社会中的本质属性。例如,要研究现代社会的教育本质,包括资本主义与社会主义的教育本质,研究我国现时代条件下的教育本质,应把握普遍与特殊、共性与个性、抽象与具体、"是"与"应是"的关系。

其二,就反本质主义的观点来说,它作为后现代主义的主要组成部分,主要是针对"现代性"而言的。从笛卡尔到康德,他们反映的是"现代性"的思维方式。在他们看来,事物的本质、规律都是与人无关的,是客观的、唯一的、永恒不变的。而后现代主义恰恰是针对这样的思维方式展开批判的。在他们看来,本质、规律是由人赋予的,那么就必然会打上人的烙印。正因为如此,不同的人对本质、规律的认识也是不同的。事实上,这种认识,与我们在辩证唯物主义视域下去探讨本质、规律并不相悖。

我们反对那种否认事物本质、规律的虚无主义,反对"怎么说都行"的相对主义;但同时,我们也反对把本质、规律绝对化、"去人化",坚持绝对与相对、主观与客观等的辩证统一。

教育现象很复杂,涉及社会的、心理的多方面领域,不能简单用马克思的"唯物公式"来解释,不能抽象化、绝对化。教育本质不存在"唯一解",要用开放的、宽容的态度来看待,不存在谁"正宗"、谁"假冒"的问题,区别在于"深刻""全面"的程度。也就是说,对教育本质的研究是一个逐步深化的过程,"本质专利主义"是没有的。

第三讲　教育的功能与价值[①]

第一节　功能及教育功能概述

一、"功能"的涵义

功能是一个多学科研究的概念。在哲学上,功能是"有特定结构的事物或系统在内部和外部的联系和关系中表现出来的特性和能力"[②];在社会学理论中,功能泛指构成某一社会的因素对系统的维持与发展所产生的一切作用和影响。由此我们可以看到,功能是指有特定结构的事物或系统在内部和外部的联系中所表现出来的作用。这一作用有两个方面:其一,它在该活动或系统内部所具有的特定作用,这完全由该事物的结构所决定;其二,它在更大的系统中或整个社会结构中所具有的特定作用,即该事物对其他事物的作用,这是由该事物的结构和外部事物的结构共同决定的。

为了更好地辨别功能之义,我们不妨将功能与职能作一番比较。职能主要用于描述社会现实,是职责和效能,往往是人为地赋予事物的,意味着必须实现,因此更倾向于期待效应,带有一定的价值判断色彩。而功能可描述自然现象,又可描述社会现象。在用于描述自然现象时,所涵盖的并非主观企求的东西,而是客观上具有的"特性

[①] 本讲部分内容编自唐斌《教育学教程》(第二章),苏州大学出版社,2007年版。
[②] 冯契.哲学大辞典.上海:上海辞文出版社,1992:317.

和能力",具有自然而然的意味。但用于描述社会现象时,尽管功能同样表达的是"特性和能力",但它有人为设计的意味,不能完全脱离价值判断。

"功能"在日常用语中常常是"作用"的同义词,功能是某一事物在环境中发挥作用的能力,是事物的客观特性。但"作用"有积极和消极之分,它是根据作用所产生的结果来判断的。从严格意义上讲,"作用"与"功能"是有区别的。

综上所述,理解"功能"需要把握以下三点。

(1)功能是指一事物对于其他事物的作用,因此离开该事物与其作用对象的相互关系,就不能认识功能。

(2)某一事物的功能是它的结构自身所内含的。离开了该事物的结构就不能产生功能;结构变了,其功能也必然会发生变化。

(3)某事物的功能在未与其作用对象发生关系时,功能处于一种潜在的状态,功能能否从潜在状态变为现实,受对象的状态及其环境条件的影响,因此功能的实现是有条件的。从功能的实现状态看,功能可以有"正""负"之分。

二、教育功能的内涵

(一)教育功能的涵义

教育作为培养人的社会实践活动,既是一个相对独立的系统,又是一个复杂开放的系统。教育功能在系统内部表现为教育对个体发展的影响和作用,在整个社会系统中表现为教育对社会发展的影响和作用。所以,教育功能是教育活动和系统对个体发展和社会发展所产生的各种影响和作用。

作为一个独立的系统,教育在微观上表现为一种活动。教育活动是由教育者、受教育者、教育中介等要素构成的,这些要素之间的相互作用则构成了教育活动的内部结构。教育内部结构的运行,是教育者借助教育中介作用于受教育者,其结构是影响受教育者的发展。所以,教育的内部功能就表现为对受教育者发展所起的作用。

教育在宏观上表现为社会的一个子系统,与政治、经济、文化、人口等其他系统共同构成完整的社会结构。社会是由生产力和生产关系的矛盾运动而推进的,教育通过对生产力、生产关系的作用,而表现出影响社会发展的功能。

教育对于受教育者和社会,不只是正向的促进,也有负向的阻碍。所以,教育功能不是主观的期望,而是客观的结果。教育功能不同于教育价值。教育价值是人们对"好"教育的一种期待,它反映了人们认为的"教育应该是干什么";而教育功能是一种实效,它反映了"应该干什么"的教育在教育实践中"能干什么""实际干了什么"。所以,教育价值是教育功能的"应然"表现,教育功能是教育价值的"实然"表现,它是教育价值在教育实际中所释放出来的实际效果。

学术界对教育功能的研究主要是回答"教育是干什么"的问题。而对这一问题的回答常常涉及三个方面:"教育应该干什么""教育能够干什么""教育实际干了什么"。所以,教育理论界对教育功能的探讨,往往是在"期望""潜在"和"现实"的三个不同的功能形态上展开的。"期望"的功能存在于人的意识和愿望中,实际上体现的是教育价值;"潜在"的功能存在于教育的实际结构之中;"现实"的功能存在于教育功能的实现当中。这三者可能是一致的,也可能不一致,甚至是相悖的,不能混淆或以偏概全。

(二) 教育功能的类型

教育功能,根据分类角度的不同,大致可分为以下几类。

1. 从作用的对象上分,可分为育人功能(本体功能)与社会功能(工具功能)

教育作为一个独立的系统,是一种培养人的社会实践活动。促进人的全面发展是教育目的和教育价值的终极追求,这种追求在实际活动中的表现,就构成了教育的育人功能。教育的育人功能是由教育活动的内部结构决定的,如师资力量、课程内容、教育手段等,都构成影响人发展方向及其水平的重要因素。教育的育人功能是在教育活动内部发生的,所以也称为教育的本体功能。教育作为社会结构的子系统,它通过培养人进而影响社会的存在和发展,这就构成了教育的社会功能。应该说,教育的社会功能不是教育自身的功能,而是教育培养的人参与社会生活而产生的功能。因此,教育的社会功能是本体功能的衍生,是教育的派生功能,也称为教育的工具功能。

2. 从作用的方向上分,可分为正向功能和负向功能

教育的正向功能是指对社会进步和学生发展产生积极影响的功能,而负向功能是指对社会和学生发展产生消极影响的功能。不管是从历史的角度,还是从现实的角度,教育正向功能的发挥都是受到一定条件的限制的。在一般情况下,教育的正、负功能并存,只不过在不同的历史条件下,正、负功能的比重不同或呈现的状态不同罢了。

3. 从作用的呈现形式分,可分为显性功能和隐性功能

显性和隐性是美国社会学家默顿(R. K. Merton)20世纪50年代末提出的功能分析的一个维度。默顿指出,显性功能是主观目标与客观结果相符的情况;而隐性功能是与显性功能相对比而言的,是指这种结果既非事先筹划,亦未被觉察到。由此可见,显性功能是有目的实现的功能,而隐性功能则是主观愿望之外的结果。

按照默顿的理论,教育功能也可分为显性功能和隐性功能。教育显性功能的发挥是教育活动在实际运行中与教育目的相符合的结果。如教育促进人的全面发展的功能,教育的政治功能、经济功能、文化功能等都属于显性功能。而教育的隐性功能则是非预测功能。显性与隐性的区分是相对的,一旦隐性的功能被有意识地开发、利用,就可能转变为教育的显性功能。

4. 从作用的性质上分,可分为教育的期望功能和实效功能

所谓"教育的实效功能",是指在教育实践过程中实现了的教育价值,通常表现在人对社会的现实作用上;而所谓"教育的期望功能",是指人们对教育活动所期待的价值追求与价值目标。二者之间存在着逻辑的、内存的联系,但是作为两种功能状态,两者的性质是不同的。从逻辑上讲,教育的期望功能产生在先,实效功能实现在后。教育的期望功能对实效功能具有一定的规范性和指导性,而实效功能则是期望功能在实践中的转化和实现。

三、教育功能研究概况

从社会发展来看,1978年十一届三中全会以后,我国社会发展战略重点转移到经济建设上来。那么,教育如何为经济建设服务?教育与经济有着怎样的关系?教育在经济建设中的地位与作用如何?这一系列的问题引发了教育理论界对教育功能的思考与论争,也引发了研究者对"文革"时期教育的反思。

从学术研究的背景上看,1978年以来开展的对于教育本质问题的讨论,虽然众说纷纭,但各种本质观都与教育功能问题密切相关。同时,这一时期,教育学相关学科,如经济学、政治学、社会学、心理学等的研究纷纷恢复并发展,为教育功能的研究提供了丰富的理论基础;而改革开放政策的实施,使国外的教育经验与教育理论也被介绍与借鉴。所有这些,也催生了教育功能研究的逐步开展。

1978年以来教育功能的研究大体可分三个阶段。

第一阶段:1978年—1983年。这一时期,从强调教育阶级斗争的职能,转变为突出教育生产工具的职能。即从突出教育的政治功能转为突出教育的经济功能。

研究者多是对把教育作为阶级斗争工具职能的观点进行"发难"。持这种观点的人指出,新中国成立以来,我们在教育理论研究与实践中,窄化了教育的功能。表现在:把教育视为纯精神生活的东西,与生产力无关;认为教育是阶级统治的工具,漠视教育与生产、与经济的关系;否定历史上及他国的教育成就,似乎只有所谓"无产阶级"理论权威的东西才是马克思主义的。

在他们看来,教育作为阶级斗争工具的职能是社会发展到一定历史阶段的产物,在人类历史中教育与生产的联系才是永恒的本质的联系。因此,1978年—1983年,教育功能研究的"主旋律"就是经济功能。一些经济学家,如于光远、千家驹、厉以宁等,也参与了对教育功能的讨论。"经济发展、教育先行"的观点也在此期形成并盛行。

第二阶段:1984年—1989年。这一时期,关注重心从工具功能转变为本体功能。

上述的20世纪80年代初期对教育经济功能的研究,就以往长期以来只是突出教育的政治功能来说,是一种突破与进步,它使得教育理论与实践发生了转变。但这只是关注了教育的工具功能。事实上,在对教育工具功能的讨论中,始终都包含着教育本体功能的有关内容。如,人在教育与经济发展中的中介作用,人的政治社会化的问题,等等,但是关于教育的育人功能的文章不多。在1987年以后,随着对教育自身规律研究的深入,特别是受西方哲学思潮的影响,专门讨论教育与人的社会化及人格发展的文章纷纷出现。此阶段出现了教育本体论、工具论的辩论。

第三阶段:1990年—1995年。这一时期是对教育多种功能的综合分析。

进入20世纪90年代以后,教育功能的研究大体呈现以下特点。

1. 对教育功能综合研究

有人针对教育功能研究的历史考察指出,在教育功能研究中存在着三个误区:一是唯教育的政治功能是论;二是唯教育的经济功能是论;三是唯教育的育人功能是论。这均表现为忽视或割断功能与功能间的联系。因此,此后学术界开始注重对教育、社会、人之间的相互关系的研究,关注功能与功能间的联系,拓展了教育功能研究的广度。

2. 对教育功能深入研究

主要表现为对教育各项功能,如政治功能、经济功能、文化功能、生态功能、个体功能等分别从不同学科、不同领域进行具体深入的研究,拓展了教育功能研究的深度。

3. 对教育功能发挥的机制进行研究

如,考察教育功能发挥的中介机制有哪些,哪些因素会影响教育功能的发挥,教育功能在何种情况下会呈现正向,在何种情况下会呈现负向,等等。

第二节 教育的社会功能

对教育功能虽然可以从多重维度进行分类,但从理论的角度,教育功能仍可概括为两大方面:教育对社会发展的影响和教育对个体发展的影响,即我们通常所说的教育的社会功能与教育的个体功能。

教育是社会系统中的一个子系统,它作为一种特有的社会现象和社会活动,它的发展本身是社会发展的一个重要方面或重要标志,同时又促进着社会的变革与发展。

社会发展虽然制约着教育发展,但是教育发展对社会发展具有强烈的反作用。在促进社会发展的诸多要素之中,教育对历史发展的推进作用日益彰显。教育作为一种特有的社会现象和社会活动,具有相对的独立性。教育同经济、政治、文化等社会因素之间有着本质的联系,因此,我们应该从教育与社会诸要素之间的关系中来把握教育的社会功能。

一、教育与政治的关系

(一) 政治的界定

什么是政治?这是在探讨教育的政治功能时必须首先回答的一个问题。教育界存在略有区别的两种见解。一种认为,在阶级社会中,阶级斗争、处理阶级关系是政治的主要内容,国家是阶级斗争的产物和工具,因而,政治所要处理的关系,主要是国家生活中的各种关系,包括阶级之间的关系、各阶级内部的关系、民族关系以及国际关系等。另一种认为,政治有着多种不同的涵义,与阶级斗争相关的只是其内容之一,它有四种解释:①政治与国家和法等专政工具直接相关;②政治与阶级斗争相关联,阶级斗争必然是政治斗争;③政治的中心问题是国家以及国家的体现——法;④政治的基础是经济,但它本身不是经济,政治的主要表现形式是国家、法以及与它们直接相关的活动。①

政治一词,既不是意识形态的同义反复,也不是阶级斗争的代名词,它有着更为广泛的涵义。美国教育学家布鲁巴克(J. S. Brubacher)在其所著的《教育问题史》中解释政治与教育的关系时,曾谈道:"政治这个词,既有好的意义,也有不好的意义,从词源上来看,政治这个词起源于希腊文,意思是'城市'。随着时间的推移,这个词开始用来指各种城市生活的处理,特别是公共事物的管理。"②可见,虽然政治一词在不同的人那里往往有不同的含义,但常常有一个共同特点,即政治所涉及的是权力、统治或权威的一套关系。因此,我们在理解教育与政治的关系时,也可以从这个意义上去理解。

(二) 政治对教育的制约

1. 政治决定了教育的目的和领导权

教育的根本任务是为一定社会培养人,至于培养什么样的人,即培养人才所要达到的质量规格,也就是教育目的,是由政治决定的。换言之,在阶级社会里,政治决定着教育为哪个阶级服务,控制在谁手里,培养什么样的人以及与此相关的一切方面。不管人的主观愿望如何,阶级社会的教育总是有阶级性的,并且大多是在政府的管理下进行的。所以,任何想使阶级社会中的教育不受政治制约,处于超然的状态的观点都是不科学的,也是不可能的。

2. 政治制约着教育制度

在阶级社会里,统治阶级的利益与要求总是集中地反映在政治制度中,然后通过政治制度对其他制度产生决定性的制约作用。纵观世界教育史,就可以发现,有什么样的政治制度就必然具有与之相适应的各种教育制度。政治制度对教育的决定作用主要通过三种方式体现出来:一是通过强制性的法律手段约束教育;二是通过限制性的规定制约教育;三是通过鼓励性政策发展教育。

政治制度的具体组织形式对教育制度的组织形式也会产生直接

---

① 文新华,唐思群. 社会主义社会教育的政治职能. 教育研究,1989(11).
② 布鲁巴克. 政治与教育. 张家祥,译//瞿葆奎,陈桂生. 教育学文集·教育与社会发展. 北京:人民教育出版社,1989:335.

的制约作用。例如,在政治上实行高度中央集权的法国,教育方面也采用一套完整的中央集权制;在政治上实行地方分权的美国,在教育上各州、各校都有较大的自主权。

3. 政治决定了受教育者的权利和机会

社会成员中哪些人能够享受教育,受什么程度的教育,受教育机会如何分配,都是由一定社会的政治制度所直接决定的。

在阶级社会当中,统治阶级和被统治阶级在政治、经济的不平等,决定了其受教育权利的不平等。在奴隶社会中,学校是专为奴隶主子弟所设的。古代印度曾在法律中明文规定:谁若让低贱的首陀罗种姓的人接受文化教育,立即处以死刑。在封建社会中,即使是在统治阶级内部,其受教育的权利也有明显的等级性。到了资本主义社会,出于适应生产力发展的需要,各资本主义国家纷纷宣扬教育平等。但资产阶级和劳动人民之间仍然存在的政治、经济等方面的不平等,也就决定了受教育权利的实质上的不平等。社会主义社会,不仅在法律上规定了受教育权利的平等,而且为实现这一目标创造了有利的社会条件。

此外,政治意识形态也制约着教育思想。政治意识形态是指用来维护一定政治制度的一套比较完整而系统的思想信条。政治意识形态是政治制度的灵魂和核心。同政治体制相比,它对教育的制约作用更复杂、更深刻。教育领域的一切活动都受到一定的教育思想支配,政治意识形态正是通过对教育思想的控制来达到对教育的控制的。政治意识形态对教育思想的控制有两种方式:一是在阶级社会里,统治阶级通过确定教育宗旨、制定教育政策、颁布教育法令、委派教育部门领导等方式直接钳制;二是通过间接方式,主要表现为统治阶级通过各种途径,使政治意识形态对教育者的哲学、宗教、伦理等思想观念产生影响,进而影响到他们的教育思想。

(三) 教育的政治功能

教育的政治功能主要来源于两个方面:一是教育外部的客观的社会政治;二是教育内部的主观意愿。与教育的两种不同来源的政治职责的履行相适应,教育对政治的影响也可以作出相应的划分。

①按照影响源来划分,可分为教育对政治的接受性影响和教育对政治的离散性影响。前者是伴随教育的客观性政治职责的履行而产生的,教育的活动对政治活动的影响是一种有指导性的影响;后者是伴随教育的主体性政治职责的履行而产生的,教育活动对政治的影响是离散的、自发的。②按照影响的性质来划分,可分为教育对政治的积极性影响和消极性影响。前者对政治的影响有利于国家的运行、稳定和发展,后者则相反。①

教育的政治功能主要有以下几个方面。

1. 促使受教育者的政治社会化

有了阶级以后,教育总是生存于一定的政治氛围之中并为一定的政治集团服务的。众多政治集团紧紧地掌控着教育,使其传播一定的政治观点、意识形态,努力使受教育者在思想意识和行为方式上符合一定的政治规范。如,我国古代统治者就提出:"大学之道,在明明德,在亲民,在止于至善";古希腊斯巴达和雅典的教育虽各有不同的特征,但两种教育都致力于使年轻一代节制、勇敢、服从、守纪等。到了近现代,教育的政治社会化功能则更为突出,国家对教育的干预力量更强。美国著名的实用主义的代表、教育家杜威就曾指出:如果一个民主国家得以生存,那么教育系统就必须传授一定的传统,形成受教育者一定的品性,从而保证公民既有愿望又有能力参与国家治理。②

2. 通过教育培养一定政治所需要的人才

教育要根据一定的政治需要,培养符合一定价值标准的、本阶级政治需要的政治人才,这是维护既定的政治制度的关键。在历史的各个时期,统治者无不利用教育特别是学校教育来灌输政治意识、培养政治人才,并把其放在了极为重要的位置。如英国的"公学"和牛津大学、剑桥大学在政治培养人才上发挥着很大的作用。据英国的学者分析,1964年的内阁成员中,43%的成员曾就读于"公学",61%

---

① 文新华,唐思群.社会主义社会教育的政治职能.教育研究,1989(11).
② 马斯格雷夫.教育的政治职能//瞿葆奎.教育与社会发展.北京:人民教育出版社,1989:421.

的成员毕业于牛津或剑桥大学。下院议员中,1970年时,74.9%的保守党的下院议员曾就学于"公学";工党的下院议员中,21.6%的成员曾就读于"公学"。文官是通过考试录用的,在1944年—1952年间录用的文官中,56%的人在"公学"上过学,有17%的人在直接拨款的中学上过学,1960年—1964年的情况基本上没有变化。①

3. 作为一种社会力量对政治活动及政治变革产生直接的影响

学校作为一种社会力量、一种文化源,对政治的影响有着十分重要的意义。实现这一功能的途径有二两种。一种途径是通过学校制造政治舆论,宣传一定的政治观点、政治理论,为某种政治活动作思想准备。在历史的发展过程中,无论是当权者,还是企图推翻政府的阶级,都不会忽视学校这个阵地。如中国在"五四"运动前后各种新思想,包括马克思主义的传播,都是从学校开始的。另一种途径是组织学生直接参加社会政治活动。例如,新中国成立后开展土地改革、抗美援朝、"三反""五反"等政治运动都有学校师生的参加。这样不仅推动了当时政治运动的开展,而且使师生在政治运动中形成了一定的政治观点。

上述两种情况,教育对政治斗争都起到了直接的推动作用。当然,用这种直接的方式发挥学校教育政治功能的情况并不是经常出现的。如果经常使用这样的方法,那么对于学校自身的教育秩序会产生很大的冲击。在正常情况下,学校教育的政治功能是通过间接的方式体现的。

(四) 教育与社会成层②

所谓教育的社会成层功能,指的是现代社会中学校教育在受教育者个人的社会集团归属、社会职业地位以及调整社会结构中所起的作用。它是教育的政治功能中的一个独特方面。

社会成层是指根据个人或集团的职业、学历、收入、财富、家庭状况和生活样式的不同,对其社会地位所进行的划分和排列。其中,职

---

① 马斯格雷夫.教育的政治职能//瞿葆奎.教育与社会发展.北京:人民教育出版社,1989:398-400.

② 参考叶澜,等.教育理论与学校实践.北京:高等教育出版社,2000:114-117.

业是测定社会地位的代表性的指标和划分社会分层最重要的依据。在西方一些社会学家看来,学历,即受教育程度,与所获得的职业、等级是大体对应的。在现代社会,教育制度是社会分层的重要基础,学校是迈向职业的途径和促进社会流动的阶梯。

在这里,首先要认识一下阶级和阶层的区别。阶级更多的是从意识形态的角度分析社会中不同地位的人之间的对立,是一个政治学的概念;而阶层则主要是从社会经济的角度来分析不同群体的人之间的区别,更多地是一个社会学的概念。同一阶级之间,可能有着不同的社会分层,阶级往往是造成社会阶层区分的主要标志。

阶层与家庭的经济地位、个人从事的职业、教育程度和收入有关,这些因素直接影响着个人的生活,是个人生活中最显著的部分。西方一些研究者认为,每一社会阶层都有相对独特的生活方式和文化形态。由于学生来自于不同的社会阶层,受家庭所属社会阶层的影响,在他们来到学校时,实际上就把这些不同社会阶层的文化带了进来。这种特殊的"身份文化"在教育中起着不可低估的作用。美国学者里斯特曾对学生的社会阶层与教师期望之间的关系进行了实地研究,考察了学校如何对学生的社会阶层与教师期望之间的关系进行分层,又如何以不同的方式对不同社会阶层的学生施教。研究发现,来自不同社会阶层的学生,在入学之初,教师就将其划分为与社会阶层相对应的不同群体,并赋予了不同的期望。对于来自上层社会的学生,教师对他们的期望较高;而对于来自下层社会的学生,教师对他们的期望很低。这种社会阶层与期望的自我实现效应中,学校实际上起到了传递不同身份文化的作用,在为学生进入不同的身份群体作准备。

还有一些研究者从来自不同社会阶层的儿童所受的不同类型的教育的角度进行了阐释。他们认为,贫穷儿童从他们所在的学校中实际上吸收的是贫困文化,正如穷人在其他领域得到最差劲的服务一样,他们也只能受到最差劲的教育——校舍是旧的,教师没有经验,对书本和设备的开支低于较好地区的学校。这样,贫穷儿童在学校中几乎学不到什么东西,这也意味着他们只有得到最差劲的工作,这样就导致了贫困的循环。

（五）如何认识教育的政治功能

1. 教育政治功能的历史考查

在古代社会,教育融合于政治中,教育活动从属于政治,中国奴隶制度以来,"学在官府""政教合一",教育与国家政权合为一体。产生这一状况的原因在于古代社会分工不发达,政权基本上不干预直接生产过程,政权的对内职能较为简单,教化是暴力统治的辅助手段。这些因素使教育在政治活动中的地位较为突出,教育的政治化倾向也较为突出。以中国封建社会看,教育以伦理道德为主要内容,教育组织形式较为简单,这时候教育是社会上层建筑的组成部分,从属于政治。

近代教育是在中世纪国家与教会独裁统治的缝隙中产生起来的,近代教育思想的先驱者倡导"教育自由",针对教会对教育的垄断,提倡教育"世俗化""学校与宗教分离"。随后,由于近代各门科学的发展,教学内容中宗教伦理的比重大为下降,科学知识的比例相对上升。教育组织逐步正规化、系统化,教育成为社会分工中的一个独立部门。

当教育尚融合于政治之中而成为其附属物的时候,只存在教育依附于哪种政治的问题,基本上不存在教育和政治的关系问题;而随着教育组织的独立化,教育活动同政治的区别越来越显著,这才逐渐产生教育与政治的关系问题,遂产生教育的"政治"属性。

2. 教育的政治属性问题

在不同的社会政治制度下,由于政治性质及其类型不同,教育的政治属性的变化及教育与政治的关系,也显示出不同的类型和特点:如中央集权制的国家,强调教育国家化,强调教育依赖国家;美国、德国实行地方分权制度,在美国,教育上各州各自为政,各州把政权委托给分区,教育由基层分区控制;法国则邦自为政。

3. 教育政治功能的不同类型

从前文的论述可知,政治就其实质来说,是阶级和阶级斗争的产物。当前,政治,总的来说是参与国家的事务,给国家定方向,确定国家活动的形式、任务。可见,随着社会的发展,政治的涵义也会发生变化,教育与政治关系的内涵也会发生变化。因此,在不同历史时期,对教育政治属性或政治功能,需要作具体分析。①

(1) 作为"阶级斗争工具"的教育。学校教育自产生就有阶级性。在近代社会以前,教育为特权阶级所垄断,培养统治人才,同时以各式各样的教育形式对被统治阶级施加影响,被统治阶级被剥夺了受学校教育的权利。近代社会后,近代无产阶级在意识到自己的阶级利益后,自发地进行教育权的斗争,争取受教育的权利。所以,在阶级社会里,教育作为阶级斗争的工具,在统治阶级与被统治阶级的方面皆是如此。严格地讲,教育是对立阶级双方斗争的工具。

在中国,很长时间以来对"教育是阶级斗争工具"的提法不存在争议,直到20世纪80年代才有争议。其争议的客观原因是我国在剥削阶级作为阶级被消灭后,社会主义的阶级关系发生了根本变化,阶级矛盾不是主要矛盾;再者,过去实践中把"阶级"这一命题绝对化,产生了严重的后果,因此不再需要"天天讲"阶级斗争,"天天讲"教育是阶级斗争的工具。但即便如此,无论在东方还是西方,都不能否定教育在一定意义上还是阶级斗争的工具,这也是教育自身政治属性的表现。

(2) 作为"革命的工具"的教育。当阶级斗争发展到一定阶级,当社会基本矛盾及其所引起的各种社会冲突达到尖锐的程度,当阶级矛盾不可调和、革命的主观条件成熟时,社会就会爆发革命。这种革命是一种政治革命,是一个阶级推翻另一个阶级的暴力行为,这时教育是这种政治革命的工具。这是教育与政治关系深化的表现,也是教育作为阶级斗争工具的深化。而在革命胜利后,无产阶级建立革命政权后,"革命"一词发生转义。"革命"标志一种全局性和根本性的变革,所以又有"文化革命""技术革命""文化革命"。这时教育作为"革命工具"的含义也就发生"转义"了。

可见,在革命政权建立以后,政治的中心任务是夺取政权,在革

---

① 陈桂生.教育原理.上海:华东师范大学出版社,2000:138-146.

命政权建立以后,它永远承担全面组织和领导国家生活的职能,不但需要有良好的政权建设,还要有文化建设、经济建设,因为这是巩固政权所必需的。所以,对"教育为政治服务"这一功能,也不能作简单化、片面化的理解。

4. 正确把握教育与政治的关系

政治的核心是政权。任何一个阶级、政党掌握政权后,都会竭力要求包括教育在内的其他社会活动为它服务。因此,想使教育不受政治制约,处于完全自然状态,是不可能的,也是不可能实现的。

政治对教育的作用与经济对教育的作用不同,经济对教育的作用是通过提供教育发展的条件和对教育的数量、质量、结构等提出需求的方式进行的。由于生产力的发展呈上升的趋势,它对教育的影响也在增强。而政治对教育的决定作用是通过行政、法律等方式实现的,因此常常带有强制性。而且,政治对教育的决定作用不完全是促进教育的发展。

尽管政治对教育的决定作用带有一定的强制性,但政治对教育的作用也是有限度的。这种限度表现为不能违背教育自然的发展规律,更不能以政治代替教育,也不能用政治的要求去排挤社会其他方面如经济、文化等对教育的要求。

教育对政治的反作用表明,教育不只是政治恭顺的奴仆,而也是有力的武器。但教育的反作用也是有限的,它不可能直接摧毁旧政权、改变社会性质。政治问题要得到真正解决,还是得通过政治手段而非教育。

二、教育与经济

经济有两种不同但又密切关联的含义:一是指社会生产关系的总和,是政治和思想意识等上层建筑赖以建立的基础;二是指国家国民经济的总称或国民经济的各部门。在对经济与教育之间关系的论述中,对于两种含义大多互用、混用。这里,是把经济看成社会物质资料的生产及相应的交换、分配和消费的过程。由此,教育的经济功能主要指教育对受教育者传授生产知识、生产技能,以使他们顺利参与社会生产的职能与作用。对教育经济功能的研究,最早见于20世纪80年代初对教育本质的讨论中,特别是"生产力说"与"上层建筑说"的争论中。尔后,专门探讨教育经济功能的文章增多,其角度集中在以下几个方面:从教育对劳动力再生产的作用上分析;从教育在提高劳动生产率的作用来分析;从教育与科学技术的关系来分析;从教育对经济增长和经济稳定的作用来分析。在围绕教育的经济功能进行的探讨中,提出"教育先行"。

(一) 教育与经济发展的理论

自20世纪60年代以来,随着教育在社会经济生活中地位的日趋提高,人们对教育与经济之间关系的兴趣日增,相继形成了一系列理论流派,对整个世界的教育发展产生了深远的影响。

1. 人力资本理论

人力资本理论的创立来自于经济学家对于经济增长总值的研究。传统西方经济学把土地、劳动、资本看作是生产的三个要素,在一定时期内,生产的产量是由这三个要素的投入量决定的。第二次世界大战后,经济学家们发现,影响经济增长的因素除了资本的投入和劳动的投入外还有其他因素。在这种情况之下,就出现了人力资本理论。人力资本理论的核心是人力资本,指的是人所拥有的诸如知识、技能及其类似可以影响从事生产性工作的能力;它是资本的形态,因为它是未来的薪金或未来的偿付的源泉;它是人的资本形态,因为它体现在人身上,属于人的一部分。

人力资本是相对于物质资本而言的,它也是一种生产要素资本,对生产起促进作用,是经济增长的源泉,并且,和物质资本相比,在经济活动中的作用更大,对经济增长的贡献更大。

西奥多·舒尔茨(Theodore William Schultz)是人力资本理论的奠基者,他认为人们拥有的知识和技能是资本的一种形式,是人力资本,它是投资的结果。人力资本理论的倡导者,尤其重视教育投资的作用,他们认为教育不仅是一种消费,更是一种投资活动,能够提高劳动生产率,促进生产的经济效益。在各种人力投资形式中,教育投资是最有价值的。教育作为一种投资活动,对个人而言,个人接受教育可以增加知识和学习技能,提高个人收益;就社会而言,教育为社会培养人才,提高生产率,促进了社会经济的发展。同时,由于个人的教育水平与个人的收入是联系在一起的,因此一个人的教育水平愈高,其工资收入愈高。

2. 筛选理论

20世纪六七十年代,随着人力资本理论日益深入人心,全球范围内的教育迅猛扩张,但教育的扩张并没有带来经济的高速增长,反而在70年代出现了经济不景气的问题,产生了"文凭膨胀""过度教育""高失业率"等问题。在这种情况之下,人力资本理论开始受到人们的怀疑。伯格(I. Berg)、阿罗(K. Arrow)、斯蒂格利茨(J. E. Stiglitz)等学者向人力资本理论发起了挑战,最终形成了"筛选理论"。

筛选理论否认教育经济效益是通过人力投资提高劳动力素质从而提高资本生产率的观点,认为教育是鉴别求职者能力的"筛选装置",即教育的主要经济价值便是它的筛选作用,即帮助雇主凭借文凭,从众多的求职者中选拔有适当能力的人,故也称为"文凭理论"。

3. 劳动力市场划分理论

劳动力市场划分理论是在20世纪70年代初期出现的,主要代表人物有皮奥雷(M. Pioer)、多林格(P. Doering)、戈登(D. Gordon)等,他们认为人力资本理论关于教育与收益关系分析的基本前提不正确,关于教育水平与个人收益成正比的诊断不全面,它没有考虑到劳动力市场的内部结构。

劳动力市场划分理论采用西方制度主义经济学的分析方法,分析劳动力市场结构,把劳动力市场分为"主要劳动力市场"和"次要劳动力市场"两部分。"主要劳动力市场"提供较高的工资和福利,教育与工资呈显著的正相关;"次要劳动力市场"所提供的待遇较低,教育与工资的相关程度微弱。两个市场之间具有相对的封闭性,它们之间的人员很少相互流动。按照市场划分理论的观点,教育的经济效益,不在于提高个人的知识技能,而在于它决定个人是在"主要劳动力市场"工作,还是在"次要劳动力市场"工作。

4. 社会化理论

第二次世界大战后,特别是20世纪六七十年代,西方的教育发展出现了很多问题和矛盾,为此广大的教育研究者费尽了心思。1976年,鲍尔斯(S. Bowies)和金蒂斯(H. Gintis)在美国出版的《资本主义美国的学校教育:教育改革与经济生活的矛盾》一书,即是缘于教育改革存在大量矛盾而"对教育在经济生活的作用进行全面思考"的产物。其理论被称为社会化理论。

社会化理论认为教育与经济的关系是阶级矛盾关系的反映,教育的经济效益源于它的社会功能,而教育的社会功能,远比教育通过提高人的知识技能对经济的影响更重要。由于资本主义结构存在等级化、分工化,不同的工作需要不同的个性特征。高级行政管理人员需要很强的独立性、较高的自尊心等;秘书、打字员等则需要准时上班等。教育的经济价值便是通过各种途径及手段使学生社会化,使不同的学生经教育培养形成经济结构所需要的各种个性特征,这样不仅为资本主义生产提供了劳动力,而且也再生产了资本主义的生产关系和社会关系。

(二) 经济对教育的制约

经济是人类社会发展的基础,是引起一切人类社会生活发展变化的决定因素,因此是影响教育发展变革的决定因素。

1. 经济发展是教育发展的物质基础

首先,经济发展为教育发展提供了物质的保障。办教育需要一定的投入,包括一定的人力、物力和财力,这需要一定的经济发展水平作保证。一般而言,经济发展到什么水平,教育才能发展到什么水平。如果离开了一定的经济发展而盲目地发展教育,必然会陷入教育发展的误区。其次,经济发展也为教育发展提出了要求。经济发展不仅要求为社会经济的进一步发展提供人力的保障,而且也激发了人们进一步接受教育的动机,人们接受教育的积极性会随着物质生活水平的提高而日益高涨。

2. 经济发展水平决定着教育发展的规模和速度。

教育发展的规模和速度与经济发展的水平密切相关,社会经济和生产力发展的规模和速度决定着教育培养的各种规格、类型的劳动力的数量,制约着教育普及的程度。一般来说,一个国家经济发展的水平与该国的文盲率、入学率、义务教育普及的年限和高等教育普及的程度直接相关。从世界范围教育变化的历史看,在不同的经济发展水平上,教育发展走过了从扫除文盲、普及初等教育到普及中等教育,最后实施大众化的高等教育的道路。

3. 经济发展水平制约着教育的目的及其形式

在奴隶社会和封建社会中,生产力水平很低,劳动规模小,只是小农和小手工业生产,对劳动力素质的要求并不高。劳动者的劳动经验和生产技能的传授与掌握,往往是以师傅带徒弟、父教子的方式在劳动生产过程中就完成了。因此,那时的学校教育主要反映统治阶级的政治要求,培养统治阶级的官吏和知识分子,教育对经济发展的促进作用还不明显。

到了资本主义社会,机器大工业的出现,使劳动的性质发生了根本的变化,如果劳动者不掌握一定的科学知识和劳动技能,就不能从事生产。生产力的这种发展趋势反映到学校教育当中来,即要求劳动者必须达到一定的受教育水平。马克思关于人的全面发展的理论指出:大工业的发展表明,劳动的变换和工人的尽可能多方面的发展,是社会化大生产的要求。这种生产的变革,要求未来教育必须适应大工业生产的客观要求,造就全面发展的一代新人,这是现代化大生产的必然趋势。

在生产力发展水平很低的古代社会,教学形式是个别面授,只是师生之间的"口耳之学"。到了资本主义社会,机器大工业的出现,促进了教育的发展,班组授课制应运而生。而且,由于在教学内容上更多地引进自然科学知识,教学方法上有了相应的变革。在生产力高度发达的今天,投影仪、录像等现代化视听设备,先进的教学设备及计算机、人造卫星的应用,使教育可能以更大的规模、更快的速度向前发展。

4. 经济发展水平及结构制约着教育的内容及其结构的变化

生产的发展,一方面要求劳动者的生产知识和劳动技能与之相适应,另一方面也提供了劳动者所需要掌握的生产知识和技术成果,所以教学内容总是直接或间接地来源于生产。生产发展必然引起科学技术的发展,而科学技术的发展,又必然引起课程设置及内容的发展变化。

同时,经济发展引起产业结构、行业结构、技术结构、消费和分配结构的变革,与此相适应,教育结构也将随之发生变化。

(三) 教育的经济功能

1. 教育是劳动力再生产的重要手段

人的生命是通过遗传获得的,人的劳动能力则不是与生俱来的。"要改变一般人的本性,使其获得一定劳动部门的技能和技巧,成为发达的和专门的劳动力,就要有一定的教育或训练。"[1]在现代社会中,由于劳动专门化,职业化水平提高,社会对脑力劳动人员需求增加,生产劳动部门技术水平提高,学校教育普及,因此各种劳动力再生产的重要任务就由学校承担了。

学校教育对人的劳动能力提高这一作用,不局限于提高个体从事某种生产所需掌握的技能熟练程度,它表现为劳动总体素质的提高和个体能力的整体性提高。人的劳动能力的提高是靠一定程度的文化教育和特定的专门教育共同实现的。整个社会生产的科学技术水平越高,对劳动力素质要求也越高,通过教育给社会带来的经济效益也越多。美国经济学家丹尼尔森(E. F. Dension)通过对西方九国战后经济增长速率快慢的比较得出结论:在 1950 年—1962 年间,英国因重视教育,提高了劳动质量,由此所得的经济增长率高于其他一些国家。[2] 这些分析都反映了教育是通过培养劳动力而产生经济功能的。

教育在劳动力再生产过程中的作用具体体现在:①教育可以改变劳动能力的性质和形态,从而提高和发展科学知识的物化程度;②教育对人的劳动能力的发展具有全面、有效的影响和作用;③教育费

---

[1] 马克思,恩格斯. 马克思恩格斯论教育(上). 北京:人民教育出版社,1985:333.
[2] 厉以宁. 教育经济学. 北京:北京出版社,1984:222.

用的多少直接影响着劳动能力发展的程度。①

2. 教育通过生产科学技术促进经济发展

教育与科学技术的关系源远流长,科学技术的发展主要依靠教育。教育的科技功能产生于18世纪60年代的产业革命。而随着人类历史的发展,教育和科学技术已成为相互联系、互相促进和推动社会发展的两大要素。教育对科学技术的作用,主要体现在两个方面:一是再生产科学技术,二是生产新的科学技术。在人类的发展过程中,科学技术得以传播,尽管有许多途径,但教育是最有效的途径。教育对科学技术的传播是一种高效的和扩大的再生产,它通过有效的组织形式和方法来缩短再生产科学技术所必需的劳动时间,它通过教师的传播使原来为少数人所掌握的科学技术为更多的人所掌握,扩大了传播的范围。更为重要的是,通过教育培养了一大批科技人才,他们是生产新的科学技术的不竭动力。

科学技术虽然是第一生产力,但通常是以知识形态存在的、潜在的、可能的生产力。这种潜在的、可能的生产力要转化为直接的、现实的生产力,就必须要有人的掌握,把科学技术渗透到物质生产过程中,这样才能发挥它的力量。而教育恰恰是科学技术转化为生产力的中间环节,是科学技术第一生产力由潜在变为现实的前提和条件。

3. 教育是提高劳动生产率的重要杠杆

马克思曾对影响劳动生产率的因素作过如下分析:"劳动生产率是由多种情况决定的,其中包括:工人的平均熟练程度,科学的发展水平和它在工艺上应用的程度,生产过程的社会结合,生产资料的规模和效能,以及自然条件。"②而这五个因素,在现代无不与具有一定文化科学知识和劳动技能的劳动力有关。随着不断发展的自然科学知识、管理科学知识以及新技术进入学校所传授的知识内容之中,再生产的劳动力的生产技能和熟练程度越来越高。人们在生产过程中,通过所掌握的知识和技能,不断发现新的资源性质,创造出新的

---

① 靳希斌.教育在人的劳动能力发展中的作用.北京师范大学学报(社科版),1981(3).

② 马克思,恩格斯.马克思恩格斯选集:第23卷.北京:人民出版社,1972:53.

生产工具,使劳动生产率大大提高。

4. 教育通过影响人口的数量和质量,对经济发展起推动作用

马克思将人类生产分为两类:物质再生产和人的再生产。前者指处于一定生产关系中的人,借助于生产工具从自然界中获取所必需的生活资料;后者指以一定的物质生活资料为基础的人类进行的自身的繁衍。

教育同时以两种生产为基础,同时又是联结"两种生产"的纽带。它在人口再生产中的作用主要表现在两个方面。

(1) 控制人口的增长。人口学的研究表明:国民教育程度的高低,与人口出生率成反比。教育之所以具有控制人口数量的功能,首先因为教育能够帮助人们正确认识生育的责任和义务。在社会发展比较落后的情况下,社会对劳动者的素质没有什么要求,年长一代主要承担生育的义务,很少负有教育的责任。大机器生产以来,生产对劳动者的素质要求越来越高,年轻一代要适应以后的社会生活,就必须接受一定程度的教育。这使人们认识到教育子女的责任和重要性,懂得要教育好子女就应该减少生育率,从而保证把有限的时间、精力花在少数子女身上。其次,教育提高了妇女的就业能力,使大批妇女从家庭走向社会,促使她们萌发少生优育的观念。第三,教育帮助人们形成正确的生育观和家庭观。我国两千多年的封建社会形成了重男轻女的传统观念,"不孝有三,无后为大"也是处理家庭关系的重要准则。教育是这种传统观念最有效的解毒剂,人们的文化程度越高,受这种思想的束缚越少。

(2) 提高人口质量。教育本身以促进人的素质发展为目的,学校通过实施体育、德育、美育、智育等,提高人口的质量。

(四) 如何认识教育的经济功能

1. 不是任何生产都需要通过教育造就劳动力[①]

手工劳动本身就是劳动能力再生产的"学校",带有排斥学校教育的自然倾向,近代产业革命以前,人们主要从事农业、手工业劳动。

---

① 陈桂生.教育原理.上海:华东师范大学出版社,2000:87.

手工操作,一般采用家传或者师徒制式的传授,方式是在劳动现场动作示范、模仿,形成技能、技巧。在这个生产阶段,生产经验尚未上升为科学,劳动所需要的技能、技巧在直接劳动过程中形成,故有排斥学校教育的倾向。

机器劳动的初级阶段甚至比手工劳动更加排斥学校教育(学校教育成为机器劳动的"最必要的抗毒素")。在手工劳动中,劳动工具由劳动者直接操纵,因此,需要劳动者具有相当的技艺。在机器劳动中,生产技艺从工人身上转入机器中。而机器劳动在初级阶段,其结构与功能比较简单,这就使劳动技能大为简化,生产对劳动者素质需求降低也就是对教育的需求降低了。机器劳动简化了操作职能,导致劳动变得单调。操作机器时人的活动速度要适应机器的速度,并且一个工人要负责几台或者一台机器上的若干工作,这就导致劳动紧张,导致劳动者身心的片面发展。因此,这时期恰恰需要通过教育保护劳动能力。为此,工厂法教育条款出现。

随着机器生产的发生和成熟,生产对教育的需求出现增长。19世纪末20世纪初,电力代替蒸汽,出现了机器制造业(以机器制造机器代替人手制造机器),促进了工具的专门化和工艺过程的复杂化。机器部件的精确度、灵敏度增大,工艺过程日益复杂,不仅要求劳动者有一定的技术素养(比如说能识别图纸),而且还要求劳动者具有起码的一般文化素养,这才产生了通过教育训练劳动能力的普遍需求。

以上说明了不是任何生产都需要通过教育造就劳动力。

2. 教育与经济或生产发展非简单对应

不要把教育与经济的关系作简单理解:以为经济发展了,教育自然也就发展了;或者相反,认为教育发展了,必然带来经济的发展。实际上,只有经济发展到主要借助科学技术的力量时,才会产生对教育的强烈需求,只有学校教育自身作符合经济发展趋势的改革,教育的经济功能才会产生。

通过对教育与生产发展关系的历史考察可知,教育与生产力发展存在不平衡的现象。尽管教育同一定的社会生产力或者经济发展有关系,但它们之间的关系并不是机械的对应关系。不能认为生产力达到什么水平,教育就一定或只能达到什么水;反之,教育达到一定水平,生产也未必就能得到相应的效益。事实上,生产力水平高的国家,其教育水平未必比生产力水平较低的国家高。因为教育同生产力的关系背后还存在着生产力与生产关系,经济基础与上层建筑关系的复杂背景。如19世纪中叶,英国完成了产业革命,堪称世界上生产力最发达的国家,但当时英国的教育比生产力并不发达的若干欧洲国家落后很多。反之,近代生产处于起步阶段的普鲁士,早在19世纪初的1819年就颁布了初等义务教育法令,推行义务教育。

教育与生产力发展为什么会出现不平衡呢? 一般来说,是由于教育是以某种中介环节为媒介同生产发生联系的,它们之间的内在联系的中介是科学技术。即只有需要科学技术武装的那种生产才同教育发生内在联系,教育才能对生产产生直接的影响。另一方面,教育与生产本身各自受一定的经济制度与政治制度制约,它们之间的关系是在一定的经济制度、政治背景上发生的,单从生产力角度考察是有局限的。

所以,生产发达、教育落后的现象同生产的技术基础有关。例如,英国工业革命开始于18世纪60年代,但当时采用的机器的结构及功能都很简单,导致劳动职能的简化和童工制度的产生,不但降低了对劳动者技术素质的需求,而且童工制阻碍了教育的普及。

3. 不是任何教育都有"生产"属性

通过对教育与生产发展关系的历史考察可知,不是任何生产都是需要通过教育造就劳动力的。虽然在一定的生产力背景下,教育可为生产部门造就合格的劳动力,但由于劳动过程本身既能为个人发展提供某种机会,又可以限制甚至损害个人的自然发展,所以,教育对生产的意义,不限于训练劳动力,在一定情况下通过教育"保护劳动能力"这一意义更重要。

教育是在同生产力发生必然联系的条件下获得"生产"属性的,但不是任何教育都是有"生产"属性的,而且教育的"非生产属性"的社会意义未必比"生产"属性逊色。生产力发展或经济发展的不同方面与教育的关系程度也不同。如果说物质产品的丰富程度与劳动生产率影响的是教育的外延,那么,教育的内涵即教育在生产上的意义与属性,则同劳动过程的技术性质与社会性质的关系更密切。

4. 正确理解经济与教育的相互关系

在把握教育与经济的关系时要看到,是社会物质生产决定教育而非相反。这种决定作用表现在:教育不能脱离社会物质生产的需要与可能而发展,是社会物质生产发展需要决定教育发展的需要,而不是相反;如果教育超越或者落后于物质生产发展的水平和需要,那么必然改造的是教育而不是生产。

两者相互作用表现为:社会物质生产已有水平为教育发展提供可能,社会物质生产未来的发展对教育提出需求;教育建立在已有的物质生产发展的水平上,又为明日的物质生产创造条件。正是这种相互依存和相互促进的关系,使社会物质生产和教育都呈上升的路线发展。

既然是社会物质生产发展决定教育的发展,那么,该如何理解"教育先行"?

联合国教科文组织《学会生存》的报告中提出的"教育先行",是指各国政府平均支出的教育经费比世界国民生产总值增加得快,这并不意味着教育可以脱离经济的制约。实际上,教育在什么情况下"先行"、"先行"到什么程度、沿着什么方向"先行"等一系列问题,都是由社会物质生产发展水平决定的。教育是为未来社会培养人的,"教育先行"的涵义应扩大到教育应该"面向未来"。

三、教育与文化

(一) 文化的含义

文化一词来源于拉丁文 cultus,其原意为"耕作"的意思。因而,这个词源有人们在自然界中劳作,从中取得收获物的意思。引申来说,就有了教养和摆脱自然状态而久经锤炼得以存在的意思。古希腊人认为"有教养"是他们与"无文化"的野蛮人的主要区别。从罗马时代后期直到中世纪,文化一词开始与城市生活发生联系。由于享受城市生活的人普遍有较高的"教养"水平,因而,文化被理解为较高的个人修养。直到18世纪,人们才科学地对文化要领加以界定,并注意到文化现象与自然现象有所不同。19世纪90年代以后,文化概念正式进入到人类学家的研究范畴。一般认为,英国人类学家爱德华·泰勒在《原始文化》一书中对文化的定义,对规范文化概念具有重要意义。他认为"文化是一个复合的整体,其中包括知识、信仰、艺术、道德、法律、风俗以及人作为社会成员而获得的任何其他能力和习惯"①。自20世纪以来,特别是第二次世界大战以后,人们对于文化的研究形成了一个高潮。虽然对文化的界说不一,但一般来说,研究者所认同的文化具有以下特征:①文化为人类所特有;②文化是人后天习得和创造的;③文化为一定社会群体所共有;④文化是复杂的整合体。②

由以上文化的特征,我们可以导出广义文化的基本含义。广义文化是指人类后天获得的并为一定社会群体所共有的一切事物。它使人区别于动物,是人类对生活环境进行加工改造的结果。一般来说,它包括三个层面:物质层面、制度层面和精神层面。

由于广义的文化概念几乎无所不包,为此,为了研究的需要,人们提出了狭义文化的定义:文化是一定社会群体习得且共有的一切行为和观念。这里把文化更多地看成是一个受价值观和价值体系支配的符号系统,包括思想、信仰、制度、民族文化心理、语言、价值观等。

(二) 文化对教育的制约

从上述狭义文化的界说中可以看出,文化主要可归为三个方面的内容:知识(包括经验)、价值规范和艺术。③ 其中各项的具体内容可作如下区分:知识包括宗教、哲学、语言、文学、科学;价值规范包括民族精神、集体心理、世界观、价值观、人生观、规范、规则、礼仪、行为准则、风俗习惯;艺术指艺术形式、美感等。而知识、价值规范和艺术

---

① 克莱德,克鲁克洪,等.文化与个人.高佳,等,译.杭州:浙江人民出版社,1986:3.
② 叶澜.教育理论与学校实践.北京:高等教育出版社,2000:119.
③ 卓新平.宗教与文化.北京:人民出版社,1988:33.

作为文化形式,其理论基础又为哲学意义上的认识论、伦理学和美学。从人类心理的内在表现来看,认识与理智相连,伦理与意志相连,而审美则与情感相连。与人的内心世界相对应,认识的获得离不开智育;伦理观的获得离不开德育;美丑鉴赏力的接受离不开美育。①反之亦然,文化与教育的这种相互依存关系可图示如下:

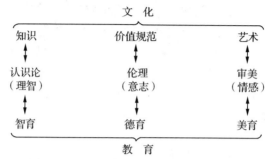

教育对文化的依赖可以从以下几个方面反映出来。

1. 教育是文化的表现形式,是文化的一个重要组成部分

在文化人类学界,人们大多把文化作为一个统一的整体来予以把握。例如马林诺夫斯基曾明确地指出,文化"是一个由工具,消费物,在制度上对各种社会集团的认定、观念、技术、信仰、习惯等构成的统一的整体"②。文化作为一个"统一的整体",其涵盖范围极广,教育也包括在其中。正如一些人类学家所指出的,所有主要的人类文化系统都必然包括教育的内容在内。反过来说,文化是根本性的东西,教育作为其中的一分子,必然受到文化整体的制约。

2. 文化的流变制约着教育发展的历程

文化与教育的发展历程,它们两者几乎是同时产生的。从对文化的界定中,我们知道,文化是为一定社会群体所掌握的,只为个人拥有的思想观念和行为方式不能称为文化。因此,在文化的产生过程中,首先产生某些文化上的潜在要素,然后经由包括教育在内的传递、传授而为社会群体所掌握,这样才能构成文化,教育也才成为文

---

① 陈卫平.反思:传统与价值.上海:上海文艺出版社,1991:3.
② 转引自郑金洲.教育文化学.北京:人民教育出版社,2000:8.

化中的一个组成部分。两者是紧密相连的,文化的形成依赖于教育,而教育的进化也必须以文化为前提。文化对教育的这种制约在学校教育过程中表现得尤为明显。

在人类社会发展的最初阶段,知识的构成形态具有原始性,是以直接经验为主,并以感性的、现实的形态存在于社会实践之中。这种在劳动中积累起来的直接经验,完全可以用口耳相传的教育方式传至下代。在这里,原始的、自然形态的教育方式与文化积累之间并不存在不相适应的矛盾。

历史发展到奴隶制社会,知识已逐渐趋于理性,并形成一定的系统性和综合性,人类认识出现了新的飞跃,文化积累的这种状况更强烈地要求改变原始、自然形态的教育方式。在这种情况之下,学校成了专门施教的场所,学校教育就成了教育活动的主要形式之一。学校教育的诞生,加速了人类文化积累的进程。

从以上文化与教育互相作用、互相影响的发展过程,我们可以看出,文化的流变制约着教育的发展进程。

(三) 教育对文化的影响

1. 教育具有保存、传递与活化文化的功能

文化的表现形式有多种,包括物质文化、制度文化和精神文化。对于前两种文化的保存可以借助于物质实体,如用各种名胜古迹、语言符号等把人类的精神以外化的方式保存下来,但是只有这种方式是不够的,因为不仅这些文化的存在物需要人的理解,而且人类文化的核心——精神文化,尤其是民族文化传统、思维方式等,是不能通过物化的形式体现出来的。所以,不管哪一类文化的保存,都离不开教育对人的培养,教育是文化保存的主要手段。

教育的文化保存和传递功能有两种方式:一是纵向的文化传递,表现为文化在时间上的延续;另一种是横向上的文化传递,表现为文化在空间上的流动。正是教育的文化传递,使得人类积累的文化可以延续下去,由一个地域传向另一个地域。

此外,按照文化存在的方式,文化又可以分为两种类型:一种是存储形态的文化,一种是现实活跃形态的文化。存储形态的文化依

附于实物、符号(包括语言文字)、科学技术等载体,处于一种"死"的状态,只具有保存的意义。现实活跃形态的文化,不仅依附于物体、文字等载体,而且依附于人的载体。文化体现在人身上,就不再是"死"的物,而是变成了"活"的文化。从存储形态的文化转变为现实活跃形态的文化,这一过程就是文化的活化过程。教育可以把文化从物质载体转移到人身上,与人的思想、情感等建立联系,从而使文化成为影响人行为的现实力量。

2. 教育具有选择文化的功能

有选择地进行文化传递是教育的一大特点,没有文化选择,教育就不成其为教育。教育对文化进行选择通常根据两大标准:社会的需要和教育自身的需要。近代英国资产阶级教育家斯宾塞早就提出了"什么知识最有价值"的问题,认为教育的文化选择应与人类的各项活动相适应,并按各种活动的重要程度对相应的文化知识作出价值比较。也就是说,教育的文化选择应以社会的需要为依据。当然,为教育所选择的文化,一般是被社会视为较规范的、稳态的文化,是具有一定社会价值的文化。

教育选择文化的功能主要通过下列几种途径实现:①精心选择教师;②精心选择教育内容;③精心选择教育的方式和方法。对教育内容和教育方式、方法的选择,是对文化的直接选择;而对教师的选择,是对文化的一种间接选择,因为在选择教师的同时,也就选择了他(她)所承载的那部分文化。因此,不论是古代社会还是现代社会,都非常重视对教师的选择和培养。

当然,教育的文化选择不同于其他文化机构的选择,它所选择的内容基本遵循如下三条基本原则。

第一,选择社会主流文化的基本要素和基本精神,如语言、评价观念、生活方式、思维习惯等。

第二,现代国家注意选择能促使学生在德、智、体、美等几方面都获得发展的基本文化要素作为教育内容,从而使人的身心和谐发展与社会主流文化的传承和谐一致起来。

第三,现代国家注意选择有利于科技进步、生产发展和生活质量提高的实际应用率较高的文化要素。

3. 教育具有整理文化的功能

教育特别是学校教育具有整理文化的功能,首先是因为它本身具有整理文化的迫切需要。文化本身的浩大繁杂和年轻一代学习文化的身心特点,决定了只有精心选择和整理过的文化,才易于被年轻一代所理解和接受。其次是因为教育工作者具有整理文化的能力。他们不仅有渊博的知识,而且懂得人类掌握文化的基本特点,经过他们整理过的文化,更易于被人们所认识和掌握。

4. 教育具有融合文化的功能

各民族文化之间的相互交流、吸收和融合,在古代社会就广泛存在。到了近现代,世界各文化之间的相互交流和融合,已经变成一个不可逆转的世界性潮流,教育在这中间的作用也日益受到人们的重视。美国教育史学家喀布莱(E. Cubberfly)说,在民族交流中起作用的是工会和学校,工会对成年移民起作用,学校对青少年起作用。显然后一种作用更加明显。美国历史证明,学校是使众多民族融为一体的最伟大的机构。[①]

教育吸收和融合文化的途径,主要有这样几种:①直接吸收其他民族文化中的精华作为本民族教育的重要内容和方法;②互派教师进行考察、讲学和研究;③互派留学生。

5. 教育具有更新和创造文化的功能

文化如果没有更新和创造,就不会有文化的真正发展。教育活化文化的功能,最根本的就在于对文化的创新。一方面,教育对文化的选择、批判和融合,总是着眼于古为今用,洋为中用,取其精华,去其糟粕;另一方面,教育创造一种新的文化,有直接和间接两种途径。直接途径是教育直接产生新的文化,包括新的作品、新的思想、新的科学技术等。教师在教育活动中,不仅仅是知识的传播者,而且是知识的创造者。教师与知识的关系不只是局限于将知识转化为学生可接受的形式,而且表现为通过科学研究创造知识。教育创造文化的

---

① 滕大春.今日美国教育.北京:人民教育出版社,1980:7.

间接途径,也是最根本的途径,就是不断培养出大量的具有创造活力的人才。教育通过培养创造性的人才,使他们在各自的岗位上直接从事文化创造活动,从而使教育系统成为一个能量丰富的文化创造源,实现文化创造的"辐射"。

(四) 多元文化与教育

在当今全球化时代,世界的发展愈来愈呈现出一种深刻而有趣的现象:一方面是不同民族、不同文化日益融合、交流和统一,那种相互隔离、孤立的时代已经一去不复返了;另一方面是社会形态和文化越来越多元化、复杂化、异质化,构成了世界文化的"百花园"。"多元文化论"就是这种事实与发展趋势的一种反映,正如美国哈佛大学教授塞缪尔·亨廷顿指出的,"未来不会出现一种普世皆准的文化,人类仍然生活在一个不同文化并存的世界中"[①]。因此,把多元文化与教育纳入教育理论与实践研究的范围,无疑为文化与教育的研究开辟了一个新的视野。

1. 多元文化是现时代的特征

"多元文化"是在 20 世纪五六十年代被指称的两种文化现象。一是殖民地和后殖民地社会的文化。在这种社会中,既有殖民国家的统治文化,也有原居民的民族文化,两种文化并存。二是指不同的民族文化。它指不同民族、群体之间其文化特性有较大的差异。研究者发现,不仅殖民地国家存在着统治文化和被统治文化之分,世界上发达国家或地区也存在着这种状况。这样,不同民族之间、各个阶层之间、地域之间、年龄之间、性别之间、不同群体之间和宗教之间都存在着多元文化。当今世界已经进入多元文化并存的时代。

2. 教育中的多元文化

教育与文化紧密相连,使教育中的各个方面无一不被打上文化的"烙印"。一方面,多元文化无孔不入地渗透到教育过程中;另一方面,教育无时不在程度不同地反映、作用着这些多元文化。不难发现,文化上的多元是具体体现在教育活动当中的,教育活动中的各个

---

① 转引自张应强.文化视野中的高等教育.南京:南京师范大学出版社,1999:153.

组成部分都是多元文化的载体。教育中的多元文化主要有以下几个方面。①

（1）民族文化。民族文化一直是多元文化关注的焦点之一。一般地说，同一民族长期共同参与、分享着一种文化制度，久而久之，就会形成一个民族的人们共同的精神形态上的特点。在教育中，不是只有因教育对象中有着不同的民族成员才存在处理不同民族文化的关系的问题，实际上，教育内容以及学校的日常生活和师生的交往中都存在着这一问题。

（2）阶层文化。由于学生来自不同的社会阶层，受着家庭所属社会阶层的影响，所以，在他们来到学校时实际上就把这些不同社会阶层的文化带了进来。这种特殊的"身份文化"在教育中起着不可低估的作用。

（3）地域文化。地域文化直接表现为不同区域或地区间人们的语言、思想、意识、感情、心理等方面存在不同。我国是一个幅员辽阔的国家，不同的地域有着不同的文化特征。从有较大差异的地域文化来讲，既可以看到敦厚朴实的中原文化，也可以看到散逸精巧的吴文化；既有保守稳重的内陆文化，也有开放求活的沿海文化；等等。不同的地域文化，造就的往往是不同的教育传统和形式。

（4）社区文化。与地域文化相比，社区文化与学校的关系更为紧密，虽然它不似地域文化那样覆盖广。就学校来讲，它自身就是社区文化的一部分，是其中的一个机构。在地域文化与学校文化之间，社区文化起着不可或缺的中介作用。它一方面具有地域文化共同的一些特征，同时也体现出区别于同一地域其他社区文化的文化特征。

（5）性别文化。在一般的社会中，不同的性别实际上拥有着不同的文化形式。例如，在学校中，男生在很多行为上往往具有很大的攻击性，而对于女生来说，她们很少去扰乱课堂秩序等。性别之间的这种文化差别，在儿童出生以后就被有意无意地灌输进去了，从而使他们具有不同的文化特征。

---

① 参考叶澜,等.教育理论与学校实践.北京:高等教育出版社,2000:128-131.

（6）年龄文化。总的来说，在现代的多元社会中，每一年龄阶段的学生受到的影响不同，使其往往表现出不同的文化特征。

（7）同伴群体文化。学生作为社会中的一个相对特殊的群体，他们因年龄、性别、兴趣、价值倾向等差异结成的多种多样的群体文化或者说是亚文化，虽然有时会表现为与教师所代表的主流文化相对立，但总体来说，学生群体文化与教师文化大体是相同的。识别不同的学生群体文化，分析它们与其他文化特别是主流文化的关系，是教师进行教学所必需的。

3. 多元文化教育

"多元文化教育"作为一种思想源远流长，而作为一种实践运动，是20世纪六七十年代以来的事情。"多元文化教育"作为一个概念，自提出之日起就引起了多民族国家的关注，许多国家从不同角度、用不同方式定义多元文化教育。在综合各种不同说法的基础上，我国民族学学者把多元文化教育看成社会中各种集团和个体在文化上、情感上和认知上的需求。它追求的是为少数民族人民、移民、妇女与残疾人等处境较差的社会集团的子女们提供平等的教育机会，促进不同民族文化的相互尊重与理解。多元文化教育必须使年轻人对他们所生活的世界形成这样一种认识：在保存对本民族的文化认同的同时，也要发展对周围世界的深刻认识和了解。简而言之，多元文化教育就是以尊重不同文化为出发点，在各集团平等的基础上，为促进不同文化集团间的相互理解，有目的、有计划地实施的一种共同平等的"异文化间的教育"，目的在于形成学生对待自身文化及其他文化的得当方式及参与多元文化的能力。

客观地说，每一个民族的文化都是该民族独特历史的产物，都有其精华和糟粕，都有其存在的价值与合理性，彼此之间有相对的独立性。从另一个方面来说，不同民族文化在反映民族特殊性的同时，也反映了人类的共同性——对于真善美的追求。因此，彼此之间又是可以相互交流、融合和借鉴的。从这个意义上说，世界的文化是一个统一的有机体。因此，多元文化教育并不一味地追求文化日趋多样化，而是使"多"与"一"协调起来，是在遵循文化差异的前提下，将

"个体文化"与"共同文化"有机地统一起来。它可以从三个方面来确定:就各民族的学生而言,多元文化教育可以使其正确认识民族、社会群体间的文化差异,正确判断其他文化与自己文化间的关系及相互影响,养成处理不同文化的得当方式,促进其个体发展;就社会而言,通过学生的社会化,使学生掌握一定的社会规范,正确处理人际关系,促进人与人之间的相互了解,促进社会各民族间的和谐发展;就教师而言,就要求教师要具有多元文化教育的态度,用多元文化的观点来看待学生的不同文化特征和社会问题。

综上所述,在理解教育与文化的关系时应该看到:文化中基本的相对稳定的符合教育要求的部分,被选择加工成教育内容,成为教育内容的要素。因此,文化对教育的作用,区别于政治、经济对教育的作用,它不对教育产生某种决定性的影响,而是与教育处于互相包含、互相作用、互相交融的状态。教育与文化的关系比与经济、政治的关系更为直接、密切,在某种意义上,政治、经济对教育的作用需要通过文化这一更直接的手段来实现。正因为如此,即使是政治经济制度相同的国家,其教育也因文化的差异而不尽相同。

◆ 思考与争鸣

以上通过对教育与社会其他子系统的关系的分析,阐释了教育的各种社会功能。对教育与社会其他子系统的关系的认识,还应该注意以下几点。

教育与社会各子系统的联系并不是在同一层次上的,而是多层次、多方面、多性质的,且随时代发展,其相互作用的程度也是变化的。

教育与社会各子系统的相互作用在性质与侧重点上也是有区别的。社会政治经济对教育有决定性的影响,而文化与教育的关系是关联性、交融性的。

社会各子系统对教育的要求,只有被人们认识到并内化为教育本身的要求,才能实现。

第三节 教育的个体功能

一、人的身心发展

人的发展,是指青少年身体和心理上连续不断的变化过程。如果从发展的内容上讲,包括身体和心理两个方面。身体发展指机体正常发育和体质的增强;心理发展指心理过程的逐步成熟和个性的逐步形成。身体和心理发展是彼此联系、互相促进的,简称身心发展。如果从发展的过程上讲,它是一个逐渐的数量积累和在此基础上出现质变的过程。人的身心发展一般具有以下特点。

1. 个体身心发展的顺序性

人的身心发展不是随机展开的,而是按照某种固定的顺序开展的。这主要是起因于人的生理成熟程序是由基因控制的。生理发展的顺序必然影响到以生理发展特别是神经系统发展为基础的心理发展。虽然个人在发展程度上和成熟性上有较大的差异,但基本顺序是确定的。个体的情感、意志品质的发展也遵循着一定的顺序。比如,儿童总是由具体思维发展到抽象思维,从机械记忆发展到意义记忆,先有喜、惧等一般情绪,而后有理智感、道德感等。

2. 个体身心发展的不平衡性

这种不平衡性,一方面是指同一个方面的发展,在不同年龄阶段中,发展是不均衡的。例如,青少年儿童的身高体重,有两个增长的高峰,第一个高峰出现在出生后的第一年,第二个高峰则在青春发育期。另一方面是指不同方面发展存在不平衡性,有的方面在较早的年龄阶段即达到较高的发展水平,有的则要到较晚的年龄阶段才达到较为成熟的水平。

3. 个体身心发展的阶段性

个体身心发展的不平衡性和顺序性,必然导致发展阶段性的呈现。这一点已被学术界所公认。一般都认为处在不同年龄阶段的个体表现出不同的年龄特征,即在不同的时间段面临着独特的属于这一阶段的发展任务。人的一生一般分成这样几个阶段：婴儿期，幼儿期，童年期，少年期，青年期，成年期，老年期。当然，这样的划分并不具有绝对的意义。在这些发展阶段中，每一个阶段对于人的发展来说不仅具有本阶段的意义，而且对后一阶段的发展有直接的影响，具有人生全程性的意义。

4. 个体身心发展的稳定性和可变性

个体身心发展的稳定性，是指在一定的社会和教育条件下，青少年儿童发展阶段有着顺序性，每一阶段的变化过程和速度，大体上是相同的，有着相同的发展规律。但是，在不同的社会条件下、不同的教育条件之下，同一年龄阶段的青少年发展的速度和水平是有差异的，并不是固定不变的。

5. 个体身心发展的个别差异性

在人的发展中，由于遗传、环境、教育等方面的不同，个体在身心发展上存在着个别差异。有的儿童身心的某些方面在较早的年龄阶段就已发展到较高的水平，有的则在较晚的年龄才出现某些特征，如有的人少年早慧，有的人大器晚成。个体在兴趣、爱好、意志、性格等方面，也都存在着个别差异。教育工作者应该注意学生的个别差异，做到"因材施教"。

二、影响人的发展的因素及其作用

总体上看，与生物学、心理学、人类学等学科对人的发展的研究不同，教育学对个体发展的研究有自己的特点。

教育学把个体作为一个复杂的个体来研究，既有生物性又有社会性，也有个体性、独创性等。研究人的内在各方面因素的相互关系以及由此形成的关于人的整体性的特征，这是教育的特殊任务。

研究个体的发展和形成问题，不仅要把握人的一般性特征，而且要把握人生全过程的各个阶段的整体性的特征，关键是研究个体在各种教育阶段的发展问题，把教育的影响转化为个体发展的条件、过程等。

另外，教育学也要研究个体发展与社会发展的各种可能的存在模式。

(一) 关于"影响人发展的因素"的争论

对影响人的身心发展的因素的论争,大体经历了三个时期:第一个时期是在20世纪初,讨论的重点是哪种因素在人的身心发展中起决定作用,是遗传还是环境;第二个时期是在20世纪中叶,研究者注意到遗传和环境都是人身心发展必不可少的条件,开始研究遗传和环境各自起多大作用;第三个时期是当代,由于人们对遗传与环境的研究渐趋深入,研究者逐步开始探究遗传和环境如何发挥作用、分析两者相互制约的关系。

总体而言,关于影响人的发展的因素有以下几种不同的观点。

(1) 二因素论。持这种观点的人把影响人发展的因素分为生物因素和社会因素。认为生物因素包括遗传素质、非遗传却先天具有的某些生理特点、健康状况等;社会因素包括学生所处的家庭、学校、社会等。

(2) 三因素论。持这种观点的研究者认为,影响人身心发展的因素有遗传、环境和教育。

(3) 四因素论。这种观点认为,三因素论只分析了儿童身心发展的外因,而任何事物的发展,起决定作用的是内因,所以人的主观心理因素应该予以考虑,这就构成了四因素论。

(4) 综合因素论。这种观点认为,可以从不同的角度,对影响人发展的因素进行不同的分析:物质的、精神的;内部的、外部的;生理的、心理的;等等。各因素之间相互依存、相互制约,构成完整的整体对人的发展产生影响

(5) 二层次三因素论。持这种观点的研究者认为,要想进一步认识影响人发展的因素的问题,就不能只在因素分类标准及数量的增减上做文章,而必须突破静态的、形而上学的思维模式,抓住人的发展的特殊性,用动态的、系统的、辩证的思维方式重新认识影响人发展的因素。从这一方法论出发,以对人的发展的影响性质为依据,可以把影响人发展的因素分为两个层次三因素:第一层次是对个体发展的潜在可能产生影响的因素,简称"可能性因素",包括个体或主

体因素(先天的与后天的)与环境两大类因素;第二层次是对个体发展从潜在可能转化为现实这一过程产生影响的因素,简称"现实性因素",是指发展主体所进行的各种类型的活动。这就是"二层次三因素论"。

(二)诸因素对人的发展的作用

上面分析了有关影响人的发展的因素这一问题的几种观点。实际上,每个因素对人的发展都是必不可少的,但都不是充足条件,它们之间发生联系、成为一个整体时才是人发展的充足条件。诸因素彼此不是并列成从属关系,而是相互渗透,互相影响,互为因果,互相作用,呈现出动态结构。因此,对这些因素对人发展影响的划分也是相对的,这里不再"纠结"于几个因素的划分。在现实的活动中,应考虑影响人的诸因素彼此间的不同组合与结构,归纳出基本的类型,针对多种类型的优劣,最大限度地促进人的发展。下面就主体因素与环境因素对人的发展的影响进行说明。

1. 主体因素

主体因素包括先天因素与后天因素。先天因素一般包括遗传、个人天赋及机体发育的成熟机制等,这里主要对遗传对人发展的作用进行说明。

遗传是指人从上一代那里继承下来的解剖生理特点,如机体的结构、形态、感官和神经系统(主要是脑神经)的特点等。这些遗传的生理特点,通常叫做遗传素质。遗传是与生俱来的,它对人的发展有着显著的影响。

(1)遗传素质为人的发展提供了可能。遗传素质是人的身心发展的生理前提,为人的身心发展提供了可能性。任何生命的成长和发展,都是从遗传获得生命组织开始,人当然也不能例外。人正是以遗传这一先天因素为前提,在后天的社会生活中获得各种知识和技能,成为适应社会生活的人。如果没有人的遗传素质,无论后天条件多么优越,也不可能发展成为人。例如,初生的儿童,虽然十分弱小,甚至不如动物,但人的遗传素质比动物高千万倍,它蕴藏着极大的发展可能性。儿童靠自身特有的遗传素质,在后天的环境和教育的影响之下，可以逐步学习高深的文化科学知识，培养丰富的思想感情，这是任何动物也做不到的。

然而，遗传素质只为儿童的发展提供了可能性，并不能决定儿童发展的方向。只有在后天的社会环境和教育的影响下，儿童的遗传素质才获得发展的现实性。美国斯坦福大学心理学教授特尔门对智力在130以上的1528名超常儿童，进行了历时50余年（从1921年—1972年）的追踪观察与系统研究。他们的结论是：早年智力测验并不能正确地预测晚年的工作成就，一个人的成就同智力的高低并没有很高的相关性，有成就的人并非都是家长和教师认为非常聪明的人，而是有恒心、做事精益求精的人。

因此，"生而知之"的天才论，"遗传决定后天一切"的遗传决定论都是非常荒谬的和错误的。

（2）遗传素质的差异是造成人的后天差异的重要原因之一。人的遗传素质是有差异的，这种差异对人的身心发展有着重要的影响。人的遗传素质的差异不仅表现在体态、感觉器官方面，也表现在神经活动的类型等方面。从一两岁的婴幼儿身上就可以看到，他们对外界事物的反应都存在差异，这与神经类型的差异不无关系。随着遗传学的发展，有关遗传基因的研究，证明了遗传基因有核糖核酸（简称RNA）和去氧核糖核酸（简称DNA），这些物质的排列结构及其活动，与人的发展有着密切的关系。人的遗传差异性在后天的生活和各种活动中表现出来，从而造成各不相同的个性特征。

（3）遗传素质的成熟机制规定了人的发展的阶段和过程。人的遗传素质，随着后天的学习和生活，会逐步走向成熟。而人的遗传素质的成熟度又制约着人的发展的阶段特点。例如，人的抽象思维能力是教育和学习的结果，但是这种教育和学习只有在人的神经系统达到一定程度的成熟之后才能实现。

由以上考察可以看出，遗传素质对人的发展具有重大意义。但是，遗传素质在人的一生当中并不是固定不变的，而是随着生活实践和环境的变化，具有一定的可塑性。就神经活动来说，巴甫洛夫曾经指出："神经活动类型在生活进程中发展、变化着，并且它不仅是遗传的结果,也是环境和有机体之间复杂的相互作用的结果,教育能养成儿童生活所必需的神经活动类型。"①再就遗传基因来说,"在基因组中的 DNA 决定了个体在生理上、结构上和行为上的潜在性能,但并非所有的潜在性能都必定可以在那个正在发育着的个体中获得实现"②。人的遗传素质的发展,也因人的生活条件的不同而可以提前或推迟。

需要说明的是:其一,先天因素对人发展的影响的大小与其本身是否符合常态有关;其二,先天因素对人各方面发展的影响是不平衡的;其三,先天因素在人发展的不同阶段所产生的影响大小是不同的,总趋势是减弱的。婴幼儿阶段,先天因素对人的发展影响最大,但随着年龄的增长,遗传素质在人的发展中由潜在因素逐步变为现实因素,人的身心发展水平不断提高,先天因素减弱。

主体的后天因素,是指主体在后天发展中逐步形成的身心特征及水平,它是在先天基础上个体与环境相互作用的产物,包括身体发展水平与健康状态;智慧、情感、意志、行为发展水平;知识、经验的积累水平与结构;对人、对己、对事的态度倾向;等等。对个体来说,这些因素处在不断变化之中,在主体不同阶段呈现出不同的水平,有极大的可塑性。

后天因素能影响人对周围环境的选择和作用方式。后天因素对人的发展的影响主要表现在:人的身心发展水平,支配着人对环境的选择,决定他注意什么、选择什么、采取什么行动等。人,正是通过这种选择与作用而与外界交融,并参与到自身发展之中的。

人对自身发展水平的自觉认识,能有目的地影响自己的发展。当人把自己当成认识的对象时,人就能主动控制与引导自身的发展。一方面,在与环境相互的作用中,不断为自己的发展创造条件;另一方面,能规划自己的发展方向,为自己的发展选择目标,并积极采取行动去实现目标。这正是人的主观能动性的体现。

---

① 转引自蔡澄.当代教育学.南京:江苏人民出版社,2003:67.
② E.J.加纳德.遗传学原理.杨纪柯,等,译.北京:科学出版社,1987:382.

与先天因素不同的是,后天因素在人的发展过程中影响是逐渐增强的。而且,后天因素对人发展的影响,其强弱、大小也是不断变化的,它与人已经达到的身心发展水平呈正相关。

2. 环境因素

环境有广义、狭义之分。就广义而言,包括人们所接触到的一切事物,可以概括为社会环境和自然环境,教育也在其内。就狭义而言,主要是指对儿童发展影响较大的社会环境,如家庭、亲友、邻居、社会团体以及社会的风俗习惯等。

环境的作用虽然是自发的,但对儿童的发展有重大的影响。儿童从降生之日起,就与一定的社会环境产生关联,在接受环境的影响中逐渐成长起来。对于人的身心发展起决定作用的是人类特有的社会环境。这种环境应当包括三个部分。

(1) 人化自然。人化自然即由人的劳动实践所创造的自然界。简而言之,就是经过人改造过的,打上人类活动烙印的那个自然。人是大自然的产物,人的生活实践的原料和动力都来源于自然界,因此,自然界对人的身心发展必然会产生相应的影响。

(2) 人以及与人的关系。人一生下来,就要与其他人发生各种交往,其他人的言论、行动和思想会在他身上产生各种影响,积极作用于他的发展。此外,我们还应该看到,在人类社会中,每个成员也总是和其他成员结成一定的社会关系。

(3) 社会意识形态。人类在生产劳动中产生了语言文字之后,便借助于语言文字,把实践中所积累与形成的知识、技能和思想观点,以科学、哲学、道德、艺术、宗教、风俗习惯等形式保存起来和流传下去。一个孩子从掌握语言文字开始,就在与成人交往中接受这种社会意识的影响。由于语言文字有间接和概括的特点,所以社会意识可以大大扩大和加深对人的影响,使人不仅可以接受当时当地事物的直接影响,而且可以接受那些古代和外域事物的间接影响。它对于个体的心理发展具有重要意义。

上述环境的这几个部分并非孤立地对人的发展起作用,而是融合在一起,对人的发展产生综合性影响。

3. 环境在人的发展中的作用

环境对人的发展的作用表现为如下几个方面。

（1）环境为人的发展提供了多种可能性，包括机遇、条件与对象。环境作为围绕在个体周围并对个体自发地产生影响的外部世界，为人的发展提供了必要的条件。人的身体的成长需要从外界获取营养，能力的提高是参加各种活动培养出来的，道德的进步也必须要有环境给予的践履机会，等等。以上种种情况，如果没有环境因素是无法实现的。

此外，环境为人所提供的条件的质量并不相同，对于个体发展的意义也是不同的。正因如此，不同环境中的人的发展有很大的区别，即使在同一环境中，不同个体的发展状态也因环境对他的合适程度不同而不同。个体发展水平较高，对环境持积极的态度，就会挖掘环境中有利于自身发展的条件，克服消极的阻力，从而扩大自己的发展可能。

（2）环境为人的发展提供了评价标准。人的发展程度怎样与发展方向如何，是必须在具体的历史环境中加以考量的。例如，在原始社会，由于生产力水平低下，人几乎谈不上发展。到了奴隶社会和封建社会，评价人的标准集中在政治、伦理和道德水平上。工业革命后，知识、专业能力成为人的发展的主要内容。所以，人的发展总是与环境的要求保持一致的。

但是，我们必须认识到，人并不是消极、被动地接受外部环境的影响的，人对外部环境的反映是一种能动的实践过程。人是在社会实践的过程中，接受着环境的影响，同时也改造着环境，并在改造环境的过程中改造着自己。人对外部环境的能动反映，表现在两个方面。

一是人是通过他所参加的实际活动来对环境影响做出反映并获得发展的。换句话说，作为主体的人，是在与客观环境这一客体的交互作用中，反映客体并获得主体自身的发展。

二是人又是按照他已有的知识、经验以及在这种知识、经验基础上产生的需要和兴趣等来对客观环境做出反映的。人所拥有的知识、经验,虽然是在外部环境影响下产生的,但它一经产生,就具有一种相对独立性,借此实现对外界的影响或刺激的改造。

因此,离开人的实践,单纯的客观环境不能决定一个人的发展和成就。那种忽视人的主观能动性,把人看做环境的消极的适应者,认为人只能消极地成为特定规格的人的环境决定论,是完全错误的。

理解环境对人的发展的影响要注意以下几点:环境为人提供多种发展的可能性,也有一定的限制性;环境对人的发展的作用的大小与环境本身的性质有关,也与个体发展水平有关;环境中不同的构成成分,对人的发展的不同方面及人的发展的不同时期影响的大小也不同;随着主体发展水平的变化,主体与环境的关系也是不同的;人的独立性、自主性越低,受环境的被动影响越大,反之,人的独立性、自主性越高,受环境的被动影响越小,越能利用环境中的积极因素,控制消极因素,为自己的发展创造条件。

(三)学校教育在人的发展中的主导作用

就广义而言,学校教育也属于环境因素。但与环境中的自发影响因素相比,学校教育,在年轻一代的发展中起着主导作用,同时又呈现出特殊性。主要表现在:①学校教育是由承担教育责任的教师与接受学校教育的学生共同参与和进行的,这是学校教育活动主体的特殊性;②学校教育的环境在很大程度上具有人为性,它是有意识地提供的活动,其最大的特点是弥漫着科学、文化和道德规范的气息,而且是经过精心设计和安排的,这构成了学校教育环境的特殊性;③从个体活动的角度看,学校中的个体活动与其他社会活动的区别,在于它是他人为影响学生成长而精心设计的,是在教师指导下进行的,活动结果还要进行符合目的的检查和评价,这是一种以影响个体的身心发展为直接目的的特殊活动。所以,这里把学校教育在人的发展中的作用单列出来进行阐述。

学校教育在影响人的发展上具有独特功能,主要有以下几个方面。[1]

---

[1] 叶澜.新编教育学教程.上海:华东师范大学出版社,1991:101-103.

1. 学校教育是一种有目的的培养人的活动,它规定着个体的发展方向

教育,不管是有组织的或是无组织的,系统的或是零碎的,家庭的或是学校的、社会的,都是培养人的活动。而就学校教育来说,它是以影响人的发展为直接目的的活动。同时,环境中的自发影响是比较复杂的,方向不一,有好的影响,也有坏的影响,它不能一致地按照一定的方向去影响人,因而不能决定人的发展方向。而学校教育能排除和控制一些不良因素的影响,给人以更多的正面教育,使人按照一定的方向发展,使年轻一代健康地成长。

2. 学校教育具有加速个体发展的功能

在日常生活和工作实践中,个体的身心同样会有发展。学校的作用在于尽可能地加速这一变化的速度。苏联心理学家维果茨基提出"最近发展区"概念,他认为,教学对儿童的发展能起主导和促进作用,但为此应该确定儿童两种发展水平:一种是已经达到的水平,表现为儿童能独立解决智力任务;另一种是儿童可能达到的发展水平,表现为儿童还不能独立地解决任务,但在成人的帮助下,可以解决这些任务。这两种水平的差距就是"最近发展区"。学校教育具有专人指导和集体活动这两方面的条件,因此,只要目标和方法得当,学校教育就可以加速个体的发展。

3. 学校教育对于个体发展不仅具有即时价值,而且具有延时价值

学校教育的内容都是经过精心选择和编排的,大部分内容具有普遍性和基础性,因而对个体今后的进一步学习和发展具有长远的价值。此外,学校教育帮助个体建立起自我需求、自我意识和自我教育的能力,这对于个体以后的发展更具有深远意义。

4. 学校教育具有开发个体特殊才能和发展个性的功能

在开发特殊才能方面,普通学校教育内容的多面性和学生集体表现才能的差异性,有助于个体特殊才能的被发现;而专门学校对这些才能的发展、成熟则具有重要作用。在学生的个性发展方面,学校教育工作者要善于发现学生的独特性,尊重学生的个性,并有意识地

为学生个性发展创造各种机会和条件,指导学生个性的健康发展。学校中的集体组织也可以为学生个性的发展提供良好的土壤和氛围。

要指出的是,以上学校教育对人的发展的作用的实现是有条件的,包括社会条件和学校教育内部条件,以及学生主体的积极参与,等等。只有当学校按照人的发展规律处理学校教育与个体发展的关系,当学校教育有能力协调各种影响个体发展的力量,使其产生正向的合力时,学校教育的个体发展功能才会比较充分地得以实现。所以,学校教育是影响人发展的特殊环境和特殊活动,能否起主导作用,取决于它本身的水平,也取决于它与环境、活动的协调与否,不能绝对化。

在理解学校教育对人的发展的主导作用时,必须把握以下几点。

(1)"主导"主要表现为帮助受教育者选择合适的发展方向(对发展方向进行引导,帮助个体对发展的多种可能性做出判断和价值选择)。

(2)"主导"作用的深层含义在于学校教育应为人的终身发展奠定基础,为学生离开学校后的长远发展创造条件。

(3)学校教育对人的发展的主导作用发挥的基本条件有如下几点。

第一,教育目标应符合社会发展的总方向,学校教育环境能与社会大环境保持正向一致。

第二,与影响人发展的其他因素相协调。学校教育要与社会、家庭教育在对受教育者的要求上方向一致。从积极方面来说,学校教育要有效地利用学校周围及相关其他环境因素的积极作用,尤其是利用能对学校教育起补充作用的因素;从消极角度看,当社会条件不利于学生健康发展的时候,学校应保持自身教育环境的独立性,增强学校教育影响的积极性、免疫力,以有效抵御其他环境中的消极作用。当学校教育的力量不足以抵御其他因素对学生的消极影响时,学校教育对人的发展的主导作用,就难以实现。

第三,学校教育的内环境,不仅要为人的发展提供物质条件,而且要通过精心设计的而且有利于主体发展的各种活动,来影响、促进受教育者的发展。

第四,学校教育应把培养受教育者的自我教育和自我控制能力以及识别、控制利用环境的能力作为根本任务,并贯彻到学校教育活动中去,以从根本意义上保证教育对人发展的主导作用。

第五,学校教育要适应人的身心发展规律。

三、教育的个体功能

以上着重分析了学校教育在人的发展中的独特功能。从广泛意义上看,教育的个体功能可以概括为两个方面。

1. 教育的个体社会化功能

社会化是指个体适应社会的要求,在与社会的交互作用过程中,通过学习和内化社会文化而胜任社会所期待的角色,由一个自然人而转化为社会人的过程。具体来说,主要有以下几个方面:①传递社会价值观,指导生活目标;②传授系统的科学文化知识,使青年一代获得社会生活的基本技能;③教导社会规范,训练社会行为;④培养社会角色。总之,教育所培养的人,最终是社会的人,即要承担一定的社会职能,履行一定的社会角色,并掌握一定的社会知识、技能和规范,从根本上说,是使受教育者学会适应社会。从这个意义上说,教育就是一种社会工具,从教育的对象上来看,教育所要培养的人,是符合社会要求的人,即承担一定社会角色,担负一定社会职能,并且也掌握一定社会知识、技能和规范的人。

2. 教育的个体个性化功能

教育的个体社会化功能,是使受教育者学会适应社会,这从总体上说,是一种求同的过程。如果教育的个体功能仅限于此,可能抑制个体的自主性与创造性,造成个体对社会的消极适应。因此,教育还应促进人的个性发展,引导个体在对社会适应与继承的同时,积极对社会进行改造和创新,不断超越自我和社会的现状,追求社会及个人向更高层次发展。具体来说,是要培养个体的自主性、独立性;培养个体的差异性、独特性;培养个体的创造性;等等。这个过程是尊重个体差异的求异过程。在这一过程中,个体不是必须把学习社会文化作为唯一的目标,不是单纯适应社会,而是以适应基础上的发展与创新为目标,其核心是发展自主性和创造性。

教育个体社会化与教育个体个性化是统一的过程,两者是教育发展过程中的两个方向,相互作用,相互促进;社会化是个性化的基础,个性化是更高层次的社会化。社会化总是个体的社会化,体现在个体身上必然各有特点;而个性化又是个体在社会化的过程中完成的,是个体社会属性的个性化。

教育个体社会化与教育个体个性化这两方面的功能对个体和社会都有重要的意义。就个体而言,教育的个体社会化功能,旨在保证个体为社会所接受、所认同,而教育的个体个性化则是在社会化基础上谋求个体的高层次的自由和谐发展;就社会而言,教育的个体社会化的意义在于社会的稳定和延续,而教育的个体个性化的意义在于社会改革和创新。进一步说,社会化强调的是求同——继承;个性化着重的是求异——创新;就着眼点而言,社会化的着眼点是人类文化的衔接、承递,从而代代相传;个性化的着眼点是人类文化的改造、创新,从而弘扬精华。只强调社会化排斥个性化,容易造成个体对社会的消极适应,造成对个体自主性与创造性的压抑,而使社会创新机制匮乏。

◆ **思考与争鸣**

1. 教育对人的发展功能受到社会政治、经济、文化等因素的制约(受教育的社会功能制约),这些社会因素(社会功能)制约着教育培养人的方向、性质,也为教育对人的发展功能的释放提供社会条件,因此,不能撇开社会关系、社会实践谈人的发展,也不能离开社会关系、社会实践空谈教育对人的发展功能。

2. 教育对人的发展功能是教育社会功能形成与释放的基础,就是说,教育的社会功能,其形成与发挥必须通过培养社会所需要的人来实现。教育具有经济功能、文化功能、政治功能等,但教育并非等同于经济活动、政治活动、文化活动。社会的经济活动、政治活动、文化活动的主体是人,教育的社会功能必须通过培养作为这些主体活动的人来实现,即按一定的社会要求,造就有一定知识、能力、品德的社会成员,这些成员参加社会政治、经济、文化活动,由此发挥教育的社会功能。如,通过教育传递科学文化知识,使劳动者把科学知识转化成现实生产力,推动经济发展,从而使得教育的经济功能得到发挥;通过教育传授一定的政治思想意识,使受教育者认同并维护一定的政治制度、政治规范,从而使教育的政治功能得到体现;通过教育传递文化知识,使文化以人为载体,得以继承发展,发挥教育的文化功能;等等。

第四节 教育的价值[①]

一、价值及教育价值的内涵

(一)"价值"的含义

哲学界一般将价值理解为:它是现实的人同满足其某种需要的客体属性之间的一种关系。价值同人的需要有关,但它不是由人的需要决定的。价值有其客观基础,这种客观基础就是物质的、精神的现象所固有的属性。但价值又不单纯是这种属性的反应,而是标志着这种属性对于个人、阶级和社会的意义,即满足人们对某种属性的需要,成为人们的兴趣、目的所追求的对象。所以,价值是客观属性的人化、主体化,又是主体需要的对象化、客体化。价值不是反映实在对象的客观属性的范畴,即不同于物质、运动、静止、时间、空间等物质属性的范畴,而是反映主体与客体之间的关系。

(二)教育价值的含义

教育价值就是教育对人与社会的功效。在理解教育价值时要注意把握以下几点。

(1)教育价值依赖于并取决于它本身固有的属性。如,教育具

[①] 孙喜亭.教育原理.北京:北京师范大学出版社,1993:132-138.

有一定的功能,这是教育本身的属性。

(2) 教育具有价值,不仅是由教育的功能或者作用显示出来的,而且还是由这种功能或者作用满足个人和社会一定的需要显示出来的。正是这种需要构成了教育存在和发展的基础,也才使教育有了它的价值。

(3) 教育的价值表明一种社会关系,即教育活动这一实体与人和社会需要之间的关系。单从教育实体来说,它是一个认识范畴,只说明它是一种什么样的活动,这还不是价值范畴;只有这种实体活动与人、社会的需要发生关系,能满足主体的某种需要时,才谈得上是教育的价值。一方面,教育价值离不开教育的实际职能,实际职能是教育价值的承担者、载体;另一方面,教育价值始终离不开人和社会的需要,只有能满足人和社会的需要时,才能谈得上它的价值。教育价值是教育活动的实体在满足人和社会的需要中产生的,是教育与人、社会的一种特殊关系。

教育具有多种社会职能、社会功能,人和社会又有多种需要,所以,教育与人们需要之间的价值关系具有多样性,出现了多种类型的价值关系:伦理性的、政治型的、人格型的,文化型的;教育因满足社会的伦理的、政治的、经济的、文化的需要而出现了教育的道德价值、政治价值、经济价值,文化价值等。反过来说,这些不同的教育价值,表明了在历史过程中的不同时期、不同阶段人们对教育的需要。

(三) 教育价值观

价值是客体与主体之间的实践关系,价值评价则是这种关系在意识中的反映,它受社会的、阶级的及个体文化等的制约。如,一种特定形态的教育,在不同人来看,有积极的或消极的不同的评价。人们从不同角度出发,对教育作出有无价值、价值大小的判断,就形成不同的教育价值观。

不同的价值取向或者价值观,对教育实践的发展有直接的影响,在一定时期内,它可以驱使教育向着一定的方向发展。甚至在特定意义上可以说,人们按一定的教育价值取向,通过主体的能动作用,可以创造出具有特定价值模式的教育。

人们要教育发挥它的什么功效,要新生一代朝着什么方向发展,即创造什么类型的教育和培养什么类型的人,这些教育的根本问题,无不受教育价值观的制约,所以教育价值与价值观,是教育事业的核心,是教育工作的出发点和落脚点。

影响人们价值取向的因素主要有三方面:一是取决于人们对客观事物的认识的正确性与程度;二是取决于人们对自己的需求;三是取决于客观事物满足自己需要的条件。如果主体没有正确认识客观事物对自己有什么功效,就构不成价值取向;如果主体没有认识某一事物对自己的真正利益,也难以形成价值取向;如果主体没有实现自己价值取向的条件,也难以实现自己所追求的价值。特别是从教育的宏观属性来说,决策者的价值观能否历史地、客观地反映社会的存在,直接关系着教育事业的成败。所以,在教育问题上求真知很不容易,因为影响教育发展的因素很多很复杂;认识教育的价值更不容易,因为教育的社会功效具有潜在性、长期性、多元性等。如果囿于眼前的功利或者追逐狭隘的功利,往往会导致教育决策的失误。

二、教育价值观的合理取向

(一) 教育价值观的不同出发点

从教育价值观的角度进行分析,无论在教育史上,还是在当代教育改革中,有两种十分明确而又对立的出发点。一是从人的完善和发展来评价教育价值;一是从社会需要来评论教育价值。两种不同的教育观,导致教育目的、内容、原则和方法上的对立。在古希腊,一些哲学家认为人是理性的动物,从而把教育看成是实现人的本质规定和使人和谐发展的有效手段。到了中世纪,教会认为,人的本性具有灵魂和躯体的双重性,人生来是有罪的,必须皈依上帝以得到灵魂的救赎,由此出发,教育的功能与价值也在于拯救灵魂。文艺复兴时期,在对中世纪反叛的过程中,人文主义教育家认为教育的价值,在于使人的天赋能力得到全面和谐发展。

从教育发展的历史来看,任何历史时期,人们并不只是从抽象的完人出发来确立教育的价值的。无论是在古希腊,还是在中世纪、文艺复兴时期等,教育所培养的人都是一定历史条件下社会所要求的人。所以,具有社会制约性是教育发展的普遍规律,也是衡量教育价值的尺度,只有那些符合社会发展并推动社会发展的教育,才能谈得上真正有价值。那些违背历史发展,只能满足一时一事或者一些人需要的教育,就不能算是真正有价值的教育。

因为教育有多种功能,人及社会对教育的需求也是多方面的,所以,教育的价值呈现出多元化的倾向。在历史发展的不同时期,为了解决一定时期社会发展中的主要矛盾,对教育功能及价值强调的侧重点可以有所不同,但是应当明确的是:强调教育的某一种功能或价值时不能忽视教育的其他功能或价值,更不意味着这种功能或价值可以孤立地得以实现;以一种职能代替多种职能,简单化,必然导致教育的失败。比如,如果把教育价值仅仅看作是劳动力的教育,仅仅追求它的经济功能,那就窄化了教育的价值,那就仅仅是工具的教育,而不是完整的人的教育。

学校教育以人为对象,其固有职能是促进个体的发展。当学校教育向某种工具职能片面倾斜时,事实上就造就"政治动物"或者"经济动物",或者以其他形式片面发展的人,这意味着学校教育"忘记了"它的对象。

学校的固有职能与工具职能有联系,但差别很大,一定程度上反映了个人利益与社会利益的对立与差别。因此,我国的教育价值取向应当是"复合型"的。我国不同时期的教育方针中所强调的"全面发展""多出人才"与"出好人才",培养"建设者"与"接班人",等等,都体现出我们在教育价值取向上日益注重学校职能的全面性。

三、当代教育功能与价值研究的若干特点与趋势

(一)当代教育功能与价值研究的若干特点

20世纪以来,世界政治、经济、文化、科技等发生巨大变化,一方面,理论和学科的丰富,为研究教育的功能和价值提供了新的方法和出发点;另一方面,理论和学科的纷杂,又使人们难于根据一种学说或者理论来从总体上把握当代教育的功能和价值。正因为如此,关

于教育功能和价值的研究也就五彩纷呈。一是教育哲学派。教育哲学派从哲学的角度来探讨教育的功能和价值。如,永恒主义学派认为,教育最大的价值在于探索和传授真理,教育的功能在于发展学生的理智;要素主义学派则认为教育的功能与价值在于向学生传递人类文化的基本要素;还有实用主义、进步主义等,也以自己的哲学立场分析教育的功能和价值。二是教育经济学派。教育经济学派从经济学的角度来研究教育的功能和价值。三是教育社会学派。教育社会学派从社会的角度来研究教育的功能和价值。当代关于教育功能与价值的研究呈现出以下特点。

1. 多层次和多方位展开研究

以往教育学多注意研究教育的政治、经济、文化和促进人的发展的功能与价值,而当代教育学界的研究已扩大到教育与国际交流、教育与未来、教育与人口、教育与就业、教育与种族等领域。而且,当代学者还注意到,不同种类和层次的教育,如职业教育、专业教育、普通教育等,其功能和价值也有所不同,应分别进行研究。这种多层次、多方位的研究,为人们从整体上认识和把握教育的功能和价值提供了资源与指导。

2. 向高度分化的方向发展

当代教育功能及价值的研究已经随着学科或科学的分化而分化,被多种学科所涉及。如,教育的政治功能、经济功能、文化功能、个体功能等,分别被政治学、经济学、人类学、人口学等所展开研究。这种高度分化的研究,一方面为研究带来了结论的精细化、深化;另一方面,由于缺少整体上的把握,难免出现偏颇。对此,应当在综合研究教育的诸种功能的前提下研究某一功能,并研究该功能实现的制约性和功能间的制约性因素。如,第二次世界大战后,对教育经济功能的研究比较深入,提出教育投资的经济效益。在这一理论指导下,西方一些发达国家对教育作了大量的投入,但由于对教育其他功能有所忽视,并没有取得期望的效果。

3. 与教育实践及时代的发展紧密相连

随着时代的发展,教育领域内新的现象、新的问题不断涌现,客观上要求对教育功能与价值的研究必须开拓新的领域。比如,近年来,关于开放教育、回归教育、终身教育、国际教育等价值与功能的研究,就反映了这一特点。

4. 论争激烈,流派纷呈

教育功能与价值的研究在当代出现论争激烈、流派纷呈的局面。这说明:教育功能与价值方面诸多重大问题还没有得到科学的解决,需要进一步研究与验证;时代及教育实践发展的速度较快,仅仅从某一角度某一方面来研究教育的功能与价值必然会带来某种局限性。所以,多方论争、百家争鸣,论争激烈、流派纷呈的局面,必然会深化教育功能与价值的研究,也为更高层次上的综合研究提供了基础。

5. 不断采用新的理论和方法

新的理论和学科的不断出现,使当代对教育功能与价值的研究不断采用新的理论和方法,如以控制论、信息论、系统论的"三论"来研究教育。随着"三论"的突破与发展,协调学、突变说、耗散论这"新三论",也被用于教育理论研究中。

(二) 当代教育功能及价值研究的趋势

1. 在高度分化的基础上开始新的综合

在对教育功能及价值的研究日趋分化的情况下,为避免偏颇,今后将会注意多种理论之间的协作、通融;在丰富的理论背景的基础上,在更高层次上整体把握教育的功能及价值。

2. 研究的热点将有所转移

以往对教育功能及价值的研究重点集中在学校教育,而且多集中在教育的政治、经济、文化等功能的研究上。今后,将有可能更多转到以下方面:对终身教育、回归教育、开放教育、家庭教育、老年教育等新型教育的功能与价值进行研究;如何看待和评价发展中国家的教育功能及价值(过去集中在发达国家);如何评价教育在促进人格发展、国际文化交流及保护和改善生态环境方面的功能及价值;等等。

总之,对教育功能与价值的研究将日益面向时代要求,面向新型的教育。

第五节　我国教育社会功能(价值)的摇摆现象[①]

新中国成立以来,我们在教育理论研究与教育的实践取向上一直存在着"摇摆"现象,最突出地表现在对教育功能与价值的研究与取向上。特别是在教育社会功能的理论研究与实践取向上,我们在教育的政治功能与经济功能两者之间"左摇右摆"。

一、教育社会功能(价值)摇摆的表现

(一) 正常摇摆与非正常摇摆

所谓非正常摇摆,是指在教育的两种取向上,从价值的一端跳到另一端,片面强调某一方面的价值而漠视其他,结果给教育事业的发展带来了巨大危害,也给国家的发展造成很大的障碍,这是非正常摇摆或是破坏性摇摆。

所谓正常摇摆,是指在教育的价值取向上,依据社会现实发展需求,在保留原有发展根基的基础上,充分重视另一方面价值的作用,实现统一之中的偏移、转向。它虽是摇摆,却是符合社会发展要求的,能产生功能性效应,这称为功能性摇摆或正常摇摆。

功能性摇摆在发展模式上是渐进式的,是在对价值的取向上,在坚持几种价值都有不可取代的作用的基础上,对某种价值的偏移性转向。破坏性的摇摆在发展模式上是突变跳跃式的,在价值取向上是单一的,强调某一方向的价值,同时完全漠视或否定其他方面的价值。

(二) 我国教育功能(价值)的摇摆现象

新中国成立以来教育功能(价值)的摇摆表现在以下方面。

1. 1949 年—1956 年,教育的政治功能突出

新中国成立之初,建设新中国的蓬勃热情和巩固新的政治制度

[①] 本节内容参见扈中平、陈东升《中国基础教育两难问题》,湖南教育出版社,1995年版。

的坚定决心与落后的经济水平之间存在着尖锐的矛盾与反差。教育究竟是优先发展受教育者的政治水平和能力,还是优先发展他们的经济生产能力,这个选择的困境,不可避免地等待着人们回答。1949年《中华人民共和国共同纲领》将教育的政治功能与经济功能并存,没有明显的偏向,但在实际贯彻中,教育的政治功能变得十分突出,其理由主要有三点。第一,当时教育面临的迫切任务是改造旧社会,尽快建立适合中国国情的新民主主义的教育体制,培养有共产主义信仰的人才。这必须以新中国成立前的老解放区的教育为基础。而老解放区的教育,由于革命战争的特殊性和主要在农村环境中进行,多是以短期政治训练为主的干部教育,政治色彩较浓。第二,新中国成立初,我们确立了为工农服务的教育方针,打破了旧社会剥削阶级对教育的垄断,为夺取政权的工农群众谋取到了平等的开放的受教育的机会,这也有浓厚的政治色彩。第三,由于中国是新生的社会主义国家,因而面临资本主义势力的重重包围,必须尽快使新生一代确立正确的政治信仰,维护中华人民共和国的利益。

在上述因素的作用下,教育的政治功能明显突出了,再加上学习苏联教育,排斥西方教育,教育的政治功能进一步得到强化。

2. 1956年—1958年,教育与经济短暂的联姻

1956年,我国社会主义改造基本完成,严峻的经济建设的任务摆在人们面前,教育为生产建设服务的思想受到人们普遍的重视,教育的经济功能受到关注。中央分析认为社会主义改造基本完成,国内的主要矛盾不再是工人阶级同资产阶级的矛盾,而是人们日益增长的物质文化的需要同落后的社会生产之间的矛盾,提出"向科学进军"的口号。

3. 1957年—1960年,教育政治化突出

1956年,欧洲爆发匈牙利事件,这场风波也影响到中国,国内出现少数学生游行的事件。随后,毛泽东同志发表了《关于正确处理人民内部矛盾的问题》的讲话,把此期国内的主要矛盾依然看成阶级之间的政治斗争。1957年,毛泽东代表党中央确立了培养"劳动者"的教育方针,1958年又提出"教育必须为无产阶级政治服务,必须同生

产劳动相结合",突出教育的政治功能。特别是在"整风""反右""教育大跃进""学术大批判"等一系列的政治活动中,教育政治化得到了鲜明体现。

4. 1960年—1965年,教育的经济功能再次受到关注

20世纪50年代末教育大跃进使得教育事业遭受了空前破坏。为此,60年代初,中共在调整国民经济的同时,对教育事业进行了调整,制定大中小学工作条例"150条",注重教育为生产培养人才的经济功能。

5. 1965年—1976年,教育政治化再度极端化

1963年,"社会主义教育运动"的开展使各种政治运动兴起。到1966年爆发的"文革",教育政治化达到了丧失理智的地步。

6. 1976—1985年,教育与经济的联盟

党的十一届三中全会提出了"实践是检验真理的标准",并确立了经济建设是我国的战略重点,提出"教育必须同国民经济发展的要求相适应";1980年以后,在关于教育本质问题的论争中,有学者提出"教育是生产力";1985年中共中央《关于教育体制改革的决定》,又提出教育改革的根本目的在于"多出人才,出号人才";等等。所有这一切,使得教育的经济功能受到重视。

7. 1986年—1992年,在特殊背景下突出教育的政治功能

20世纪80年代中期以后,资产阶级自由化影响着人们的思想,西方的"和平演变"对我国进行着渗透。在这种情况下,邓小平号召"坚持四项基本原则",强调思想政治教育,教育的政治功能一度突出。

8. 1992年—当今,教育是经济发展的基础和关键

1992年,邓小平南方谈话,加强了人们对教育经济功能的认识,1993年《中国教育改革和发展纲领》提出"教育必须为社会主义现代化建设服务,必须同生产劳动相结合,培养全面发展的建设者和接班人"。在教育的政治功能和经济功能的取向上,提出把"坚定政治方向摆在首位"的同时,充分发挥教育的经济功能。

综上所述,新中国成立初至1956年以前,突出教育的政治功能

是必要的；1956年以后，随着社会主义改造的基本完成，突出教育的经济功能也是正常的；1958年前后，教育向政治功能转化，这是一次破坏性摇摆；20世纪60年代初教育向经济功能转化也是正常的；"文革"时期教育极端政治化是破坏性摇摆；"文革"结束后，教育被列为经济发展的战略重点之一，教育经济功能突出，这也是正常摇摆。20世纪90年代后，我们更多关注教育政治与经济功能的内在统一与结合。

二、教育功能摇摆的原因

（一）教育功能摇摆的理论基础——教育中两难问题的存在

教育两难问题，是指造成教育理论和政策抉择中的两难困境，并在一定条件下带来教育实践中的摇摆动荡的那些并列、对立、但又具有同等程度的合理性和局限性的成对的范畴。如：教育的政治功能与经济功能；理论培养与实践培养；大众教育与英才教育；集权管理与分权管理；教师权威与学生自主；等等。如果硬要找出范畴中的一方确立为教育发展的唯一正确模式，不顾对立双方的统一性、互补性，实践中的教育就难免左摇右摆，进退两难。

（二）社会现实需要及冲突对教育产生强有力的制约

社会对教育的现实需要是多方面的，其中最有影响的当推政治需要和经济需要，社会每一次政治需要或经济需要的变化，及它们之间的相互冲突，都给教育带来极大的震动。这突出表现在教育在重视政治功能还是经济功能的两难问题的摇摆上。

新中国成立初期，重建新的政治信仰，维护新生政权的巩固，成为社会的政治需求，教育自然十分重视其政治功能，努力培养革命事业的接班人。

1953年，我国开始执行发展国民经济的第一个五年计划，1956年社会主义三大改造完成，国内主要矛盾发生变化，相应地，教育培养现代化建设需要的人才这一作用突显出来。但是1957年之后，毛泽东对形势作了过于严重的估计，突出了阶级斗争，教育走向了政治化；60年代，"文革"时期教育极端政治化。"文革"结束后，我国进入现代化建设时期,突出教育的经济功能,教育被列为经济发展的战略点。1986年以后出现"资产阶级自由化"等,我们再次强调教育的政治功能。而当政局稳定后,经济建设又受到重视,尤其是小平同志南方谈话后,教育的经济功能突显出来。

1993年后,《中国教育改革和发展的纲要》提出了在坚持坚定正确的政治方向的前提下,充分发挥教育的经济功能。这是从反思中认识到政治与经济的二元统一性。

(三)教育的相对独立性的极端缺乏

教育虽然受社会政治经济的制约,但其自身应有相对的独立性。

教育的相对的独立性表现为教育有继承性、开放性。教育与当前的社会发展、政治经济并非完全同步。否认教育的这种独立性,教育就失去了发展的根基,就会紧跟政治潮流和时代潮流而随波逐流。

教育的相对独立性还表现为教育对政治经济的反作用。在强调政治、经济对教育的决定作用时,否认或者漠视教育对政治、经济的反作用,便会使教育只是一味迎合政治形势和社会需要。

教育的相对独立性更突出地表现为,教育作为一种培养人的社会活动,有自身的规律与特点。不顾教育自身规律的存在,用抓政治、经济的办法来抓教育,用经验取代规律,用领袖言论代替教育理论,都会给教育发展带来损失。

三、超越教育功能摇摆的方法论思考

(一)如何认识教育的"两难"问题

在特定的历史时期和特定条件下,一个国家或社会,都有自己的工作重点,相应地,教育就必须有与之相适应的功能性的摇摆取向。但这种摇摆是在统一基础上的摇摆和偏移,教育的功能是综合性的、多方向的,并且是相互联系、相互制约与相互渗透的。

以教育的政治功能与经济功能的关系来看,政治与经济存在着二元对立性,不能相互替代,但对立中又有统一性和互补性:政治的本质规定是对国家事务的管理,经济的本质规定是社会事务活动。社会事务是国家事务的一部分,并体现着国家事务的性质;而国家事

务又须以社会事务为基础,社会事务的好坏直接影响国家事务管理的成败。经济基础必然形成特定形态的政治,一旦经济形式发生了改变,政治形式也必然随之被更替,而一定的政治形式确立后,就必须发展适合这种政治形式的经济,作为政治稳定发展的基础。由此可知,政治和经济具有统一互补性。

教育政治功能与经济功能各有其规定性和侧重点:教育的政治功能是指教育对新一代传播符合社会政治要求的社会思想和意识形态,为社会培养符合一定标准的政治人才,并传授维护一定社会利益的某种信仰与态度等。教育经济职能是指教育对新一代传授生产知识和生产技能,使他们能够参与社会经济生产。教育的政治功能与经济功能有着紧密的联系:教育的政治功能有经济的意义,而教育的经济功能也有政治的意义,两者相互依赖,一方功能发挥的程度、发挥的性质等,都不可避免地给另一方带来深刻的影响。

总之,在决策教育两难问题时,要坚持在动态中求平衡、求结合的原则。偏移是在统一基础上的偏移,统一又是在偏移之中的统一,而不是从"两极"中的一级陡然跳到另一极。

(二)树立教育功能的系统观

教育功能与价值是相互联系、相互制约与相互渗透的。在社会发展的不同时期,根据社会现实的需要,我们可以在教育功能或价值的发挥上有所侧重。但是,任何时候,我们都必须认识到,教育是一个多功能的统一体,不能以其一端或者一个方面而漠视或掩盖其他。

(三)加强教育的主体选择功能和批判功能

教育发挥社会职能,适应社会需求,不能没有自己的主体判断和选择。教育应主动适应与面对社会的合理需求,而对消极、落后的要求,要加以批判和排斥。进一步说,所谓教育对社会的批判选择,关键是教育对社会提出的要求必须进行理性分析,适应正确积极的方面,拒绝错误、消极的方面。应该看到,社会的方方面面对教育提出的要求是极其复杂的,往往是正确的与错误的、积极的与消极的混杂在一起。教育在面对这些要求时,就应该发挥自身的主体性,对其进行理性的分析,有选择地而不是盲目地接受社会的要求。

从上文的分析可知,教育曾一度缺乏应有的相对独立性,受社会需要的单向制约,一味顺从社会的现实需要,随社会变化而随波逐流,这必然导致教育在取向上左摇右摆。

教育是受社会制约的,但有其反作用,教育是项智力高度密集的"产业",从事的是人的再生产的活动。教育通过自身的活动塑造社会主体——人,能批判与引导社会发展。

发挥教育的选择与批判功能,还要求教育真正成为社会与人的中介,充分反映各种社会因素的要求,而不是忽而"左"忽而"右"。发挥教育的选择与批判功能,还要求教育能够在对社会适应的基础上,通过对社会现状的客观分析和对自身发展状况的洞察,一方面作为一个社会子系统参与社会决策,另一方面通过所培养的人而影响社会的发展。

◆ **思考与争鸣**

张胜勇在其《反思与构建》一书中,从教育活动本质和教育实践的内在构成出发,把教育活动看成是物质与精神、事实与价值、理智与情感、现实与理想、外求与内省、世俗与神圣、功利与审美等对立范畴的辩证统一体,并认为只有当教育能在这些对立范畴的两极间保持张力并将之协调在一起时,教育活动才是完整的,才获得了健康的生命力。而且,这种生命力的核心应设定在对立范畴中的精神的、人文的、意义的这一层面上。有了这样的核心,教育活动的各个层面才能凝结为一个整体,教育活动才能成为一种有价值的社会实践;有了这样的核心,才能深刻地、完整地理解教育及教育实践,而不是在教育内部对立范畴的两端之间作一种"没有定见的摇摆"。

第六节　教育对社会及个体发展的适应与超越[①]

一、正确把握教育与社会的关系

（一）"适应"——教育的应尽之责

从教育的起源来看，教育产生于个体在社会中生存的需要和社会延续发展的需要。个体的生存与发展是在社会条件下的生存与发展，其根本要求，首先是求得与社会的适应，能成为社会中合格的成员。因此，每一辈的人，都必须接受人类积累的生存经验和生活经验，这样才能适应当时的社会状况，才能参与生产和社会生活，也才能在前人已有的水平上创造和发展，而教育就是应这种传递生存经验和社会生活经验的需要而产生的。所以，为社会生产服务、为社会生活服务，正是教育要承担的社会职能。教育从其开始之时便是具有社会性的和为了社会的活动，作为一种社会因素，教育与其他社会因素之间便有着相互影响、相互制约的关系。社会的政治、经济、文化等作为一种现实的力量，必然会对教育的现状及发展起一种规范制约作用，现实的各种社会因素都会在教育的各种因素中得以渗透和体现。从这个意义上说，教育具有"先天"的依附性，无论其怎样发展，总也割舍不了它与社会发展的本质联系，其运行的规律也必然受制于社会发展的规律。因此，教育必须适应社会政治、经济、文化等多方面的需要，发挥其服务社会的工具职能。并且，随着社会的发展和社会对教育依赖性的增强，教育的这种适应社会生产和社会生活的职能表现得更加强烈而充分。从新中国成立以来教育发展的轨迹看，教育上的每一次"偏向"或"转移"都有深刻的社会政治、经济和文化背景。如，新中国成立之初，维护新生的政权、坚定年轻一代的政治信仰是当时国家面临的迫切任务，教育在其发展取向上也就突

[①] 本节内容参考尹艳秋《必要的乌托邦:教育理想的历史考察与建构》，福建教育出版社，2004年版。

出地表现为为满足这一需要发挥其功能;在"以阶级斗争为纲"的岁月里,教育也成为"为阶级斗争服务"的工具;"文革"结束后,经济建设被列为全党全国的首要任务,教育也因被作为经济发展的战略重点而受到人们普遍的关注。由此而知,任何时代、任何时期,社会的需要,尤其是主导需要,无不对教育产生强有力的制约,教育也就表现出了适应性的一面。

(二)"超越"——教育主体性的体现

应承认社会政治、经济等因素对教育的制约作用,但不能将之教条化和凝固化。教育虽然是一种社会活动,却又不同于其他的社会活动,它是以影响人的身心发展为直接目的的活动,其主体和对象都是人,这使得教育活动有着强烈的人文性、自主性或独立性。教育与其他社会活动的不同在于:教育不是把人作为实现某种目的的工具来培养,人就是教育的目的,是教育的根本。培养人——培养不是被动地附属于任何政党、任何团体的自主的本体意义上的人,始终是教育的理想追求。所以,人类社会之所以需要教育,不只是为了社会生产的延续和发展,不只是为了社会政治、经济、文化的延续和发展,还因为每个人本身也需要发展;教育不仅为人的劳动能力和社会生活水平的提高发挥价值,教育还要为人的生活的美好做贡献。唯有教育才把培养人性的真、善、美作为自己的信念和追求,才把造就理想的人、理想的人性作为自己的目的。这正是教育独特的一面,也是教育神圣与崇高的一面。"教育虽然与社会之间有着密切的联系,但是教育又有相对独立性。造成这种相对独立性的原因首先是教育有自己的特殊对象——人。"[1]因此,"教育与社会的联系并非只是直接的、简单的吻合,而是需要一定的转化机制,在发展时间上两者不完全同步,存在着一定的时间差,在表现形式上也有独特性。因此,不能要求教育直接、全部、即时对社会的变迁作出反应,何况,教育尚需对社会的变迁进行过滤"[2]。从这个意义上来说,只有社会各系统对

---

[1] 叶澜.教育概论.北京:人民教育出版社,1991:99.
[2] 叶澜.教育概论.北京:人民教育出版社,1991:98.

教育的要求被人们意识到,并恰当地转化为教育本身的要求、内化为教育的要素,教育的功能才能得以实现。所以,教育能否为社会服务、发挥其工具作用,关键在于社会各系统对教育的要求能否转化为教育的"应然"。如果不顾教育自身的特点,无视教育自身的相对独立性,将社会某一活动的内容、要求、方式直接搬到教育领域中来,从经济活动、政治活动等规律和特点出发来指挥教育,并强调"即时"的效应,则不仅达不到教育为社会服务的目的,而且会使教育本身和社会发展受到损害。因此,面对社会政治、经济、文化等对教育提出的种种要求,教育应当有自己的主体意识。一方面,要能适应社会的合理要求,同时要能批判和拒绝不合理的要求;另一方面,教育还应勇敢地担当起引导社会发展的重任,成为理想社会能动的建构者。蔡元培就说过:"教育指导社会,而非随逐社会也。"而且,教育走向现代也由"更多地为继承、传递、保存过去转向更多地为变革现实及未来社会的发展创造条件"[①]。

(三) 当代社会中教育的"作为"

就教育对社会而言,我们迫切需要追问的是:在当今这个开放的,充满变化、变革的时代里,教育应该有什么样的追求呢? 从教育发展的历史来看,教育从来就是作为社会工具而存在的,它必须维护它所在社会的要求和观念。教育不能不受社会政治、经济、文化等的制约,那种脱离社会为教育而教育的观念只能是一种空想。为此,教育必须适应和满足社会现实的需求。但是,教育对社会的适应又不是被动的适应,它虽然是作为工具而存在,却又是有极高自觉性的工具,它紧密联系着社会与人、过去与未来、理想与现实,具有较强的自主性。从这个意义上说,教育对于社会又有一种超越性的关系,它与社会的其他存在,诸如政治、经济、文化等,不是一种简单的机械的依附关系,而是不同主体间的"交互主体"关系。正是从这个意义上来说,虽然教育随社会的要求而确立自己的追求,随社会变化而做出自己的调整,但教育绝不应随波逐流,绝不应只受制于来自社会或某一

---

① 叶澜.教育概论.北京:人民教育出版社,1991:98.

群体的个别的单方面的要求,而应当有自己终极的追求,有自己贯彻始终的、自我同一性的终极目标。

德国存在主义大师雅斯贝尔斯曾这样说:在教育适应社会变革时首要的是要保持对教育本质的追问,以避免过于轻率地适应眼前需要而放弃长远的责任[1],并指出:教育需要有信仰,没有信仰,就不成其为教育,而只是教育的技术而已。遗憾的是,20世纪以来,由于工具理性张扬,教育过多地适应于眼前需要,尤其是为功利性需要而漠视了教育理想,遗失了教育原本就有的凝重的历史责任感与使命感。如果说,在早期封闭的农业社会里,教育追求工具化的角色与使命还有一定的"辩护性",还理应将对社会的"适应"作为教育的重心的话,那么,在今天这样一个开放的时代里,在时代迫切要求人类的每一个成员都能同心协力、共同面对与解决社会的科技发展、和平与民主、核战危机以及环境、生态等全球性问题的背景下,"教育如果依然狭隘地只管'看护'祖宗留下的那块'田地';依然盲目地行使教化性的职责"[2],那它必然会成为社会发展的一种阻力和障碍。为此,教育在对社会的适应中,应由"工具论逻辑"转变为"主体论逻辑",要实现教育的解放,从而使其有能力有资格更加主动地关怀社会;使其有能力、有资格担负起更加神圣的社会发展使命;使其有能力、有资格由被动地受制社会转化为积极地重建社会。

◆ 思考与争鸣

从上面的论述可知,教育作为一种培养人的社会活动,不论怎么发展,都不能割裂与社会生活的千丝万缕的联系。教育为社会生产服务,为社会生活服务,这本应是教育的职能,也是赖以存在的根本。换句话说,适应社会政治、文化等多方面的需求,本应是教育的当然之义与应尽之责。

然而,现代教育在其发展中,尤其是在当今社会不断变革的情况

---

[1] 雅斯贝尔斯.什么是教育.邹述,译.上海:三联书店,1999:38.
[2] 郝永德.乌托邦——当代教育的根本品质.东北师大学报(哲社版),2001(3).

下,却又转向另一个极端,即被动地、单向度地适应社会某个方向的需要,随社会需求的变化而"随波逐流""左右摇摆",丧失了自己的独立品性和主体品格。从我国的发展来看,社会的政治、经济需要对教育的功能及价值取向产生了强有力的制约。而且,由于不同时期社会或国家发展的主要任务不同、主导需求不同,教育也随之出现价值取向的迁移或摇摆。我们曾把教育作为阶级斗争的工具,而当前,我们又希望教育能"带领我们走向共同富裕的康庄大道",教育又成了极其功利的短期的"经济行为"。凡此种种,其原因在于我们对教育与社会的关系缺乏科学的理解,把教育与社会各要素进行简单的联系,并过多地看到教育受社会制约的一面,而忽视了教育的相对独立的一面。正如有学者所言:我们常常有意无意地把教育的社会功能理解为直接参与社会目标的完成,把所要达到的结果当作教育的直接的、具体的行为,甚至用社会的具体目标完全取代教育自身的目标;我们很少给教育创造一个"相对安静"的发展环境,这使得教育常常像一个"消防队员"一样"四处出击"。

二、正确把握教育与人的发展的关系

从教育与人的身心发展的关系看,教育作为一种培养人的活动,必须适应人的身心发展的规律和特点。如人的身心发展的顺序性、阶段性、差异性及人的发展的现有水平等,都制约着教育,使教育体现出"适应"的一面。但是,教育的这种适应又不是被动的:一方面,个体发展现状制约着教育;另一方面,教育的水平又规定了人的发展所可能达到的自觉水平,这又体现出教育对个体影响的能动及超越的一面。此外,面对现实的、处于一定发展阶段的、还在继续发展中的个体,教育始终有"形成""矫正"和"弥补"三方面的任务,"只知道顺应现实个体发展水平的教育是无为的教育"[1]。所以,教育对个体而言,意味着"解放",即把人从自然的质朴性中解放出来,把人从自然欲望中解放出来,把人所蕴含的精神能量解放出来,从而使人成为

---

[1] 叶澜.教育概论.北京:人民教育出版社,1991:98.

"有教养的人",成为追求美好生活的"好人"。教育对个体的功能不只在于将社会的文化和道德观传授给受教育者,使人完成社会化过程,还在于通过对人的道德、智力、能力的培养来使人实现个体的个性化,即促进人的主体意识的发展、个性特征的发展及个体价值的实现。教育过程是一个不断提升自我的过程,是激发并张扬人的主体意识的过程。人正是通过接受教育,形成了道德观念,增进了知识能力,并能对复杂的不完美的现实有自己的理性的反思与质疑、选择与批判,从而达到能动地适应世界并创造世界的目的。同时,面对人,面对一个完整的生命实体,教育还应当帮助受教育者意识到生命的存在,并努力追求生命的价值与意义。从这个意义上说,教育载负着一种强烈的人文情怀。

教育作为对人的身心施加影响、促进人的发展的活动,有其自身相对的独立性。这使教育有着不同于生活的独特的意义。在教育的视野里,生活同样是一种教育状态,但教育并不直接包含人全部生活的全部要素。现实生活是五彩的、纷乱的,带有强烈的不确定性和偶发性,它既可以是有意义的,也可以是负面的、消极的。从这个意义上来说,教育需要适应社会的需要,适应现实生活,但同时,教育又要和社会、生活之间保持适当的距离,以保持自己独立的品性,并实现对现实生活的超越。樊浩等在其《教育伦理》中提出了"神圣教育"的命题。作者认为,"如果一种教育载负着人类关怀和终极追求而不是急功近利、好大喜功,那么这种教育就是崇高的,神圣的,这就是一种神圣教育"。这种神圣教育,是对"奴役和窒息儿童心灵的文凭主义、功利主义和国家主义等教育体系的反动",它应该有自己的"核心理念和灵魂";这种神圣教育不排斥外在功用,但更多是内敛式的,是内在心灵的培养,它"代表着社会良心,肩负着历史责任";这种神圣教育并不反对为人们提供合适的生存技能,并不反对科学教育,但它更强调的是对"智慧的热爱与追求";这种神圣教育蕴含着一种伦理精神,它唤起教育者的神圣性、崇高感,激发其责任感、信念及情感皈依意义上的献身精神。

◆ **思考与争鸣**

　　基于以上的认识,从教育对个体的作用来说,我们首先迫切需要反复追问的是:在学生适应现实生活、现实社会方面,学校教育是否已经到位了呢?

　　显而易见,让受教育者清楚地了解现实世界,认清世界的本来面目,熟悉当代世界各种生活方式与各种价值观念,这依然是当代教育的重要任务。换句话说,"适应"依然是而且也永远是教育"不容辞"的义务。教育,就其本质价值来说,就是赋予人现实的规定性,按社会要求,把教育对象培养成特定的人,以促进个体社会化。我们常说,人只有通过教育才能"成人",这里"成人"的根本含义首先就是指人通过教育求得社会的适应,成为社会的合格成员,教育由于对个体进行了文化的传递,也就能保证人的社会化。卢梭说过,"植物由栽培而生,人由于教育而成为人";又说,"我们生而软弱,因而需要力量;生而无能,因而需要他人帮助;生而无知,因而需要理性。所有我们生而缺失的东西,所有我们赖以成为人的东西,都是教育的赐予"。我国教育家杨贤江说过,"教育的发生就根植于当时当地的人民生活的需要,它是帮助人营谋社会生活的一种手段";"这里所谓的生活,一方面是衣食住行的充分获得,另一方面是知识才能的自由发展"。所以,无论社会发展到哪一阶段、处在哪一时期,都需要通过教育使人获得生活的能力、生存的本领。为此,我们依然强烈呼吁学校教育必须"回归生活",满足个体现时的、"当下"的需要,并赋予学生真实生活中的生存能力。这是教育的"本分",也是教育存在的基础。

　　其次,我们还需要反思的是:教育使个体适应社会及生活,是否意味着使个体认同、接受现存世界的一切呢?

　　使个体获得知识、智慧,获得生活技能,这是社会赋予教育的责任。另一方面,教育又要把这种知识技能的获得视为促进个体更高层次的内在精神发展的根基。因为,不满足现实的规定性,追求崇高,追求真善美,这是人的本性使然,是人对生命内涵的全面把握和占有。所以,教育在个体适应中理应适合这种"超越"意义上的适应,即在使个体社会化的同时,还应引导人在此基础上去创造、去发展,不断地超越现实的给定,追求发展和完善。更为重要的是,教育不仅要教人"何以为生"的本领,还要引导寻找"为何而生"的内在目的。"成人"包含了对人的提升,使人理解人生的意义和目的,找到正确的生活方式,找到自己的精神家园。为此,教育既要关注人的"既定"的状态,又要使人不断地从既定状态中解放出来,超越多种给定的品质,到达更高更完善的境界。所以,教育使个体适应社会与生活,不单是使个体社会化、适应现实既存的社会,更要使受教育者有质疑、审视和变革现状的能力,成为理想社会的建构者和实现者;教育不仅使个体获得求职谋生的技能,更应为个体打开一条通往精神生活的通道,为人打开一个广阔的精神天地。

第四讲　教育目的[①]

第一节　教育目的概述

任何一种社会实践活动都会有预期的目的,而教育作为人类所特有的一种培养人的实践活动,必定有人们对这种活动的预期目的。人们对教育活动的这种预期目的,指明了在一定的社会系统中,人们通过教育这种活动把受教育者培养成什么样的人的问题,这是教育学的根本问题,是教育工作的核心,是一切教育活动的出发点和归宿。

一、教育目的的概念

研究者们在对"教育目的"进行界定时,由于研究的角度、所处的立场不同,对教育目的这一概念的表述也存在诸多分歧。比如,《中国教育大百科全书·教育》指出,教育目的就是指"把受教育者培养成为一定的社会需要的人的总的要求"。有人认为,"所谓教育目的,就是人们在进行教育活动之前,在头脑中预先观念地存在着的教育活动过程结束时所要取得的结果,它指明教育要达到的标准或要求,说明办教育为的是什么,培养人要达到什么样的规格"[②];"所谓教育目的,是指社会对教育所要造就的社会个体的质量规格的总的设想

[①] 本讲部分内容编自唐斌主编《教育学教程》(第三章),苏州大学出版社,2007年版。
[②] 黄济,王策三. 现代教育论. 北京:人民教育出版社,1996:211.

或规定"①;"简单地说,它是人们在观念上、思想上对教育活动结果的设计以及借助一定教育手段通过一定的教育途径去达到某种结果的设计"②;教育目的是"培养人的总目标,关系到把受教育者培养成为什么样的社会角色和具有什么样素质的根本性质问题"③;"教育目的规定了:通过教育过程要把受教育者培养成什么样的质量和规格的人"④;等等。

以上关于教育目的的概述,主要是从社会或个人的视角出发,指出教育目的是一种预期的目标,是对教育活动所能实现的结果的一种预测。对这种教育活动结果进行预测的主体可以是社会(以国家为代表),也可以是学校,还可以是个人。因此,在现实中,我们不难发现教育目的自身是有层次的,不同层次的教育目的对教育结果的期望或者规定是不同的。在此意义上,我们认为对教育目的这一概念进行界定时,作广义与狭义之分是必要的。

广义的教育目的是指把受教育者培养成为一定社会所需要的质量和规格的人,即人们希望受教育者通过教育,身心诸方面发生良性的变化,或产生积极的结果。它一般是由互相联系的两个部分组成的。一是就教育所要培养的人的素质做出了规定,即对受教育者在思想、道德、知识、能力、体力、心理等方面的素质提出教育要求和规定。另一部分是对教育所要培养的人的社会价值做出了规定,即规定受教育者未来将成为何种社会成员(角色)。这是教育目的的核心部分。教育要培养何种功能的社会成员是随社会经济制度和政治制度的变化而变化、因民族文化传统不同而不同的。教育目的的两个部分是相互联系、相辅相成的。受教育者形成的素质结构,制约着其社会功能的性质和水平;对于所培养的人的社会功能作出了规定,则必然要求并有利于其相应素质结构的形成。

广义的教育目的主要是对受教育者的发展方向进行宏观的描

---

① 王道俊,王汉澜.教育学.北京:人民教育出版社,1989:95.
② 孙喜亭.教育原理.北京:北京师范大学出版社,1993:154.
③ 顾明远.教育大词典(增订合编本)上册.上海:上海教育出版社,1997:765.
④ 南京师范大学教育系.教育学.北京:人民教育出版社,2002:151.

述,并不能对受教育者具体的教育过程中的每一环节进行具体规定。它使教育活动取得预期结果成为可能,因此没有这种广义的教育目的,教育活动的存在就没有必要。

狭义的教育目的专指学校的教育目的,是广义的教育目的在各级各类学校的具体体现。各级各类学校无论具体培养什么领域什么层次的人才,都不能脱离广义的教育目的对各级各类学校提出的总的目的与要求。狭义的教育目的对各级各类学校具有具体的指导意义,各级各类学校要根据国家、社会提出的培养人才的总的要求,以及学生个体身心发展的个别差异,有计划、有目的地完成这一培养人才的社会实践活动和任务。广义的教育目的对受教育者的要求具有一般性和普遍性,往往是针对整个一代人提出的,因而具有广泛的适用性。教育学中所使用的教育目的概念,以狭义的为多。

从上述关于教育目的的概念界定可以看出,教育目的同教育本质一样,存在事实判断与价值判断的区别,或者说存在实然的教育目的与应然的教育目的的区别。应然的教育目的表现对于教育预期结果的价值取向,它具有:抽象性(一般性),这是对教育所培养的人的总要求,带有导向性;预期性(理想性),它表达的是社会或者个人对教育对象未来发展状况的期望。

二、教育目的的层次结构

(一)教育目的与教育方针、培养目标、教学目标的联系与区别

教育目的与教育方针、培养目标、教学目标是几个既相互联系又存在差别的概念。在教育学领域经常存在将这几种概念相互挪用的现象,或者根本不加以区分,一律以教育目的代之;或者对内涵不加区分,以桃代李……因此,有必要对这几组概念进行界定。同时,把握它们之间的联系与区别,也有助于进一步明确教育目的的含义。

1. 教育目的与教育方针

教育方针是教育工作的宏观指导思想,是国家或政党根据一定社会的政治、经济要求,为实现一定时期的教育目的而规定的教育工作的总方向。关于教育方针与教育目的之间的关系,一直以来还存

在两大分歧。一种认为"方针包含目的"①。这种观点认为教育方针包括教育的性质和指导思想、教育工作方向、广义的教育目的,认为教育方针是实现教育目的的根本途径和基本原则。另一种认为教育方针与教育目的是手段与目的的关系。教育目的解决的是培养什么人的问题;教育方针是实现教育目的的教育政策导向。我们认为,教育目的必须与教育方针保持高度一致,教育方针是阶级或政党确定的在一定时期内教育发展的基本指导思想,它不直接作用于受教育者,而是针对社会结构中的教育事业整体而言,主要控制教育的宏观领域,旨在引导人们对教育事业的地位和作用有一个正确的估价,从而有助于教育事业发展。相比之下,教育目的反映的是一定社会对人才培养的总要求,规定教育培养人才的质量规格,它主要是从个人自身发展需要和社会发展水平之间做出价值选择,起作用的对象主要是个体受教育者,对教育的微观领域,如课程设置、教材编写、教学方法的选择与课外活动的安排等,进行具体的指导。进一步说,"目的"是理论术语,是学术性概念,属于教育基本理论范畴;方针是工作术语,是政治性概念,属于教育政策的范畴。教育目的重在对人才培养的规格作出规定,教育方针重在对教育事业发展方向作出要求;教育目的可以是由个人或者团体提出来的,不具有约束力;教育方针是政党或阶级在一定时期内教育发展的基本决策或指导思想,具有约束力。

2. 教育目的与培养目标

教育目的是各级各类学校遵循的工作方向,但它不能代替各级各类学校对所培养人的特殊要求。各级各类学校确定的对所要培养的人的特殊要求,我们习惯上称为培养目标。② 可以说,培养目标是教育目的在各级各类学校的具体化,是各级各类学校培养人的具体的质量和规格。它由特定的社会领域(如教育工作领域、化学工业生产领域、医疗卫生工作领域等)和特定的社会层次(如普通劳动者、熟

---

① 北京师范大学.教育学教学大纲.北京:北京师范大学出版社,1958:7.
② 尹艳秋.公共教育学教程.苏州:苏州大学出版社,1998:80-81.

练技术工人、管理人员、高级行政人员、专家等)的需要所决定,也因受教育对象所处的学校级别(初等学校、中等学校、高等院校)而变化。教育目的是对所有的受教育者而言的,而培养目标是针对特定的对象提出的。例如,1986年4月12日我国颁布《中华人民共和国义务教育法》,明确规定了九年制义务教育的培养目标为"使儿童、少年在品德、智力、体质等方面全面发展,为提高全民族的素质,培养有理想、有道德、有文化、有纪律的社会主义的建设人才奠定基础"。国家要求全日制普通中学"既要为高一级学校输送合格的新生,当前还要注重培养大批优良的劳动后备力量"[1],这些规定体现了全日制普通中等学校在为国家培养需要的各种人才方面的作用和在个体发展方面所处的基础性地位,它有别于承担专门教育任务的专业学校的培养目标。总之,教育目标与培养目标的关系可以理解为一般与个别的关系,后者是前者在学校教育中的具体化。

3. 教育目的、培养目标与教学目标

学校培养人的工作是长期的、复杂的而又细致的工作。实现教育目的和培养目标不是一蹴而就的,对学生的培养和改变要靠日积月累的工作。这就要求教师在工作中明确在一段时间内教一门学科或组织一项活动应使学生在认识、情感、行为和身体诸方面发生一些什么变化(成长或发展)。在教学和教育的过程中,教育者在完成某一阶段(如一节课、一个单元或一个学期)的工作时希望受教育者达到的要求或产生的变化结果,我们称为教学目标。[2] 教学目标与教育目的和培养目标之间的关系是具体与抽象的关系。培养目标是教育目的在各级各类学校的具体化,教学目标又是培养目标的具体化;教育目的和培养目标指导着教学目标的制定,是教学目标制定的指导思想和基本依据;而教育目的和培养目标又必须落实到教学目标的实现上,教学目标保证了培养目标和教育目的的实现。无数教学目标都维系在通向培养目标和教育目的的"干线"上,这样就保证了每

---

[1] 国家教育委员会办公厅. 基础教育法规文件选编. 北京:北京师范大学出版社,1988:93.

[2] 尹艳秋. 公共教育学教程. 苏州:苏州大学出版社,1998:81-82.

一项教育行动都是指向目的这一过程中的一部分,从而保证了教育活动的统一化和系统化。

总之,教育目的与教育方针、培养目标、教学目标之间既有区别,又有联系,在具体语境中要具体问题具体对待。它们之间这种紧密联系的关系就构成了教育目的的层次结构。

三、教育目的之功能

教育目的是国家对教育应培养的人的总要求,它对所有的学校具有普遍的指导意义。各级各类学校无论具体培养什么领域和什么社会层次的人才,无论其所面对的学生有怎样的个别差异,如体质强弱不同、成绩高低不齐、兴趣爱好不一等,都必须努力使所有学生符合国家提出的培养人的总的要求。

例如,我国1985年5月21日颁布的《中共中央关于教育体制改革的决定》指出:"要改造数以亿计的工业、农业、商业等各行业有文化、懂技术、业务熟练的劳动者。要造就数以千计的具有现代科学技术和经营管理知识、具有开拓能力的厂长、经理、工程师、农艺师、经济师、会计师、统计师和其他经济、技术工作人员,还要造就数以千计的能够适应现代科学文化发展和新技术革命要求的教育工作者、科学工作者、医务工作者、理论工作者、文化工作者、新闻和编辑出版工作者、法律工作者、外事工作者、军事工作者和各方面党政工作者。所有这些人才,都应该有理想、有道德、有文化、有纪律,热爱社会主义祖国和社会主义事业,具有为国家富强和人民富强而艰苦奋斗的献身精神,都应该不断追求新知,具有实事求是、独立思考、勇于创造的科学精神。"[①]我国对教育所要培养的人的这一要求,反映了我国社会诸方面发展对人才类型和素质的全面要求,也体现了它对各级各类学校普遍的指导意义。具体来说,教育目的具有以下功能。

(一) 教育目的对教育工作有指向功能

教育目的是教育与社会发生联系的连接点,社会政治经济制度、

---

① 国家教育委员会办公厅.教育基础法规文件选编.北京:北京师范大学出版社,1988:3-4.

生产力和科学技术发展对人才素质的要求,是通过教育目的表现出来的。教育目的为教育工作指明方向,是教育活动的出发点和归宿,从而使教育工作具有明确的指向性,避免盲目化。没有教育目的的指向,教育工作就会失去方向,就可能走进误区。

(二)教育目的对教育过程有控制功能

教育目的指导着整个教育过程的正常运行。教育制度的建立,教育内容的确定,教育方法的选择,课程的设置,教育组织形式的采用,课外活动的安排,以及教育全过程的各种活动、各个环节的组织和安排,等等,都必须接受教育目的的指导和控制。同时,教育目的对受教育者成长和发展也具有协调功能,为受教育者按照教育目的的期望发展提供保障。

(三)教育目的对教育要素有整合功能

教育活动作为一个系统整体,是由教育者、受教育者、教育内容、教育方法和手段等因素构成的。教育目的可以使教育各要素在教育活动中方向一致,形成合力,发挥整体活动的系统效应。

(四)教育目的对教育力量有协调功能

从学校内部来说,所有教师的教学、各个管理系统和各种组织团体都要体现育人性,而要使这些育人的要求保持一致,需要教育目的来协调;从校外来说,要使社会、家庭、学校等教育影响保持一致,也必须以教育目的来调控。

(五)教育目的对教育效果有评价功能

评价一所学校、一位教师、一位学生,是应当以教育目的所规定的培养人的质量规格为标准的。一定的教育效果体现教育目的的实现程度,而教育目的是教育效果、教育行为、教育思想评价的根本标准。

第二节 制定教育目的的基本原理

一、教育目的的特点

教育目的体现的是一定社会对教育所培养的人的质量和规格上

的要求,它的制定与实施是人的理想与社会现实的统一,反映了一定社会对人的要求,是理论性与实践性的结合。

(一) 教育目的是人的理想与社会现实的整合体

教育目的表达的是社会或个人对受教育者未来发展所能达到的程度的一种期盼,它所展现的是一种预期的状态,反映的是教育的理想。但同时,教育目的又是以客观存在的社会政治、经济、文化为前提和根据,在遵守受教育者身心发展的规律的基础上制定的。正确的教育目的肯定是符合社会现实情况的。所以,教育目的既是理想的,又是现实的,是人的理想与社会现实的整合体。

(二) 教育目的体现的是人的发展与社会发展之间的矛盾,最终反映的是社会对人的要求

人类文明的积累实际上就是建立在人的发展与社会发展的矛盾的基础上的。在任何社会、任何国家,教育目的的制定都是以此为基点的。当人的发展与社会发展不一致时,当权者(往往以政府、领袖或理论家为代表)就会通过教育这种杠杆,通过制定教育目的来努力调和人的发展与社会发展之间的矛盾,从而促进社会的进步。但是,教育目的的制定最终反映的是社会对人的要求。这是因为教育目的虽然是由人来制定的,体现的是人们的主观意志,但它不是纯粹自由意志的产物,实际上它是特定的国家在一定的历史时期政治经济状况和文化传统的反应。也就是说,教育目的的制定必须以现实为依据,体现现实社会对人的基本要求。

(三) 教育目的是理论性与实践性的结合

教育目的的制定,既要依据现实需要(社会和人的需要),又要考虑现实的可能(社会为人的发展提供条件的可能),这样它才有实现的希望。可以说,教育目的是在实践中得出,又在实践中发生作用的。但是教育目的并不是凭实践中的各种感性材料就能产生的,它的形成是建立在哲学、人类学、社会学、教育学等多种学科理论基础上的,具有操作性的理论规定。

二、确立教育目的的基本原理[①]

(一) 教育目的的社会制约性原理

教育目的是一种关于教育过程预期结果的价值取向,它与教育价值有密切的联系。人们的教育价值观不同,往往所追求的教育目的也不同,而人们的教育价值又受其所在社会的特定社会历史时期的经济制度、政治制度及经济利益等的影响,由此出现了各种教育目的。例如,中国封建社会提出培养"格物""致知""正心""诚意""修身""齐家""治国""平天下"的士;古希腊的雅典,代表贵族民主政治的人鼓励青年借助于"自然的禀赋和事件"成长为个人奋斗的与"有教养的人";古希腊的斯巴达,为维护奴隶主在武力征服基础上的统治要求,全民皆兵,把教育目的定为培养坚毅、勇敢的武士;欧洲中世纪,教会垄断学校教育,清一色培养僧侣;文艺复兴时期,人文主义者冲破封建神学和封建势力对人们的束缚和控制,提出了培养身心健康、多才多艺、知识广博、完善全面的人的理想;中国清末兴学,中体西用,所谓"新教育"的目的是培养"忠君、尊孔、尚公、尚武、尚实"的人;1924年,孙中山提出"全力发展儿童本位之教育"的方针,遵照这个方针达到的目的自然是儿童个性的发展;1929年,国民党政府为了维护统治,改变教育目的,强调"忠、孝、仁、爱、信、义、和、平"。

综上可知,教育目的具有历史性、时代性和社会性,在阶级社会具有鲜明的阶级性。不同社会,由于有不同的政治经济制度等,也就有不同的教育目的。人类经历过五种社会形态,就有五种不同的教育目的。即使在同一社会形态中,由于社会发展的历史阶段不同,人们的社会地位、阶级关系和认识水平各异,对教育目的的提法也不尽相同,不仅是多样的,有的甚至是相互抵触的。这是教育目的受社会制约的复杂性的一种表现。

教育目的不只是某个教育家、思想家或政治活动家主观意志的表现,而有其自身的客观性,试图提出超越时空的、放之四海而皆准

[①] 叶澜. 新编教育学教程. 上海:华东师范大学出版社,1991:127-128.

的教育目的是徒劳的。孔子、孟子提出教育培养"君子";封建王朝提出"明人伦";17世纪英国教育家洛克提出培养"德行、智慧、礼仪、学问"兼备的"绅士";等等,都具有鲜明的时代烙印。

教育目的在表现形式上是主观的,但其内容具有客观性,它是客观存在的反映。如果没有社会存在,人的头脑中不可能产生任何教育目的。教育目的既是主观的思想意识,又反映现实的客观性,是主观与客观矛盾的统一体。同时,教育目的是时代精神的体现,它必须随时代的变迁和发展而变革和发展,以反映社会及时代发展的趋势。评价一种教育目的的进步性,不是看它标榜得如何,而是看它是否符合社会发展的要求。只有那些正确反映了社会客观实际,并反映了社会发展趋势的教育目的,才是进步的,才能在实践中产生巨大的效果。否则,也必然被社会的发展所抛弃。

从另一角度来分析,如果教育目的没有客观性,那么教育目的就是一种超越现实的主观存在,它对教育工作的指导、对教育过程的控制、对教育力量的整合协调以及对教育要素的整合,将不能在现实中得到检验。

(二) 教育目的的人的发展制约性原理

我们在肯定教育目的的社会制约性和客观性的同时,还必须看到作为教育对象的人的发展的需要,并把客观存在的社会需要同人的自身发展的要求统一起来。教育目的的制定要依据社会条件,反映社会的需要,但教育目的并不是一份社会规划,而是对一定社会培养的人的设计。因此,制定教育目的应透过对社会的认识来看待人的发展问题,从而提出培养人的蓝图。正因为如此,不同时代不同时期的教育目的的表述,也会体现出不同的人性观。换句话说,教育家、思想家们对教育的阐释,往往与其对人性的理解是密切相关的。

在中国古代文化的整体发展中,儒家思想一直占据着主导地位。而作为儒家宗旨的人学,关注的是人的德性,关注的是伦理中的人,视德性为人性。这种伦理、道德至上的观念,在经历历代儒家贤哲的系统论证后,对人们从事的各项活动产生了广泛而持久的影响,它自然也左右着中国古代教育的价值追求。中国古代教育的最高目的是

"化育"天下,教育是教人成"圣"。温柔敦厚的诗教,乐以成德的乐教,文以载道的文论,等等,无不从属于仁义教化、道德修养。

　　古希腊以理性来理解人,将理性作为人性的最高级部分。苏格拉底从"认识你自己"出发,认为现实中的人不应该沉沦于日常谋生的活动中,而应为更高的目标而节制自己的感性欲望,用理性去探寻人生的意义和价值。在柏拉图的著作中,他将人灵魂中的理性与非理性区别并对立起来,理性成为人身上神圣的部分;人与动物的本质区别就在于人有理性,有了理性,人才能得到启蒙。为此,柏拉图在《理想国》中表达了追求理性天国及理想人生的渴望。亚里士多德继承并发展了柏拉图的观点,他认为人的灵魂有三种,即植物灵魂(生长、发育等)、动物灵魂(本能、欲望、情感等)、理性灵魂(理解、判断、推理等)。其中,理性灵魂是人的本质,是人格中最高的部分。可见,在古希腊,人的本质是理性,理性统帅并区别于人的情感、意志、欲望等,意味着认识、判断、推理等,是最高的善。这一切,都影响着古希腊哲人对教育问题的认识。总体上说,理性的人性观是古希腊先哲教育理论的基础,对人的理性生活方式的追求,也就成了古希腊的教育目的与追求。

　　中世纪,受基督教哲学的影响,对上帝的信仰凌驾于人的理性之上,古希腊理性观在中世纪也就受到抑制。基督教把人置于信仰的基础上,认为相对于理性而言,信仰使人们生存在更完全的实在中,使人们更接近事物的本质,更接近世界的神圣基础,有信仰的人高于理性的人。与中世纪对人的理解有关,中世纪的教育理想是实现"宗教人"的本质,教育的根本目的是使人遵从上帝的旨意。这种对上帝的顺从与绝对信仰最终导致人性的压抑及扭曲,并引发了以贬低神性、高扬人性为旗帜的文艺复兴运动。

　　文艺复兴运动最突出的贡献在于解放了"人",人文主义者高扬人性,肯定人的尊严,相信人的力量。在反对封建迷信、盲从、蒙昧的过程中,标扬了人的理性,将理性理解为人的本性,理解为人追求现世幸福、享受现世快乐的依据。这在薄伽丘、伊拉斯谟、拉伯雷、维多利诺等人文主义者的教育思想及教育实践中都有典型的表现。

从对教育目的的历史考察来看,人们对教育问题的认识往往与其对人性的认识密切相关。同时,正因为教育目的是对人的规划,因此教育在人的发展与社会发展中起着一种中介转化的作用。通过教育这种中介,能够有目的、有选择、有规范地把社会对人的发展要求转化为人的素质,把人的素质提高到社会发展所要求的水平上,使人成为社会发展的主体,从而实现人的发展与社会发展的相互促进与相互转化。反过来,教育的这种中介转化作用也使得教育目的必须要符合社会发展的主体——人的发展的需要。

三、教育目的的价值取向

(一) 历史上的教育目的观

所谓教育目的观,即人们对教育目的的根本看法,主要指对教育所要培养人的规格、质量的根本看法。任何一种教育理论,其背后都会有一种教育目的观作为支撑。

历史上存在的教育目的观主要有以下几种:个人主义的教育目的观,国家主义的教育目的观,理想主义的教育目的观,功利主义的教育目的观,宗教主义的教育目的观,主知主义的教育目的观,人文主义的教育目的观,行动主义的教育目的观,自然主义的教育目的观,等等。① 当然,对教育目的观进行归类可以在不同层面、不同角度进行,我国学者扈中平教授归纳了以下三种教育目的观:人文主义教育目的观、科学主义教育目的观以及科学人文主义教育目的观。②

1. 人文主义教育目的观

所谓人文主义教育目的观,即以人为中心和以人自身的完善与发展为出发点和归宿的教育目的观。从20世纪来看,持人文主义教育目的观的教育思想流派主要有永恒主义教育、新托马斯主义教育、存在主义教育等。③

---

① 小原国芳.完人教育论//瞿葆奎.教育学文集·教育目的.北京:人民教育出版社,1989:316.

② 扈中平.教育目的论.武汉:湖北教育出版社,1997:131.

③ 扈中平,等.现代教育学.北京:高等教育出版社,2000:182.

人文主义教育目的观立足于"人性不变"的理论假设,以追求"理性"为最高价值,这种教育目的观具备一些基本的特征。首先,人文主义教育目的观认为教育目的是永恒不变的。因为人文主义者主张培养人性,弘扬理性,既然人性是永恒不变的,那么教育目的也应该是永恒的。正如赫钦斯所言:"人之作为人的职能,在每一个时代和每一个社会都是一样的,因为他来自他作为人的本性。教育制度的目的,在这种制度能够存在的每一个时代和每一个社会中都是一样的,这个目的就是提高作为人的人。"①其次,人文主义教育目的观主张教育目的应该是人性化的。人文主义者认为人的价值是高于一切的。所以他们致力于将人从工业文明中解放出来,以提高人存在的价值作为教育目的的核心。所以,在教育中,要以促进人性的发展为己任。最后,人文主义教育目的观认为教育目的应该是理想化的。

人文主义教育目的观重理想的、超现实的、非功利性的教育目的,轻视现实的、功利性的教育目的。他们认为人生最重要和最有价值的追求是精神不是物质。20世纪后的人文主义虽然不再激烈地排斥功利性的职业教育,但是仍然主张功利性教育的实施只能在更为重要的人文教育的基础上进行。

2. 科学主义教育目的观

所谓科学主义教育目的观,即以科学为中心的功利性教育目的观。② 实用主义教育学和学科结构主义教育学都是持科学主义教育目的观的。

科学主义教育目的观的形成是伴随着科学主义的兴起而兴起的。资产阶级工业大革命之后,特别是20世纪之后,随着科学技术为人类带来的巨大财富的出现,人们对科学的崇拜与日俱增。而各国政治、军事之间的激烈竞争更是助长了科学主义思潮的高涨。而人文主义教育目的观已无法满足这种状况,因此科学主义教育目的观应运而生。这种教育目的观以"实效"为其哲学基础。其基本特征

---

① 陈友松. 当代西方教育哲学. 北京:教育科学出版社,198:65.
② 扈中平,等. 现代教育学. 北京:高等教育出版社,2000:187.

有三点。第一,科学主义教育目的观认为教育目的是可变的,不是永恒不变的。教育应该适应不断变化的社会发展,只有把教育同社会事态的一般进程和变化联系起来,才能消除教育与社会的隔离。第二,科学主义教育目的观认为应该重视教育目的的社会价值。教育目的是人的发展与社会发展之间矛盾的体现,而其最终应该是重视人的价值还是重视社会的价值,一直是教育理论研究中的重点问题。与人文主义教育目的观不同的是,科学主义教育目的观重视的是教育目的的社会价值,追求教育目的的社会功利性,反对抽象地谈论人的自我实现,认为离开了社会来给教育目的下定义,就无法说明教育目的的真正意义。第三,科学主义教育目的观重视科学教育。20世纪初,科学教育在与人文教育的较量中逐渐占据上风,特别是在第二次世界大战后,科学教育在人们的日常生活中备受重视,以至于"一个刚入学的聪明儿童,越来越不被看作是一个未来的诗人、画家、音乐家、文学家、评论家、宗教领袖、哲学家、小说家,或者是政治家。人们首先想到的是把他培养成一个物理学家、技师、工程师……"①可以说,重视科学教育,是科学主义教育观实现其教育目的的社会价值的重要途径。

3. 科学人文主义教育目的观

所谓科学人文主义教育目的观,即以科学精神为基础,以人文精神为价值方向的教育目的观。

虽然科学教育使得人类的物质财富猛增,但越来越多的思想家、教育家开始反思科学教育的弊端,"人类不断增长的力量和它所生产的大量丰富多彩的产品是否使他更加幸福一些了?"他们认识到"为了预防工业技术方面不合理的发展引起长期不利的影响,教育应该宣布一个人道主义性质的最终目的,从而采取步骤,防止生存逐渐失去人性的危险"。②

人类需要一种完善的生活,个人向往一种和谐的发展,社会需要

---

① 梅逊. 西方道德教育理论. 北京:文化教育出版社,1984:13-14.
② 联合国教科文组织国际教育发展委员会. 学会生存. 北京:教育科学出版社,1996:123.

在人的物质和精神两方面保持基本的平衡,这也必将使科学主义与人文主义走向融合,这也是人类社会文明发展的巨大进步。正如怀特海(A. Whitehead)所言:"没有纯粹的技术教育,也没有纯粹的人文教育,二者缺一不可。"①

科学人文主义教育目的观以科学精神作为教育目的的基础,以人文主义作为教育目的的价值方向,既信奉科学,又崇尚人道。科学人文主义教育目的观追求的是在科学和人文的相互协调相互补充中促进人和社会在物质与精神两方面的和谐发展,并在此基础上实现人的解放。科学人文主义教育目的观不是一种独立的教育哲学流派,它是科学主义与人文主义的相互整合,这种整合不是进行机械的拼凑,而是两种教育目的观的相互容纳与相互渗透。

(二)教育目的的价值取向

所谓教育目的的价值取向,是指教育目的的提出者或从事教育活动的主体依据自身的需要对教育价值做出选择时所持的一种倾向。这里的教育价值可以表现为追求个人知识的发展,智力、品德的完善,个性的培养或者文化素质的提高;也可以表现为追求社会政治的稳定、经济的发展或者文化的繁荣;也可以是以上两者兼备。这就构成了教育目的的不同价值取向。上述教育目的的不同类型,正是对教育目的不同价值取向的反映。

1. 个人本位的教育目的价值取向

个人本位的教育目的的价值取向主张教育目的应从受教育者的本性出发,而不是从社会出发,认为教育的目的在于把受教育者培养成人,充分发展受教育者的个性,增进受教育者的个人价值。

个人本位的教育目的价值取向可上溯到古希腊时期,到18、19世纪上半叶广泛盛行。个人本位的教育目的价值取向坚持教育目的应当由人的本性、本能的需要决定,教育要注重个人的价值、尊重个人的自然禀赋与才能,教育过程就是积淀人的内在素质、扩充人的价

---

① 国家教育发展与政策研究中心.发达国家教育改革的动向和趋势:第2集.北京:人民教育出版社,1987:105.

值的过程,人的价值高于社会的价值,教育活动应当重视的是人的需要,而不是社会的需要。他们认为教育最根本的目的就是使人的本性和本能高度发展。法国哲学家、教育学家卢梭认为应以培养"自然人"作为教育的目的,这里的自然人不是指自然状态中的野蛮人,而是社会状态中的自然人,他说:"我的目的是:只要他处在社会生活的漩涡中,不至于被种种欲念或人的偏见拖进漩涡里去就行了;只要能够用他自己的眼睛去看,用他自己的心去想,而且,除了他自己的理智以外,不为任何其他的权威所控制就行了。"① 因此,个人本位的教育目的观主张应该培养自然人具有自然性,即人的天性,在任何情况下都能坚持做人的本分,可以为一个自由、平等的社会而奋斗。瑞士教育家裴斯泰洛齐认为每一个人都具有一些自然所赋予的潜在的力量和才能,这些力量和才能都具有渴求发展的倾向,教育的目的就在于全面地和谐地发展人的一切天赋力量和才能。德国教育家福禄贝尔认为教育必须遵循儿童内在的生长法则,使之获得自然的、自由的发展,"因此,教育、教学和训练在根本原则上必须是被动的、顺应的,而不是命令的、绝对的、干涉的",教育必须"适应他的情境、他的性向和能力等",否则"足以起毁灭、阻挠和破坏的作用"。② 个人本位的教育目的价值取向告诉人们,如果教育成为一种外加于个体天性发展的束缚,那么教育将成为束缚人发展的桎梏。

2. 社会本位的教育目的价值取向

社会本位的教育目的价值取向主张教育目的要根据社会需要来确定,教育目的在于把受教育者培养成符合社会准则的公民,使受教育者社会化,保证社会生活的稳定与延续。

社会本位的教育目的价值取向追求教育目的的政治功能,希望通过教育目的政治功能的发挥来促进社会的发展。这种教育目的的价值取向在我国由来已久,我国古代的教育目的观基本上属于这个范畴。我国古代,基本上施行的是政教合一的教育政策,通过教育培

---

① 卢梭.爱弥儿:第4卷.北京:商务印书馆,1978:360.
② 张焕庭.西方资产阶级教育论著选.北京:人民教育出版社,1979:313.

养政治人物来实现社会的发展。西方则在古希腊哲学家柏拉图那里就已出现社会本位的教育目的价值取向,柏拉图主张通过教育培养"哲学王"来建立一个理想、正义的国家,这也是社会本位教育目的价值取向的体现。坚持社会本位价值取向的教育目的观认为教育的根本目的在于使受教育者掌握社会的知识和规范,强调人是社会的产物,个人的一切发展都有赖于社会,教育的结果也只能以其社会的功能来加以衡量。所以教育除了社会的目的之外,别无其他目的。

3. 个人本位、社会本位兼顾的教育目的价值取向

个人本位、社会本位兼顾的教育目的价值取向认为教育目的的制定既要根据个体发展的需要,又要根据社会发展的需要。教育既要关注个人的价值,又要关注社会的价值。这种教育目的价值取向主张在教育过程中既要强调人的自然属性,尊重个体的自然禀赋,促进人的全面发展;又要强调人的社会属性,尊重社会发展的需要,促进社会的发展。

教育目的的制定要个人本位、社会本位兼顾,是教育发展的必然结果,也是教育适应人类文明发展的必然结果。忽视了社会的需要或者忽视了人自身发展的需要,教育都具有片面性。杜威认为,教育的过程有两个方面,一是心理学的,一是社会学的;主张"使个人特性与社会目的和价值协调起来",一方面倡导儿童的自然"生长",反对脱离儿童的本能需要、兴趣、经验对生长过程强加目的,另一方面又主张"学校即社会",强调把"教育的社会方面放在第一位"。

按照马克思主义的观点,社会需要与人的自身发展是辩证统一的。教育目的应当反映这种辩证统一的关系。一方面,离开了人自身的发展,教育就无从反映和促进社会的发展,教育本身也就不会存在;另一方面,个人的生存发展离不开社会,人只有与其他人相结合,成为社会中的一员,才能获得生存发展的手段和条件,脱离了社会历史的发展,就谈不上个体的发展。

除了以上三种教育目的价值取向之外,还存在许多其他的教育目的价值取向,如教育目的的未来取向、教育目的的现实取向等。

第三节　我国教育目的的理论依据[①]
——马克思主义关于人的全面发展学说

长期以来,马克思主义关于人的全面发展学说一直是我国制定教育目的的理论依据。人的全面发展,虽然不是马克思本人对教育目的或教育理想的直接论述,却为新中国成立以来我们不同历史时期教育目的的制定奠定了理论依据,作出了方法论的指导。因此,这里有必要对马克思主义关于人的全面发展学说以专节进行考察,以期对马克思主义关于人的全面发展学说有科学的、全面的理解与把握,为我国教育目的的制定确立正确的方法论指导。

一、马克思主义关于人的全面发展的理论的源起

考察马克思关于人的全面发展的思想,务必要对马克思之前有关人的全面发展的思想作一简要的回顾。

人的片面发展由来已久。从原始社会末期出现社会劳动大分工起,人的片面发展已初见端倪,然而人的片面发展成为尖锐的社会问题,是在资本主义工场手工业发展以后,特别是在近代产业革命基本完成之后。"当人的片面发展愈演愈烈以至成为严重的社会弊病的时候,人类再也不能回避这个问题了……人的全面发展就作为理想的人或者关于人的理想,隐隐约约地浮现在人们的脑海中,产生各种关于人的全面发展的议论。"[②]从14世纪中叶至16世纪末期的文艺复兴运动开始,经过17、18世纪的启蒙运动,到19世纪初期的空想社会主义运动,留下了许多探索者的足迹,其中不乏天才的预测。马克思关于人的全面发展的思想正是对这些思想的批判继承与超越。

文艺复兴时期的人文主义者,提出了以人为中心的人文主义学说,他们肯定人的价值、人的地位、人的能力;他们以人兽之分代替天

[①] 参考尹艳秋《必要的乌托邦:教育理想的历史考察与建构》,福建教育出版社,2004年版。

[②] 陈桂生.人的全面发展理论与现时代.上海:上海教育出版社,1988:12.

（神）人之分，认为区分人与兽的标志在于理性，人要获得理性，无须依赖上帝，只需诉诸自我；他们标榜个性解放，肯定现世生活的乐趣与享受；他们力图恢复与发扬古希腊时代"身心既美且善"的传统，要求多方面发展人的个性，提出和谐发展，倡导造就全才。这一切都反映了新兴资产阶级反抗封建势力、和宗教神学斗争的锋芒。人文主义者竭力从古希腊、古罗马时代的自由思想中吸取养料，并把它作为思想武器，提出了人身心和谐发展的问题，但这种思想还很朦胧，"人的全面发展"还没有成为一个独立的明确的概念，同时他们解决问题的方法也不现实，甚至是向后看的，这使身心和谐发展最终流于空谈。之后，启蒙思想家继承和发展了文艺复兴时期关于"人"的解放的思想。如洛克、卢梭等，均提出和论述过给儿童以多方面的教育，使儿童的体力、智力、道德能够得到和谐发展的思想。

18世纪资产阶级革命的成功，为资本主义生产开辟了道路，意味着启蒙思想家梦寐以求的"自由""平等"的"理性王国"的实现。然而现实证明启蒙思想家的"理性王国"不过是有产者"和谐发展"的乐园，而广大劳动者特别是无产者的畸形发展与分工同时并进。于是，19世纪空想社会主义对资本和资本主义制度对工人及其子女在智力和体力上的摧残、在道德上的毒害等罪恶进行了揭露，提出人的全面发展及教育问题。法国伟大的空想社会主义者圣西门说："十五世纪的欧洲人，不仅在物理学、数学、艺术和手工业方面有惊人的成就，他们还在人类理智可及的一些最重要的最广泛的部门十分热心地工作；他们是全面发展的人，而且是自古以来首次出现的全面发展的人。"[①]但圣西门没有认识到，尽管历史上确实存在多才多艺的人物，但其发展仍然是受限制的。另一位法国空想社会主义者傅立叶严厉抨击当时资本主义社会的教育违反儿童本性需求和兴趣，严重摧残儿童的智力和健康，压抑了儿童才能的发展。他明确地把人的全面发展规定为理想社会的教育目的，指出"协作教育的目的在于实现体力和智力的全面发展"。这种全面发展的人既从事生产劳动，

---

① 转引自陈桂生.人的全面发展理论与现时代.上海：上海教育出版社，1988：16.

又从事各种不同的劳动,以充分发挥才能。英国伟大的空想社会主义思想家欧文已觉察到工业发展和科学进步要求人的全面发展,粗略地感受到人的全面发展是历史发展的必然趋势,指出人类的前进过程是从最无知、没有理性的野蛮人的状态开始,直到人的加速发展的条件开始形成,以及人在历史上首次成为全面发展的人或有理性的生物那个时候为止。欧文还把他的主张放在他的共产主义实验区里实验,只是这种在资本主义制度下的实验最终免不了失败的结局。

文艺复兴时期的人文主义思想家致力于用人兽之分代替人神之分,他们所讲的"人"的发展,实际上是"人性"的发展、"理性"的发展,而不是人的"全面发展"。此外,文艺复兴及启蒙运动的人文主义思想家谈到人的"自由发展""全面发展"或"身心和谐发展",大都指的是单个人的发展,而不是全体社会成员的普遍发展。马克思说:18世纪是产生"孤立个人的观点"的时代,他们讲个人发展,是以人兽之分、普遍人性、"天赋人权"、自由、平等为出发点的,似乎单个人的发展和所有人的发展并无矛盾。对此马克思指出:"事情是这样的,每一个企图代替旧统治阶级的地位的新阶级,为了达到自己的目的就不得不把自己的利益说成是社会全体成员的共同利益,抽象地讲,就是赋予自己的思想以普遍性的形式,把它们描绘成唯一合理的、有普遍意义的思想。"①随着资本主义矛盾的暴露,这一思想的狭隘性日益显露出来。空想社会主义者第一次密切注意了人的片面发展与全面发展的区别,把人的全面发展的主题提了出来,而且他们所谋求的并非单个人、部分人的发展,而是希望"在周围一切人得到高度康乐和幸福的基础上"(欧文),保证自己得到康乐和幸福。这正是他们的超越之处。与人文主义思想家从抽象人性出发考察人并试图单纯从社会上层建筑角度解决人的发展问题相比,空想社会主义者已注意到社会经济制度尤其是劳动制度同人的发展的关系,开始把分工所造成的人的畸形发展同资本主义制度的弊端联系起来。

马克思汲取了空想社会主义者及以往一切思想家关于人的发展

---

① 马克思,恩格斯.马克思恩格斯全集:第1卷.北京:人民出版社,1972:53.

的思想中的一切有价值的部分,并将它们置于实践唯物主义的基石上,考察处于社会关系中的人及人的发展。

二、马克思关于人的本质的学说

文艺复兴运动及启蒙运动中有关人性的思想对青少年时期的马克思产生过重要影响,而其人性思想的直接来源则是对德国哲学家黑格尔和费尔巴哈的继承和批判。黑格尔崇尚理性主义,用理性崇拜代替神的崇拜,认为宗教也只是绝对精神发展的一个阶段,是理性的表现。马克思吸收了黑格尔的理性原则,而批判了他将人的意识混同于人的本质的唯心主义思想。费尔巴哈则以"人"代替黑格尔的绝对精神,以"人"为中心建立起自己人本主义的唯物主义哲学体系。费尔巴哈认为不是神创造人,而是人创造神,神、上帝是人的自我异化的产物,人按照自己的意愿创造了上帝却反过来对之顶礼膜拜,造成了人神关系的颠倒。费尔巴哈建立在唯物主义基础上的人本主义,比黑格尔建立在唯心主义上的理性主义大大前进了一步。但是,费尔巴哈宣扬的仍是抽象的人。马克思对费尔巴哈学说进行了扬弃,通过对人的劳动的分析,加深了对人的社会性和社会本质的理解,将费尔巴哈的以自然为基础的抽象的人过渡到以社会为基础的现实的人,从而形成了唯物主义的历史观。由此可知,正是从实践的范畴出发,马克思不是像历史上以往的哲学家那样从某种抽象人性或人的概念出发来理解人,而是从社会本质要求出发来理解人。他明确地提出:"人的本质不是单个人所固有的抽象物,在其现实性上,它是一切社会关系的总和。"[①] 由此可知,马克思克服了以往哲学存在的以"物种逻辑""形式逻辑"对人进行把握的问题,而以"人文逻辑"把握人,看到了人性是社会性的存在,人是在历史的创造活动中自我发展、处于变动之中并不断向未来敞开的存在,是在历史中自我规定、自我发展、自由、自觉、自为的存在。从这里我们可知,对人的理想层面的设计,必须着眼于人的现实,着眼于人的社会现实生活的

---

① 马克思,恩格斯.马克思恩格斯全集:第1卷.北京:人民出版社,1972:18.

改造和完善。马克思正是从这一立场出发来展开对人的全面发展的理解的。

从实践的角度来把握人,人具有以下特征。

1. 人具有自然属性

马克思肯定人具有自然属性。他说:"任何人类历史的第一个前提无疑是有生命的个人的存在。因此第一个需要确定的具体事实就是这些个人的肉体组织,以及受肉体组织制约的他们与自然界的关系。"①不仅人的肉、人的血、人的头脑都属于自然界,而且人类越发展,与自然的关系就越密切。"人比动物越有普遍性,人赖以生活的无机界的范围就越广阔。"②植物、动物、石头、空气、阳光等,在动物那里只作为肉体生存的条件而存在,而在日益发展的人类面前,除了上述特性外,也是人的意识的一部分。因此,人的"一切关系"中包括了人和自然界的关系。马克思在论述人的自然属性时,与以往神学、唯心主义、旧唯物主义的不同,在于既肯定人属于自然界,又说明人能认识和正确运用自然规律,从而正确地阐明了人与自然的关系。

2. 人的本质是人的社会属性

在马克思看来,人与社会相互依赖,人不能离开社会而存在。人类脱离动物界进入文明世界,人的自然属性就人化了、社会化了,人的自然要求往往以社会化的方式表现出来。人的一切"活动和享受,无论就其内容或就其存在方式来说,都是社会的……自然界的人的本质只有对社会的人来说才是存在的"③。人必须生活在社会中,接受社会的影响,成为社会的存在物,这样才能成为真正意义上的人。

马克思主义以前的思想家,并不完全否认社会关系对人的发展的影响。18 世纪启蒙思想家甚至把社会关系对人的影响绝对化,断定人是环境和社会关系的"消极产物"。他们看不到环境的改变和人的改变之间有着辩证的关系,片面地、消极地理解人与环境的关系,使自己陷入无法自圆其说的历史唯心主义的泥潭中。其根本原因就

---

① 转引自厉以贤.马克思主义教育思想.北京:师范大学出版社,1992:78.
② 马克思,恩格斯.马克思恩格斯全集:第 42 卷.北京:人民出版社,1979:95.
③ 马克思,恩格斯.马克思恩格斯全集:第 42 卷.北京:人民出版社,1979:121.

在于,他们把人的自然属性看成是永恒属性,以为人的社会属性是由人的自然本性决定的,用人性论考察社会关系,也就不能洞察社会的底蕴。马克思认为,环境的改变和人的活动的一致,只能被看作并合理地理解为革命的实践。人和环境的关系不是消极适应的关系,而是主动改造的关系。

3. 人具有主观能动性

人不仅具有区分对象和自我的自我意识,而且具有反映事物本质进行自我改造的能动性。对于人的自我认识,恩格斯深刻地指出:"在它身上自然界达到了自我意识,这就是人。"①这意味着:人是物质世界发展到了可以认识阶段的标志;人类已不再是动物,而是具有自我意识的一种崭新存在;对于人类来讲,只有尚未认识之物,而没有什么不可知之物,预示着人类将能动地改造自然界。关于人的自我改造,马克思曾深刻地指出:"人不仅能像在意识中那样理智地复现自己,而且能能动地、现实地复现自己,从而在它所创造的世界中实现自身。"②即人类不仅以自己实现物质世界的自我意识而标志自己与动物的区别,而且还以实现物质世界的自我改造这一更显著的标志而与动物区别开来。

因此,"正像社会本身生产作为人的人一样,人也生产社会"③,人一旦成其为人,也不是消极地适应社会。生物、动物不是用自己的创造性劳动来满足自己的需要,而是靠大自然的赐予。人类则不然,他们完全是用自己的创造性活动来满足自己的需要,而且,正是由于存在这种创造的本性,人类的需要才不停地变化和发展。所以说,劳动创造了人本身。正如马克思所指出的,"全部所谓世界历史不外是人类经过人的劳动创造了人类"④。所谓"劳动创造了人类",就是人与周围自然处于一种能动的实践关系之中。

---

① 恩格斯. 自然辩证法. 北京:人民出版社,1971:18.
② 马克思,恩格斯. 马克思恩格斯全集:第 42 卷. 北京:人民出版社,1979:97.
③ 马克思,恩格斯. 马克思恩格斯全集:第 42 卷. 北京:人民出版社,1979:96.
④ 马克思. 1844 年经济学哲学手稿. 北京:人民出版社,1985:94.

4. 人的本质是具体的、历史的

既然人的本质是由社会关系的总和规定的,而在不同历史阶段,社会关系是不断变化发展的,因而马克思主义创始人指出"整个历史无非是人类本性的不断改变而已","人们的社会历史始终只是他们的个体发展的历史"。

人类的发展是一种世代交替。前一代人为后一代留下的人和自然界的关系、人和人的各种社会关系,是后一代人发展的前提和条件。"发展不断进行着,单个人的历史决不能脱离他以前的或同时代的个人的历史潮流,而是由这种历史决定的。"① 我们可以看到,原始社会的人类,既无力支配自然也不是社会关系的自觉的主人,其生活本质无非是近于动物式的自由生活;奴隶社会,人类的大多数——广大奴隶的本质仅仅是"会说话的工具";资本主义社会人的本质则是"绝对的贫困",因为由资本主义生产出来的巨大财富,本应是人的创造天赋的绝对发挥、人的本质力量充分发展的体现,结果在资本主义生产关系下,人的本质的这种充分发挥却表现为完全的空虚,反过来成为奴役它的创造者的异己的力量;而在未来的共产主义社会中,人的本质应该是需要—创造,即"人的一切感觉和特性的彻底解放","不仅通过思维,而且以全部感觉在对象世界中肯定自己"。②

综上所述,在马克思主义看来,人不是纯粹的自然物,不是单纯的生物学上的人,人总是生活在一定的社会关系中,总是实践着的现实中的人,即社会的人。同时,在马克思主义哲学中,人的实践活动既是一个使自然人化的过程,又是一个使人的本质对象化的过程;既是一个对象向人生成的过程,又是一个人向对象生成的过程。通过这种人向自然和自然向人的双向生成活动,自在的自然获得了现实性,人也获得了现实性。这种"现实的自然"和"现实的人"的内在统一,便形成了人生活于其中的多元开放的、丰富流动的现实生活世界。而生活于这个世界中的人也就不可能是抽象的、片面的、孤立的

---

① 马克思,恩格斯. 马克思恩格斯全集:第31卷. 北京:人民出版社,1960:515.
② 马克思,恩格斯. 马克思恩格斯全集:第42卷. 北京:人民出版社,1979:123-126.

人,而是生成着的、发展着的、创造着的人,是多向度的人。由此可知,马克思主义实践范畴的确立,为现时代教育目的的建构找到了立足点,那便是人的现实生活世界。

三、马克思主义关于"人的全面发展"学说的主要内容

(一) 分工与人的片面发展

马克思在全面考察人类社会发展历史的基础上,论述了分工与人的发展的关系,指出分工一方面是历史进步的原因,另一方面,在私有制条件下,分工限制了人的发展,造成人的片面发展和畸形发展。

马克思主义创始人指出:"就个人自身来考察个人,个人就是受分工支配的,分工使他变成片面的人,使他畸形发展,使他受到限制。"[①]"分工只是从物质劳动和精神劳动分离的时候起,才开始成为真实的分工。"[②]在原始社会,只有纯生理上的、性别和年龄上的自然分工,这种分工带有偶然性和自发性,它对个人还不具有实质性的影响。原始社会解体后,伴随着城市和乡村的分离,物质劳动和精神劳动产生分离,这才改变了社会劳动形态,对人的发展开始产生实质性影响。第一次大分工,即城市和乡村的分离,立即使农村人口陷于数千年的愚昧状况,使城市居民受到各自的专门手艺的奴役。这种对立鲜明地反映出个人屈从于分工、屈从于他被迫从事的某种活动,使一部分人成为受局限的城市动物,另一部分人成为受局限的乡村动物,并且每天都在产生他们之间利益的对立。

封建时代的手工业者为了保护自己的特殊劳动,组成了各种行会。行会之间的宗法关系,一方面使师傅对帮工和学徒的生活有直接的影响,另一方面使行会之间相互隔离。但就分工而言,各行会之间的分工还是非常原始的,而在行会内部,各劳动者之间则根本没有什么分工。手工业者一生专注于提高本行业的熟练技巧,这种专注

---

① 马克思,恩格斯.马克思恩格斯全集:第3卷.北京:人民出版社,1960:514.
② 马克思,恩格斯.马克思恩格斯论教育.北京:人民教育出版社,1986:35.

甚至可以使他们达到有某种有限的艺术感的程度。

随着资本主义时期社会分工的进一步发展，出现了"生产机构内部的分工"，即在生产某种商品时发生的分工。"分工在工场手工业中达到了最高的发展。""由于劳动被分成几部分，人自己也随着被分成几部分。为了训练某种单一的活动，其他一切肉体的和精神的能力都成了牺牲品。"①在手工工场里，人成为工场手工业的简单要素。局部工人作为总体工人的一个器官，他的片面性甚至缺陷就成了他的优点。而后，随着机器大工业时代的到来，在机器生产之初，工人从作为手工工场的局部机器进一步下降为机器的单纯附属品。工人被分配到各种专门机器上去，为训练自己适应自动机的划一的连续运动，工人只能被动地跟着机器运转，成为机器的附属品。

因此，马克思得出结论：工场手工业和机器大工业的分工使工人畸形发展。工场手工业的分工使工人终身专门使用一种局部工具，并达到自动化的程度。工人的畸形发展恰恰就体现在"自动工具"或"片面的技巧"上。机器大工业的分工使人终身专门服侍一台局部机器，工人的畸形发展比工场手工业时代更为可悲。"分工不仅使物质活动和精神活动、享受和劳动、生产和消费由不同的人来分担这种情况成为可能，而且成为现实。"②在阶级社会中，这种分工表现为剥削阶级垄断精神活动、享受和消费，而被剥削阶级被迫从事物质活动、劳动、生产。这种基于阶级对立的分工，实质上是"一个阶级被排斥于发展之外"，而"把这个阶级排斥于发展之外的另一阶级在智力方面也有局限性"。

应该看到，分工总是同一定社会条件相联系的。分工直接造成个人片面发展，然而个人片面发展意味着个人职业专门化，在一定历史阶段，正是这种个人生产能力的专业化才造成社会生产能力的全面化；当然，个人生产能力因专业化而造成的局限性，也限制了社会生产力的发展。分工除了同生产力有关以外，还同生产关系有密切

---

① 马克思,恩格斯.马克思恩格斯论教育.北京：人民教育出版社,1986：294.
② 马克思,恩格斯.马克思恩格斯全集：第3卷.北京：人民出版社,1960：512.

联系。"分工从最初起就包含着劳动条件、劳动工具和材料的分配，因而也包含着积累起来的资本在各个私有者之间的劈分，从而也包含着资本和劳动之间的分裂以及所有制本身的各种不同的形式。分工愈发达，积累愈增加，这种分裂也就愈剧烈。"①因此，"分工和私有制是两个同义语，讲的是同一件事情，一个是就活动而言，另一个是就活动的产品而言"。②

马克思在揭露私有制和分工对人的发展的摧残的同时，也指出机器大工业的"技术基础是革命的"(《资本论》)，因为"现代工业从来不把某一生产过程的现存形式看成或当作最后的形式"。而以往所有的生产方式的技术基础本质上是保守的。随着现代生产的技术基础发生变革，它也同样不断地使社会内部的分工发生革命，因此大工业的本性决定了劳动的变换、职能的更动和工人的全面流动。大工业的这种特性在客观上要求"用那种把不同社会职能当作互相交替的活动方式的全面发展的个人，来代替只是承担一种社会局部职能的局部工人"。

马克思把社会分工、阶级划分、私有制、劳动形式联系在一起加以分析，这对于理解和考察人的发展具有重要意义，揭示了人的发展离不开社会分工、离不开社会生活条件。因此，人的发展不是理论家进行探讨就能解决的问题，马克思、恩格斯在研究了历史上关于人的发展的理论后指出：首先，"人们每次都不是在他们关于人的理想所决定和所容许的范围之内，而是在现有的生产力所决定和所容许的范围之内取得自由的"③。生产力的发展水平是人的发展的基础和前提。当生产力发展水平较低时，"一些人靠另一些人来满足自己的需要，因而一些人(多数)经常地为满足最迫切的需要而进行斗争，因而暂时(即在新的革命的生产力产生以前)失去了任何发展的可能性"④。当生产力水平较高时，人的发展才能在生产力所容许的范围

---

① 马克思,恩格斯. 马克思恩格斯全集：第3卷. 北京：人民出版社,1960:514.
② 马克思,恩格斯. 马克思恩格斯全集：第3卷. 北京：人民出版社,1960:37.
③ 马克思,恩格斯. 马克思恩格斯全集：第3卷. 北京：人民出版社,1960:507.
④ 马克思,恩格斯. 马克思恩格斯全集：第3卷. 北京：人民出版社,1960:507.

内获得较大的自由。其次,马克思、恩格斯认为,人的生活包括一个范围广阔的多样性活动和对世界的实际关系。在现实社会中,人的发展不能全凭理想的设计,社会关系决定一个人朝什么方向发展、决定一个人能够发展到什么程度、决定一个人其他特性被压抑的程度。马克思以文艺复兴时期大画家拉斐尔为例说明:"像拉斐尔这样的个人是否能顺利地发展他的天才,这完全取决于需要,而这种需要又取决于分工以及由分工产生的人们所受教育的条件。"①

综上所述,在马克思看来,人的片面发展有两层含义。②

其一,生产力的不发展或不充分发展,私有制的生产关系(包括分工关系、阶级关系等),以及固定、狭小的活动范围和交往等的局限性,造成人的片面发展,人成为一定的机构或机器的肢体和附属物。而且,不仅劳动者因受旧式分工的奴役而片面发展,就是剥削阶级也因旧式分工而被自己的活动所奴役,受着交往范围的狭小和各式各样的局限性的奴役,受着他们的终身束缚于专门技能而造成畸形发展的奴役,受着他们的剥削意识、自私心理的奴役。

其二,在私有制社会分工条件下,人类创造的人的全面发展的可能条件与人的现实的状况相脱节、相矛盾,表现为人与物的对立。马克思指出:在资本主义社会,"物的关系对个人的统治、偶然性对个性的压抑,已具有最尖锐最普遍的形式"③。在资本主义社会,由于生产力的发展,人的全面发展具有了可能条件;而资本主义的生产关系使人的发展受着物的统治,劳动者从事劳动和各种活动,而这种劳动结果和活动的成果并不完全为劳动者所享用,不能为劳动者的发展服务。马克思谴责私有制使劳动者"不能把劳动当作他自己体力和智力的活动来享受"④。

(二) 人的全面发展的含义

马克思和恩格斯在《德意志意识形态》《共产党宣言》《资本论》

---

① 马克思,恩格斯. 马克思恩格斯全集:第3卷. 北京:人民出版社,1960:459.
② 厉以贤. 马克思主义教育思想. 北京:北京师范大学出版社,1992:85.
③ 马克思,恩格斯. 马克思恩格斯全集:第3卷. 北京:人民出版社,1960:507.
④ 马克思,恩格斯. 马克思恩格斯全集:第23卷. 北京:人民出版社,1972:202.

等著作中,对于人的全面自由发展这一问题作过多种表述。

我们可以把马克思和恩格斯关于人的"全面"发展问题的观点概括为三个方面。

一是指"潜力",即自然—历史进程赋予个人的各种潜在本质。这种潜力,既包括个人机体内蕴藏着的亿万年生命进化形成的肉体的和精神的素质,也包括人类千百万年的社会历史和文化传统所沉淀给个人的生理的和心理的素质。这种潜力不仅随着人类的进步和个人活动的深化愈发多样化,而且还会不停地新生出来。

二是指"能力",这是个人可以自我意识到和已经显示出来的力量。这种力量包括体力、智力、个性表现力,也包括情感、意志、直觉等力量。个人的能力是多方面的,表现出来的只是极少的部分。

三是指"关系",即个人的种种对象性关系。这种对象性关系,既包括个人与自然的关系(观察、认识、评价和改造自然界等),又包括个人之间的社会关系(经济关系、政治关系、伦理关系、生活交往关系等)。"个人的全面性不是想象的或设想的全面性,而是他的现实关系和观念关系的全面性。"[①]"全面发展的个人——他们的社会关系作为他们自己的共同的关系,也是服从于他们自己的共同的控制的。"因为,潜力、能力的全面化,不仅要通过关系的全面化来实现和显现,还要通过关系的发展而给个人注入新的潜力、激发起新的能力,从而使潜力—能力—关系构成个人"全面"发展的自我循环,实现个人"全面"的发展。

关于"自由",马克思主义创始人有着丰富的论述,我们可以归纳为以下三个方面。

一是个性在诸种属性(自然属性、社会属性、文化属性)中占有越来越大的比重,人的发展为个人所驾驭,"每一个有拉斐尔的才能的人都应当有不受阻碍的发展的可能"。在这种意义上,"人才在一定意义上最终地脱离了动物界,从动物的生存条件进入真正人的生存条件……一直统治着历史的客观的异己的力量,现在处于人们自己

[①] 马克思,恩格斯.马克思恩格斯全集:第46卷.北京:人民出版社,1980:36.

的控制之下了。只是从这时起，人们才完全自觉地自己创造自己的历史"。①

二是以完善自身为特点的劳动时间在生命活动中占有越来越大的比例。只有当劳动不是为别人创造财富，而是为自身发展创造种种主客观条件，劳动才会成为吸引人的劳动，成为个人的自我实现，从而使工人把劳动当作自己的智力和体力的活动来享受。

三是内在尺度与外在尺度越来越高度统一。人既要改造自我，使之适合于外在尺度，又要改造对象，使它服从于内在尺度。个人活动既表现为自我发展的过程，又是推进社会的过程。而这两者的统一程度的不断提高，则不仅把个人而且也把他人的存在、活动、能力、关系等引到了"自由"的境界，个人的发展不必屈从于强加于他的任何活动和条件。

因此，马克思主义的"人的全面发展"与"人的自由发展"是两个既有联系又有区别的概念。只有充分具备自由发展的条件，才可能实现个人的全面发展；同样，只有个人普遍得到全面发展，人类才能真正获得驾驭自然和人类社会的自由，成为自由发展的人。

综上所述，马克思关于人的全面发展的含义是指："由资本主义生产提供物质基础，人有目的地联合起来控制和发展这一物质基础，并消除其历史造成的自发性和盲目性；消除和克服人的发展中的矛盾，这些矛盾都是以私有制为核心展开的；从而达到人的智力和体力的统一，精神劳动、物质劳动和享受的统一，生存和发展的统一；使人的潜能和天资、兴趣和才能得到空前未有的发展；使人的身心、精神（道德）、才能、个性全面而丰富地发展。"②

（三）实现人的全面发展的条件

马克思主义创始人为我们描绘了人的发展的美好前景，同时也反复强调人的发展要受社会条件的制约，人的全面发展的实现是需要一系列基本条件的。而其中最基本的方面可归纳为发展社会生产

---

① 马克思,恩格斯.马克思恩格斯全集：第3卷.北京：人民出版社,1972：323.
② 厉以贤.马克思主义教育思想.北京：北京师范大学出版社,1992：87.

力、彻底改变旧的生产关系、教育与生产劳动相结合等。

1. 社会生产力条件

马克思的人的全面发展理论与以往所有论述人的发展的理想相比,其根本不同在于揭示出了人的发展的物质基础。这就是说,实现人的全面发展需要有充分发展的社会生产力,创造高度发展的物质条件。生产力的状况制约着人的发展的程度和水平。马克思指出:"个人是什么样的,这取决于与他们进行生产的物质条件。"①

按照马克思的观点,只有机器大工业时代到来,生产的知识含量和生产岗位的流动性增加,人的全面发展才成为社会发展的迫切和客观的需求,同时也才具有一定的可能性。手工生产是保守的,它客观上需要工人长期甚至终身从事一种职业。而大工业的原则是,首先,把每一个生产过程本身分解成各个构成要素,从而创造了工艺学这门现代科学。有了工艺学(近代技术科学)以后,工艺学反过来又促使原有机器不断革新和新机器产生,推动机器大工业进一步发展。技术革新和技术革命的不断实现,必然使劳动职能不断发生变化,而劳动的变换、职能的更动又必然使劳动分工不断发生变化,造成了工人的大量流动,从一种劳动职能转入另一种劳动职能,从一个生产部门流入另一生产部门。其次,生产过程中智力因素不断增加,脑力劳动在生产中的作用不断提高,生产过程中体力劳动和脑力劳动的比例日益改变,对人的智力和体力发展提出了更高的要求。从而,大工业向人们展示了这样的前景:在正常情况下,特别是在有计划的调节的情况下,工人经过必要的技术训练和技术教育,自由转换工种和职业,成为全面发展的人。也就是说,用全面发展的个人来代替局部个人,是大工业生产的客观需要。

同时,只有当生产力的发展达到消灭一切分工的程度,个人和整个人类的真正的全面发展才会彻底实现。人的发展程度同人所占有的自由时间有直接联系。时间实际上是人的积极存在,它不仅是人的生命的尺度,而且是人的发展的空间。自由时间是使个人得到充

---

① 马克思,恩格斯. 马克思恩格斯全集:第3卷. 北京:人民出版社,1960:24.

分发展的时间。自由时间——不论是闲暇时间还是从事较高级活动的时间——自然要把占有它的人变为另一主体。不断提高的劳动生产率,缩短了必要劳动时间,从而为整个社会和社会的每个成员创造大量可以自由支配的时间。"要使这种个性成为可能,能力的发展就要达到一定的程度和全面性,这正是以建立在交换价值基础上的生产为前提的,这种生产才在产生出个人同自己和同别人的普遍异化的同时,也产生出个人关系和个人能力的普遍性和全面性。"[1]可见,人的全面发展之所以有可能,是因为资本主义生产创造的全面关系、全面需求和全面能力体系为此准备了客观前提。

2. 社会生产关系条件

人的发展总是以一定的物质财富和精神财富为前提的。随着人类物质文明和精神文明的进步,人类自身也不断得到发展,这是一个总趋势。然而,劳动者(社会的主体)个人的发展并不与人类财富的积累成正比,这是因为在不同社会形态下,所有权不同,财富的社会属性不同。人的全面发展需要高度发展的生产力,但人的全面发展的实现则还需要或还直接取决于社会关系。不必否认,发达资本主义国家,在生产力和物质条件方面,存在着日益增多的人的全面发展的因素。但在资本主义形态中,建立在对抗基础上的社会劳动和社会关系,造成人的发展的双重特征:一方面,使人的发展由于生产力的发展而在总体上出现改善、丰富和全面的趋势;另一方面,人的发展仍然受着资本主义社会力量的统治,屈从于资本主义的对抗的社会关系。人的发展仍然由于阶级的差别而分化。这是因为资本主义生产不以人(劳动者)为目的,而以财富本身为目的。这些积累起来的财富主要不是用于促进劳动者的发展,甚至反而成为劳动者发展的桎梏。因此,马克思主义创始人指出:只有一种能够有计划地生产和分配的自觉的社会生产组织,才能在社会关系方面把人从其余的动物中提升出来;历史的发展使这种社会生产组织日益成为必要,也日益成为可能。

---

[1] 马克思,恩格斯. 马克思恩格斯全集:第46卷. 北京:人民出版社,1979:108.

3. 教育与生产劳动相结合——实现人的全面发展的途径

恩格斯指出:"教育可使年轻人很快就能熟悉整个生产系统,它可使他们根据社会的需要或他们自己的爱好,轮流从一个生产部门转到另一个生产部门。因此,教育就会使他们摆脱现代这种分工为每个人造成的片面性。"马克思也曾说明,由分工而形成的千百万人民群众的畸形发展和萎缩,可以通过国民教育来消除,"未来教育对所有已满一定年龄的儿童来说,就是生产劳动同智育和体育相结合,它不仅是提高社会生产的一种方法,而且是造就全面发展的人的唯一方法"①。

马克思主义认为,物质生产劳动是人类最基本的实践活动。它不仅是物质财富的源泉,而且是人的体力和智力发展的源泉。然而并不是任何劳动都能成为人的自然需求,也不是任何劳动都能成为人的体力和智力发展的源泉。这里的生产劳动指的是"真正自由的劳动",即具有社会性、科学性和一般性(普遍性)的劳动。这种生产劳动给每一个人提供全面发展和表现自己全部体力和脑力的机会,是解放人的手段。

然而,即使是自由劳动,也只是人的发展的客观基础。因为人的体力和智力的发展并不是自发的过程;人在体力和智力方面全面的、和谐的和充分的发展,更不是自发的过程。要得到全面发展,还有赖于生产劳动与教育的结合。这种与生产劳动相结合的教育也有质的规定性,只有具备了使生产劳动成为自由劳动的那种历史前提,教育与生产劳动的结合,才能在全体社会成员中真正实现。当然,这种历史前提是逐步成熟的,应当把教育与生产劳动的结合的实现,看成是一个自然历史过程。

◆ **思考与争鸣**

马克思关于人的全面发展学说为我们建构当代教育目的提供了以下启示。

---

① 马克思,恩格斯.马克思恩格斯全集:第23卷.北京:人民出版社,1972:530.

其一，人的全面发展是教育要追求的永恒的理想，其实现的过程是一个历史过程，即人不断克服发展的片面性、不断消除物的关系对人的统治，最终实现真正的全面发展的过程。马克思在揭示资本主义社会的一般特征时，以资本主义为主体，把人类社会分为三大历史形态。第一是资本主义以前的社会形态，以"人的依赖关系"为特征。在这种社会形态下，"人的生产能力只是在狭窄的范围内和孤立的地点上发展着"。个人只有有限的知识与经验，但有"原始的丰富"，即较为粗浅的全面发展。第二是资本主义社会形态，其特征是有"以物的依赖性为基础的人的独立性"。在这种社会形态下，由于摆脱了人的直接依赖关系，人的生产能力摆脱了狭窄范围和孤立地点的局限，形成"普遍的社会物质变换、全面的关系、多方面的需求以及全面的能力的体系"，为向新的社会形态过渡、为个人全面发展创造了客观前提。然而，摆脱人的依赖关系，劳动力成了自由劳动力，只是取得"人的独立性"的外观。它不是人的依赖关系的消除，而是在物的依赖关系掩盖下的人的依赖关系，并且使人的依赖关系具有普遍的形式。在这种社会形态下，社会的全面关系以个人的片面关系为基础，社会的多方面需求以个人片面需求为代价，社会的全面生产能力以个人片面能力为条件。所以，在这种社会形态下只有个人片面发展的现实性，而无普遍的个人全面发展的现实性。第三是共产主义社会形态，其特征是有"建立在个人全面发展和他们共同的社会生产能力成为他们的社会财富这一基础上的自由个性"，使人的全面发展成为现实。

可见，马克思所说的全面发展的个人不是自然的产物，而是历史的产物。人只能在特定的历史与现实所允许的范围内发展自己，获得那个时代所允许的自由。所谓"每个人自由而全面的发展"是一个由初级阶段向高级阶段不断前进的过程。只有在历史条件已经具备和成熟以后，人的真正的全面、自由的发展才有可能实现。所以，马克思主义创始人是把人的全面发展同社会发展与生产发展的规律及趋势联系在一起的。这恰恰是马克思主义哲学的科学之处。

其二，人的全面发展的教育理想的实现过程是革命的实践过程。

"环境的改变与人的活动的一致,只能被看作并合理地理解为革命的实践"①,因为人的发展是这样一个过程:在"革命活动中,在改造环境的同时也改变着自己"②。马克思通过对人类历史的考察,得出结论:无论就全人类的发展历史来看,还是就人类个体的发展成长过程来说,人的发展都是与改造自然、改造社会的实践活动联系在一起的。人的全面发展作为一个历史过程,必然只能在改造自然、改造社会的实践活动中历史地实现。

其三,由于马克思主义创始人是把人的全面发展同社会发展与生产发展的规律及趋势联系在一起的,所以,马克思主义关于人的全面发展的学说理应是我们构建当代教育目的的理论基础,当代教育目的的建构也理应依此为指导。同时,我们也应看到,马克思主义关于人的全面发展的学说是面向未来共产主义社会提出的,而当代教育目的的建构应该体现现时代的时代精神及价值取向。所以,只有对当代教育的现实及时代发展的趋向进行深入具体的分析,才能使马克思主义关于人的全面发展的学说更具有当代的时代性内涵。这恰恰也是马克思主义实践哲学的必然要求。

第四节 我国的教育目的

一、我国教育目的的历史沿革

我国的教育目的是与本国特定时期的政治、经济制度紧密相连的,反应不同时期我国社会及教育发展的现实。以人类历史发展的进程来看,我国教育目的的历史沿革主要经历了四个阶段。

(一) 原始社会的教育目的

原始社会的教育虽然形式简单、内容贫乏,不是专门的社会实践活动,而且也只是以口耳相传的模仿为主要教育手段,但这一时期的

---

① 马克思,恩格斯. 马克思恩格斯全集:第3卷. 北京:人民出版社,1960:234.
② 马克思,恩格斯. 马克思恩格斯全集:第3卷. 北京:人民出版社,1960:4.

教育还是有目的的,只是教育目的相应地也比较简单:为了生存、繁衍、与自然作斗争。这一点可从新中国成立前还处于原始社会农村公社阶段的基诺族得到论证。当时的基诺族没有文字,也没有学校,教育形式主要是劳动中老一辈将积累的经验与技能通过示范传授给年轻一代,或是儿童达到一定年龄后,在一定的场合,有意识地从父母、长者那里接受口头教育。教育的主要内容为生产劳动教育、宗教和道德教育、爱情和婚姻教育、美育、体育、简单的数学知识和自然常识教育。教育主要是为了人们的生存和繁衍,为了社会的维持和延续,培养能适应自然条件和社会生活的全体氏族成员。[①]

(二) 古代社会的教育目的

古代社会的教育目的主要包括奴隶社会、封建社会的教育目的。这一时期我国虽然存在正规的学校教育,但这一时期还没有由国家提出的统一的教育目的。这一时期的教育目的主要体现在教育家们有关教育的言论及著作中。孔子教育思想的中心是"仁",即"爱人",他强调有教无类,使教育向平民开放;同时因材施教,使学生都得到发展。孔子相信"性相近,习相远",重视以孝悌为本的道德教育,主张恢复周公时代的政治;同时通过教育阐述其政治理想,致力于培养"士""君子"和"圣人"。"仕而优则学,学而优则仕"比较准确地概括了孔子关于教育目的的主张。在孔子之后,虽然有许多伟大的教育家提出了诸多的教育目的,但其中心思想还是植根于孔子"学而优则仕"的教育目的观。可以说,中国古代教育目的与政治目的是密切联系的,主要以培养封建统治人才为目的。

(三) 我国近代的教育目的

近代中国教育目的系统比较完备,既出现了国家制定的教育方针、确定的教育宗旨,也出现了各级各类学校的培养目标,同时还有大批的教育理论研究者对教育目的进行了系统的研究。在1902年以前,我国还没有提出过统一的教育目的。1902年梁启超在其《论教育当订宗旨》一文中,首先提出了制定和贯彻全国一体的教育宗旨

---

① 瞿宝奎.教育学文集·教育与教育学.北京:人民教育出版社,1993:244-245.

的必要性。中国历史上首先由国家确立教育目的,始于 1904 年的《奏定学堂章程》。其中规定:"至于立学宗旨,无论何等学堂,均以忠孝为本,以中国经史之学为基,俾学生心术归于纯正,而后以西学瀹其知识,练其艺能,务期他日成才,各适实用,以为国家造就通才,慎防流弊之意。"这个教育目的体现了当时半殖民地半封建中国教育"中学为体,西学为用"的方针政策。1906 年,当时的学部正式规定教育宗旨为"忠君、尊孔、尚公、尚武、尚实"。1912 年,教育总长蔡元培提出了"五育并举"的教育方针,同年 9 月,国民政府教育部公布了国民教育宗旨为"注重道德教育,以实利教育、军国民教育辅之,更以美感教育完成其道德"。这是中国教育目的发展过程中的重大转变,也是中国近代教育理论研究者借鉴国外先进教育成果的体现。这一教育目的明确不再以仕途教育为目的,而是以个人的不断完善、全面发展为目的,是我国教育史上的一次巨大进步。1923 年 3 月,国民党召开第三次代表大会,确立的教育宗旨为:"中华民国之教育,根据三民主义,以充实人民生活,扶植社会生存,发展国民生计,延续国民生命为目的;务期民族独立,民权普遍,民生发展,以促进世界大同。"该教育目的虽然建立在个人发展与社会发展兼顾的理论基础上,但是它更加强调教育目的的社会功能,特别是政治功能。1936 年,国民党政府再次对国民教育的目的进行了修改,《中华民国宪法草案》作了明确规定:"中华民国之教育宗旨,在发扬民族精神,培养国民道德,训练自治能力,增进生活智能,以造就健全国民。"总的来说,这一时期的教育目的已经不以封建社会的"忠君""尊孔"为其主要精神,具有一定的现代教育特点。[①]

(四)新中国成立以来我国教育目的的历史回顾

新中国成立以来,在不同历史时期,由于政治、经济及文化的发展变化,我国曾提出过不同的教育目的。

新中国成立之初,社会进入了一个和平建设的时期,旧社会遗留下来的学校需要加以改造才能适应新中国建设的需要。故而 1949

---

① 郑金洲. 教育通论. 上海:华东师范大学出版社,2000:200-202.

年12月教育部在北京召开第一次全国教育工作会议,确定了全国教育工作的总方针,即新民主主义文化教育方针:中华人民共和国的教育是新民主主义教育,它的主要任务是提高人民文化水平,培养国家建设人才,肃清封建的、买办的、法西斯的思想,发展为人民服务的思想。这种新教育是民族的、科学的、大众的教育,其方法是理论联系实际,其目的是为人民服务,首先为工农兵服务,为当前的革命斗争与建设服务。这反映了教育要为工农服务,为生产建设服务,要培养社会主义的建设者和保卫者。

1953年,毛泽东同志提出著名的"身体好、学习好、工作好"的"三好"指标,它成为我国教育目的的雏形。1954年,我国《宪法》规定:"国家特别关怀青年的体力和智力的发展。"同年,政务院《关于改进和发展中等教育的指示》指出:"中等教育的目的,是以社会主义思想教育学生,培养他们成为社会主义社会全面发展的成员。"1957年,在我国生产资料所有制的社会主义改造基本完成以后,2月27日,毛泽东同志在最高国务院会议上提出:"我们的教育方针,应该使受教育者在德育、智育、体育诸方面都得到发展,成为有社会主义觉悟的有文化的劳动者。"该思想在其著作《关于正确处理人民内部矛盾的问题》中也有体现。这个方针,比较全面地阐明了社会主义教育的目的,基本上反映了社会主义政治经济和生产建设的发展对人才规格的要求。1958年,中共中央、国务院《关于教育工作的指示》指出:"党的教育方针,是教育为无产阶级的政治服务,教育与生产劳动相结合。"直到"文化大革命"结束,我国的教育工作一直以1957年和1958年提出的方针为指导。

1981年6月,党的十一届六中全会通过的《关于建国以来若干历史问题的决议》指出,要"坚持德智体全面发展、又红又专、知识分子与工人农民相结合、体力劳动与脑力劳动相结合"的教育方针。同年11月,《政府工作报告》明确指出我国的教育目的:"使受教育者在德智体几方面都得到发展,成为有社会主义觉悟的、有文化的劳动者和又红又专的人才。"

1982年通过的《中华人民共和国宪法》第46条明确规定:"国家

培养青年、少年、儿童在品德、智力、体力等方面的全面发展。"这是新中国第一次以法的形式出现的教育目的。1985年《中共中央关于教育体制改革的决定》进一步提出了我国新时期人才培养在质量、规格以及数量方面的具体要求,指出教育必须"面向现代化,面向世界,面向未来,为90年代至下世纪初叶我国经济和社会的发展,大规模地准备新的能够坚持社会主义方向的各级各类合格人才"。并指出这些人才"都应该有理想、有道德、有文化、有纪律,热爱社会主义祖国和社会主义事业,具有为国家富强和人民富裕而艰苦奋斗的献身精神,都应该具有实事求是、独立思考、勇于创造的科学精神",体现了我国社会主义初级阶段的教育目的。

1986年《中华人民共和国义务教育法》颁布,对我国义务教育的目的作出了规定:"义务教育必须贯彻国家的教育方针,努力提高教育质量,使儿童、少年在品德、智力、体质等方面全面发展,为提高民族素质,培养有理想、有道德、有文化、有纪律的社会主义人才奠定基础。"

1995年3月颁布的《中华人民共和国教育法》是教育方面的根本大法,它总结了我国十几年来改革的经验,并规定"教育必须为社会主义现代化服务,必须同生产劳动相结合,培养德、智、体全面发展的建设者和接班人"。这已经成为我国教育活动必须遵循的法律要求。

2006年,为了"提高全民素质",我国对《中华人民共和国义务教育法》作了修改,指出义务教育阶段的教育目的为:"义务教育必须贯彻国家的教育方针,实施素质教育,提高教育质量,使适龄儿童、少年在品德、智力、体质等方面全面发展,为培养有理想、有道德、有文化、有纪律的社会主义建设者和接班人奠定基础。"

综上所述,新中国成立以来我国教育目的表述上的演变,反映了我们对于根据中国的实际情况确定教育目的这一问题在认识上的逐步提高的过程,也体现了我国政治、经济的变化对人才培养规格提出的要求的变化。

二、我国教育目的的基本精神

新中国成立以来,尽管在不同历史时期我国教育目的在表述上不尽相同,但反映出一些共同的特点:我国的教育目的,具有鲜明的社会主义方向性;合乎我国实际情况,同时又适应时代发展及现代教育发展的趋势,富有时代感;体现我国民族的优良文化传统,具有自己的民族特色;我国教育目的的理论依据是马克思主义关于人的全面发展的学说,符合人的发展的总方向,具有科学性。其具体内涵有以下几点。

(一) 培养"社会主义事业的建设者和接班人"是当前我国教育目的的总要求

培养社会主义事业的建设者和接班人是我国社会主义教育事业的总要求,它规定着我国当前教育发展的基本方向,指引我国当前各级各类学校的培养目标,是我国社会主义教育事业对个体发展的总的规格与要求。我国正处于社会主义建设的快速发展阶段,正面临着前所未有的发展机遇,因此培养新型的、符合社会主义事业发展要求的劳动者和接班人是迫在眉睫、刻不容缓的。这种新型的劳动者是脑力劳动与体力劳动相结合的劳动者,也是全面发展的新一代的生产者。我国新时期的培养社会主义事业的建设者和接班人的教育目的,是对社会主义劳动者两种职能的综合要求,即在社会主义物质文明与精神文明建设上,是合格的"建设者"。否则就违背了社会主义教育目的的基本精神。

(二) 德、智、体等方面的全面发展,是当前我国教育目的对人才培养质量与规格的总要求

教育所培养的人的质量与规格问题,即人才的素质结构与质量标准,是教育目的的一个重要组成部分。我国教育目的对人才发展的质量与规格的总要求就是受教育者德、智、体等诸方面全面发展。这也是马克思主义关于人的全面发展学说在我国现时代教育目的中的体现。

（三）提高全民素质是当前我国教育目的所蕴含的方向[①]

1985年,《中共中央关于教育体制改革的决定》明确提出:中国教育改革的目的是提高中华民族的素质。此后,关于提高全民素质、实施素质教育的探索逐渐兴起。1993年《中国教育改革和发展纲要》要求"中小学要由应试教育转向全面提高国民素质的轨道",素质教育开始流行。经过20多年的探索,人们发现,人的全面发展的教育目的本身就是强调人的素质发展的全面性,因此素质教育的提出本身是对人的全面发展的教育目的的重申。同时,素质教育中"提高全民素质"的表述为我国的教育目的增添了新的理解。

总之,当前我国的教育目的所表达的基本精神是培养社会主义事业的建设者和接班人、促进个体全面和谐发展以及全民素质的提高。

需要指出的是:我国的教育目的常常是以"教育方针"的表达形式出现的,主要是为了解决一定时期内我国社会主义建设中的主要矛盾而制定的,所以,教育目的在不同时期的侧重点也是不同的。例如,抗战时期,我们强调"教育为战争服务";经济建设时期,我们强调"教育为经济建设服务";等等。但强调教育的某一功能并不意味着这种功能是"唯一"的功能,更不意味着这种功能就可以孤立地去实现。新中国成立以来,我们在对教育目的、教育方针的理解贯彻中,受"左"的思想影响,一度存在着严重的片面性。例如,在强调"教育为无产阶级政治服务"时,片面地把教育仅仅看成是阶级斗争的工具,并把教育为政治服务和学校教育工作的特点人为地对立起来,以政治冲击学校正常的教育秩序,这在"文革"时期表现得尤为突出。粉碎"四人帮"后,在强调教育为经济建设服务时,也存在着过分夸大教育的经济功能的偏向,并以此作为教育发展的战略依据。历史的教训告诉我们,把握我国社会主义的教育目的,应当是树立全面的、历史的观点,要注意保持教育在社会主义建设历史进程中的协调性。

同时,我国社会主义初级阶段的教育目的,是现阶段我们教育工

[①] 丁锦宏.教育学.南京:南京大学出版社,2002:241-242.

作的总目标,是各级各类学校制定具体培养目标的依据和基本要求。各级各类学校具体目标的制定,必须以总目标为指导,否则就要失去方向,但教育总目标也必须体现在各级各类学校的具体培养目标中才能得以贯彻和落实。所以,教育总目标的制定,不能代替各级各类学校培养目标的制定。

三、我国教育目的新取向

近些年来,我国基础教育的改革一直如火如荼地进行着,从中可以反映出我国人才培养的新取向。

(一) 新课程背景下的教育理念

1. 以人为本,促进学生发展

长期以来,教育中学生经常被置于从属的地位,处于被动状态。为了改变这种状态,新的课程标准着力彰显学生的主体性。例如,语文标准中明确指出"学生是语文学习的主人","学生是学习和发展的主体","教师是学习活动的引导者和组织者"。另外,标准中还明确提出语文教育的目标是全面提高学生的语文素养,教学目标已经不是简单地指向于单一的智力操作,而是指向了学生综合素养形成与发展的全过程。这个过程是学生认知、情感、意志以及个性的心理发展的过程,是学生精神世界内化、孕育、生长和生命发展的过程,充分体现了"促进学生发展为本"的新理念。由此可见,新课程充分体现了呼唤学生的主体精神,张扬学生的个性特征,激发学生的生命活力,发挥学生的创造才能的以人为本的新理念。

2. 从重视结果向重视过程转变

传统的教学目标指向学生掌握知识的程度这一教学结果,并且以此为标准评价教师的教和学生的学。单纯重视结果有可能导致教育偏离目标,导致学生的片面发展。对此,新课程改革倡导教育教学目标要实现新的转向,将"知识能力、过程方法、情感态度价值观"三个维度作为课程目标的依据,其中"过程方法"作为一个重要的维度,反映了新的教学理念中对教学过程的重视。新的课程标准鼓励学生根据自身的特点,选择适合自己发展的学习方法、学习策略,尊重学生在学习过程中的独特体验。

新的课程标准最突出的一点就是对学生生活世界的关注。例如,语文课程标准中强调"大语文观",即通过语文和社会的沟通和生活的联系以及跨学科渗透,让语文走进学生生活,成为学生生活的一部分。如何才能让教学融入学生生活?对这一问题的反思直接导致了许多教学新观念的诞生,如以问题为纽带的教学观、以综合为导向的教学观、研究性学习观、追逐知识前沿的教学观等。这些新的教学观在课程标准中都有所体现。再如,数学课程标准指出:"学生的数学学习应当是现实的,有意义的,富有挑战性的,这些内容要有利于学生主动地进行观察、实验、猜测、验证、推理与交流等数学活动。"

(二) 主体教育的新取向

主体教育不是外在地按照某个标准去塑造人,而是激活和形成学生自我完善的内在机制,使个体成为真正意义的主体性的人,拥有自我建构和发展的内在活力和机制。在当前课程改革中涌现出如下做法。

第一,在教学目标上,以培养学生创新型人格为取向,建立探究性学习目标系统。课程目标要充分保护和培育的是人的创造特性,它使个体充满对未知世界的好奇和叩问,在探究性学习中积累知识、形成能力;培养学生的创新意识,提升创新精神。

第二,在课程结构上,充分结合生活和生产实际,拓宽学生自主活动的空间。要减少对于学生的束缚,变单一课程结构为多元课程结构;在完整开设国家规定的课程的基础上,大力开设学校课程,增设活动课程,深入推进研究性学习活动的开展,为学习活动提供丰富多彩的空间;变固定式课程结构为一定程度的弹性课程结构,全面开设选修课,让学生拥有较大的自主选择余地。

第三,在教学过程中,充分体现学习的主体性,让学生真正成为学习的主人和今后生活的主人。要调动和激发学生内在的学习积极性,把学习目标和学习需求结合起来,努力培养学生良好的学习习惯,形成科学有效的学习方法,使其在主动和探究性学习中享受学习的乐趣;力避灌输式、强压式教学,引导学生在认知理解和问题解决中系统把握知识体系,并有效开展研究性学习,使课堂充满认知、探究和研究的气氛,把知识教学、问题解决和课题研究有机结合起来。

(三) 因材施教和发展性评价的提出

长期以来,我国各级各类学校都有统一的教学计划、课程标准,课堂教学强调一种方法,结果是一部分人在"拼搏"中脱颖而出考上了重点中学和大学,也有相当一部分人在"挫折"和"失败"面前"厌学"和"怠学"。事实上,学生作为一个完整的个体是有一定差异的,这种差异主要不表现在一般智力和能力上,而表现在特殊智力和某些专门项目的技能上。绝大多数学生都能完成教育目标设定的基本学业,但在不同领域表现出不同的认知水平和天赋,课程要在让不同类型的学生达到基本课程目标的同时,尽可能发展他们的优势领域,使每个人都能实现自我、走向成功。为此,必须切实贯彻因材施教的原则。一是要正确认识学生不同的先天条件和个性特长,不用同一个或单一的认知标准来衡量每一个学生;要善于发现学生的兴趣特长和特殊才能,为不同的学生确立不同的发展目标,使每个人都能成才。二是要提供丰富多样的发展空间,培养和发挥学生多种多样的爱好特长,激活其内在先天禀赋,引导他们走向最优的发展路径。三是要鼓励学生努力发现自我,不能因为他们在某些方面相对落后便把他们打入"另册",要努力促成他们在某些方面特殊才华的闪现,使每个学生都能体验到学习的满足感和成长的愉快感。四是要注意教育评价的功能不仅仅是告诉学习者一个最终结果,更在于它对学习活动的调节、激励和导向的作用。要发展地、动态地看待每一个学生,善于运用激励性评价,使他们从教师的评价中不断获得信心和力量;要充分掌握形成性评价,使各种评价渗透在学习的过程中,与目标的设定、过程的调控有机结合起来,把学生的当前学习与他们过去的基础和可能达到的发展目标结合起来,充分肯定每一个独特的个体在学习上的进步性和发展性,避免因过重的横向评价而伤害学习的积极性。

由此可见,在我国当前的教育理论与实践中,重要的已经不再是提出什么样的教育目的,而在于提供教育目的最终得到实现的切实途径与保障。

第五节　我国教育目的的贯彻与实施

教育目的作为人才培养质量与规格的总规定,其核心是学生的全面发展。而受教育者要想获得全面发展就必须接受全面发展的教育。

一、全面发展的教育

人的全面发展与全面发展的教育之间的关系是目的与手段的关系。人的全面发展是指个体身心素质的全面、和谐的发展,是解决人的素质构成问题;全面发展的教育是学校对学生进行教育的内容,是解决培养人的教育内容的结构问题。人的全面发展需要全面发展的教育,缺少全面发展的教育,想实现人的全面发展是不可能的。

（一）全面发展教育的构成

关于全面发展的教育由哪些内容组成,国内学术界存在分歧,主要有"三育说""四育说""五育说"等。"三育说"是指全面发展的教育由德育、智育和体育组成;"四育说"是指全面发展的教育由德育、智育、体育和美育组成;"五育说"是指全面发展的教育由德育、智育、体育、美育和劳动技术教育组成。目前"五育说"基本为人们所接受。

1. 德育

德育即思想品德教育,包括政治教育、思想教育、道德教育以及个性心理素质教育等,是教育者依据一定社会要求和受教育者品德形成和发展的规律,是有目的、有计划、有组织地对受教育者施加影响以形成一定品德的教育。

德育的过程就是教育者按照思想品德形成的规律,有意识地把一定的社会意识、道德准则转化为个体的思想品德的过程。把社会意识和道德准则转化为个体的思想品德的过程,也就是培养、造就出符合一定社会要求的道德行为主体的过程。

作为全面发展的教育的组成部分,德育具有自己的目标,即德育目标。它是一定社会对教育所要造就的社会个体在品德方面的质量和规格的总的设计和规定。德育目标的确定要考虑一定社会对其公民在政治、思想、道德等方面的基本要求与受教育者品德健全发展的需要;要考虑受教育者自身的发展水平和心理发展的需要;另外,德育目标的制定还要受一定的教育思想特别是教育哲学思想的影响。

目前,加强德育是我国学校教育的首要任务;是社会主义现代化建设的必然要求;是年轻一代身心发展的客观需要。德育肩负着重要的任务,如引导学生形成社会主义公民的政治态度,坚定学生的政治方向,培养学生形成科学的世界观、人生观、价值观,使学生具有良好的个性心理素质,使学生具有良好的道德品质和自我教育的能力,等等。

必须指出的是,我们常以"德育为首"来突出德育在全面发展的教育中的重要作用,因为它制约着人的发展的方向,影响其他诸育的效果,为人的发展提供动力。但是,承认德育的独特地位,承认德育在人的发展中的独特作用,并不意味着在构成全面发展的"五育"之中"德育第一"。德育与其他各育处于同等重要的地位,它们是构成全面发展的人的素质的不同组成部分。

2. 智育

智育是指通过教学使学生掌握系统的科学文化知识和技能,发展学生的智力和能力的教育。它包括基础知识、基本技能、智力、能力等方面的教育与培养,为人的发展提供知识能力基础。

(1) 使学生掌握一定的科学文化基础知识,并形成相应的基本技能、技巧,为学生今后从事社会劳动和继续学习,形成科学的世界观奠定坚实的知识基础,是智育最基本的任务。这里的"基础",一是相对于学科内容而言的,这些知识是基础的,概括的,是进一步加深学习所必需的;体现在学校内部课程体系以及每一门学科内部的内容序列上,前一部分学习对后一部分学习具有基础意义。二是对于个体认识世界和发展认识能力来说,这些知识也属于基础性的知识。

(2) 促进学生认识能力的发展,特别是学生智力品质的发展,为学生的终身学习和从事创造性活动做好准备。

（3）智育要培养学生对科学文化的热爱、追求和探索的精神,养成实事求是的学风和良好的学习习惯,等等。

在现实的教育活动中,不同学科的智育的目标也有不同的表述。可以根据智育自身的特殊任务将智育目标分为两类。一是知识、技能目标。例如掌握语文、外语、数学等学科的基础知识;掌握听、说、读、写、算的方法与技能;通过物理、化学、生物、思想政治、历史、地理等学科的学习,初步认识自然规律和社会规律,系统地掌握这些学科的基础知识及现代科学理论;掌握文学、音乐、美术等方面的基础知识,具有一定的文化艺术修养和初步的艺术创造技能;等等。二是智力和能力目标,包括对观察力、记忆力、想象力、思维力、创造力、操作能力、运算能力、空间想象能力、逻辑思维能力等的培养。

我国现行的小学、中学、高中课程计划中都规定了各阶段智育的总体目标。小学阶段:使学生具有阅读、书写、表达、计算的基本知识和基本技能,了解一些生活、自然和社会常识,初步具有基本的观察、思维、动手操作和自学的能力,养成良好的学习习惯。初级中学阶段:掌握必要的文化科学技术知识和基本技能,具有一定的自学能力、动手操作能力以及运用所学知识分析和解决问题的能力,初步具有实事求是的科学态度,掌握一些简单的科学方法。高级中学阶段:培养学生掌握现代社会需要的普通文化科学基础知识和基本技能,具有自觉的学习态度和自学的能力,掌握基本的学习方法,具有创新的精神和分析问题、解决问题的基本能力。[①]

需要指出的是,在完成智育的上述几方面任务的过程中,要注重处理好知识传授与能力发展的关系。

其一,掌握知识、技能、技巧是人的能力发展的基础,但知识的增多与能力发展并不必然成正相关。例如,知识量多,但杂乱无章;知识偏重某一方面,面窄;知识是通过死记硬背获得的,不能把握知识内在结构,不能迁移;等等。这些都不一定对能力发展起作用。

其二,掌握知识与发展能力是在认识活动中实现的,但两者不同

---

① 扈中平,等.现代教育学.北京:高等教育出版社,2000:202.

步,也不会自动转化。它们之间的转化尚需要一定的条件与机制。

3. 体育

体育,从广义看,它是文化教育的重要组成部分,是提高人民健康水平,增强人民体质,丰富社会文化生活,提高社会生产力的重要手段;狭义的体育是指学校体育,它是促进学生身体全面发展,增强学生体质,使学生学习体育知识、技能,培养学生道德品质的一种有目的、有计划、有组织的影响活动,它是全面发展的教育的重要组成部分。①

体育是人类最古老的教育。人类社会的生产力越是低下,依靠体力生存的可能性就越大,因此体育自人类产生之日起就已存在。它不仅历史悠久,而且在人的全面发展的教育中起着独特的作用,为人的全面发展提供物质基础,为各育的实施提供重要的保障。

在人的全面发展过程中,体育同样承担着艰巨的任务。体育要指导学生锻炼身体,促进学生身体及其机能正常发展,不断提高学生的体质,提高健康水平;使学生逐步掌握体育的基本知识和技能技巧,掌握科学锻炼身体的方法,逐步养成自觉锻炼的习惯,不断提高体育活动的技术水平;对学生进行品德教育,锻炼学生的毅力,培养学生良好的道德品质和个性心理品质;等等。

体育目标的确定是实现体育任务的关键。我国现阶段小学、初中和高中都制定了总的体育目标。小学阶段:使学生掌握体育、卫生、保健的基础知识和简单的体育运动技术;使学生养成锻炼身体、讲究卫生的习惯,增强体质,加强纪律观念,培养学生团结友爱、朝气蓬勃和勇敢顽强的精神。初中阶段:使学生掌握体育基础知识和体育卫生保健知识,初步掌握基本运动技能;使学生养成自觉锻炼身体的习惯,促进身体正常发育,增强体质,进一步加强纪律观念,培养学生团结合作的精神、竞争的意识和勇敢顽强的意志品质。高中阶段:培养学生自觉锻炼身体的习惯,使他们具有健康的体魄和身心保健

---

① 南京师范大学教育系.教育学.北京:人民教育出版社,2002:309.

的能力;具有良好的意志品质和一定的应变能力。①

4. 美育

美育,又称审美教育,是运用艺术美、自然美和社会生活美,引导学生形成正确的审美观点,发展他们感受美、鉴赏美、表现美和创造美的能力,使他们形成高尚情操和文明素质的教育活动。

美育作为人的全面发展的教育的重要组成部分,在净化学生心灵、激励学生热爱生活和追求美好事物、促进全面发展等方面起着重要的作用;同时,美育对社会的进步、文明的昌明、社会道德水准的提高也发挥着独特的作用。

美育要提高学生感受美的能力,这是美育的基础性任务;美育要培养学生鉴赏美的能力,这是美育的核心任务;美育要使学生形成创造美的能力,这是美育最高层次的任务。

现阶段我国中小学美育的总体目标是:通过音乐、美术、文学教育和其他各种审美活动,充实学生的生活,丰富学生的情感,培养学生评价美、欣赏美的能力,引导学生初步掌握一种艺术活动,如绘画、唱歌等,使他们具有健康的审美情趣和高尚的情操,形成朝气蓬勃、乐观向上的精神面貌。②

5. 劳动技术教育

劳动技术教育是向学生传授现代生产劳动知识和技能,培养学生形成正确的劳动观点,养成良好的劳动习惯的教育。它包括劳动教育和生产技术教育两个方面。

劳动技术教育是促进学生全面发展不可或缺的重要因素,它在道德、心理、知识技能上为学生参加社会劳动做必要的准备,为学生接受专业教育和职业教育打下基础。劳动技术教育的重点不仅在于提高人从事劳动生产的能力,而且要求个体把德、智、体、美诸方面内在的动力综合到创造社会财富的物质生产中去,实现个体价值的社会化和对象化,推动人类物质文明和精神文明的进步。

---

① 扈中平,等. 现代教育学. 北京:高等教育出版社,2000:202.
② 扈中平,等. 现代教育学. 北京:高等教育出版社,2000:203.

我国当前中小学劳动技术教育的总体目标是：通过科学技术知识的教学和劳动实践，使学生掌握一些服务性劳动和工农业生产的基础知识和基本技能，也可使学生适当地掌握某些职业的基础知识和基本技术，使其具备基本的技术意识和初步的择业能力，具有一定的劳动技能和现代生活技能；培养学生具有正确的劳动观念、良好的劳动习惯，以及热爱劳动和劳动人民的感情。[①]

（二）全面发展的教育各组成部分之间的关系

德育、智育、体育、美育、劳动技术教育构成了全面发展的教育，这五个方面有自己的相对独立性，同时它们之间更是彼此联系、相互渗透的。

首先，"五育"中任何一育都有自己的任务、目标与内容，在整个教育体系中都是相对独立的部分，在全面发展的教育中起着各自独特的作用。如，德育对受教育者的发展方向和性质施加影响，是"五育"中的灵魂；智育对受教育者的发展速度和程度施加影响，为其他几育的实施提供智力方面的基础。同样，体育为其他各育的实施提供物质保证，美育为其他各育的完善和升华提供可能性；劳动技术教育则是其他各育在实践中的具体运用与检验。由此可知，构成全面发展的教育的五育，其地位和作用并不是完全一样的。

其次，"五育"之间是相互联系、相互渗透的，是作为一个统一的整体而存在的。在这个整体中，体育为各育的实施提供物质保证，为增强人的全面发展的物质基础服务；德育、美育在同一范畴上为人的全面发展提供精神上的动力，是个体追求真、善、美所必需的；劳动技术教育与人改造世界、创造物质财富的能力具有更直接的关系，为人的生存所必需。可以说，"五育"相互关联，任何一育的实施都有赖于其他各育，同时，任何一育的实施都为其他各育创造了条件。

"五育"的内在关联性，决定了在教育活动中任何孤立地只强调某一育的地位和任务，或者把各育之间的关系割裂开来甚至对立起来的做法，都是不合乎人的全面发展的要求的，都难以使学生具备完

---

① 扈中平，等.现代教育学.北京：高等教育出版社，2000：203.

整的、全面的素质结构。因此,在教育实践中必须防止和克服厚此薄彼、顾此失彼的片面性,坚持全面的教育质量观,从各方面保证人的全面发展的教育目的的实现。

(三) 正确把握"五育"关系,树立正确的教育观念

在理解全面发展各育之间的关系时,首先需要澄清以下认识。

(1) 把教育目标中的理论分类同课程设置中的学科分类混淆,由此将"五育"等同于学科教育。实际上,"五育"在教育活动中是一个整体活动的"五要素",只有在理论研究中才将其抽象或者分解,在现实教育中无法分割。不同课程尽管在知识内容上有分工,但在教育目标的实现上是综合性的。任何一门学科或课程,在实现自己职责的同时,都为其他学科任务的实现提供了前提,并且也依赖其他学科任务的实现。

(2) 在教育实践中,将"五育"并列,将其割裂开来。把教育作"五育"或者更多"育"的分解是我们对教育目的进行理论研究时所进行的抽象,但各育之间并不是并列的,它们处于不同的层次,或者说不属于同一个层次,分别涉及个体心理发展、身体发展、实践能力发展等不同的层次或领域,具有针对性。从这个意义上说,将教育进行各育的分解,有利于根据学生不同阶段发展的实际状况,在某个时期或阶段重点突出某育,即确立学校在一定时期各育工作的侧重点,以解决实际出现的问题。但是,即便突出某一育,也不能是"唯一",不能"单打一"。

(3) 将"五育"的分解等同于教师的分工。事实上,学校教育中的每一种教育举措,都是难以单纯归于某一育的,而任何一育的实施,只有把它视为"全方位"的"那一育",那才是有效的。所以,将教育作智育、美育、体育等分解,不属于教育具体工作的分类,更不应把它作为学校工作人员职能的分工。在学校中,教师之间确实存在分工,如"体育教师""德育教师""美育教师"等,只是这种分工,不是各育之间的分工。以德育为例,"德育教师"在学生品德发展方面所起的作用在程度上相对更大一些,但学校的每一位教职员毫无疑问对学生品德发展责无旁贷。

在教育实践中,每位教师应该确立以下基本观念。

(1)持"全方位"教育的观念,即坚持认为"五育"中的每一育都是教育的一个方面,每一种教育都不能在单一措施中实现;每一位教师都应该对学生"全面负责"。而且,从时代发展来说,现代教育已经不再像以往那样注重"五育"的分解,现代社会生活中,人的需求复杂化,单方向地发展个人的体力或者智力、道德等,已不足以适应现代社会对人的多方面的发展的需要。

(2)"五育"是促进学生全面发展所实施的各方面教育,但在人类社会发展的不同时期,各育的地位并不是一成不变的。例如,古代社会强调德育;近代社会逐渐突出智育;现代社会强调人的全面发展。"五育"的内涵与外延也会不断丰富与拓展。

(3)还要指出的是,虽然教育要促进人的德、智、体、美、劳等素质的全面发展,但这几方面的素质在每个个体素质结构的表现或状态也是不同的。换句话说,时代发展要求每个个体都应该在德、智、体、美等方面全面发展;而在此基础上,有的个体"德"更为突出,有的个体"智"更为突出,有的"美"突出,等等。所以,全面发展不是平均发展,它强调个体多素质的和谐发展。同时,全面发展不排斥个性发展。只有在全面发展的基础上突出个性发展,才能为社会培养各种各样的人才,才能使社会充满生机与活力。

◆ 思考与争鸣

项贤明在其《"生活世界"的教育与"科学世界"的教育》一文(见《教育研究与实验》武汉,1999,第 4 期)中,以"两个世纪的教育"代替了我们长期以来对教育所作的"德育""智育""美育""体育"等几方面的分解。

作者认为,"生活世界"与"科学世界"是现代人拥有的两个生活世界。其中,生活世界是我们最根本的生长家园,生活是每个人作为人所必须接受的最基本的教育。与此相应,生活世界的教育,也是其他一切教育的根源和基础。生活世界的教育主要赋予人们适应社会生活所必需的基本知识,即生活常识,使人获得在社会生活的必要的

"常人能力"。"常人能力"的获得,也就是个人在生活世界的教育中得到认知、情感、意志、价值观和信仰等多维度的发展。生活教育不仅在理性方面,而且在非理性方面多维度、全方位促进人的发展。

相比之下,科学世界的教育是一种体系化的教育,这不同于生活世界有其偶发性、离散性,而表现出目的性、结构性和有序性,同时,科学世界的教育在内容、组织形式、方法手段上也有着技术化的特征。在科学世界里,教育所起的作用是将人们的生活旨趣转化为一种认识和探索的旨趣,它往往以影响人的理性发展为中介,间接地作用于人的非理性发展。

作者认为,正是生活世界的教育和科学世界的教育所具有的不同特性,决定了两种教育在人的发展中有着不同作用。对人的生长而言,它们应当是统一的、互补的,这是人性完满化的必然要求。

第六节 素质教育的有关理论

一、素质教育的历史轨迹

从教育实践来看,素质教育是针对"应试教育"提出来的。应试教育是指脱离经济发展和人发展的需要,以应付升学考试为目的,违反教育发展规律的一种教育模式。应试教育是中国传统社会遗留下来的一个教育问题,它强调教育的一切围绕考试这根"指挥棒"转。教学的内容、形式及招生模式都局限于考试。在应试教育模式下培养出来的人才缺乏个性、千篇一律,难以适应现代社会发展对人才素质的要求。

1983年,邓小平同志为北京景山学校题词:"教育要面向现代化,面向世界,面向未来"。随后,素质教育开始在全国提出,并在一些地区有计划地试行和实验推广。

1993年,中共中央、国务院印发《中国教育改革和发展纲要》,里面明确提出:"基础教育是提高民族素质的奠基工程,必须大力加强。""中小学要由'应试教育'转向全面提高国民素质的轨道,面向全体学生,全面提高学生的思想道德、文化科学、劳动技能和身体心理素质,促进学生生动活泼地发展,办出各自的特色。""教育改革和发展的根本目的是提高民族素质,多出人才,出好人才。各级各类学校要认真贯彻'教育必须为社会主义现代化建设服务,必须与生产劳动相结合,培养德、智、体全面发展的建设者和接班人'的方针,努力使教育质量在九十年代上一个新台阶。"

《中共中央关于社会主义精神文明建设若干重要问题的决议》出台后,人们对素质教育逐渐形成共识。

《关于国民经济和社会发展"九五"计划和2010年远景目标纲要》进一步确定了由应试教育向素质教育转变的教改方针,素质教育的试验积极渗透于基础教育各项改革事业之中,它的理念开始深入人心。

1999年6月13日,《中共中央、国务院关于深化教育改革,全面推进素质教育的决定》指出了当时我国教育的弊病:"新中国成立50年来特别是改革开放以来,教育事业的改革与发展取得了令人瞩目的巨大成就。但面对新的形势,由于主观和客观等方面的原因,我们的教育观念、教育体制、教育结构、人才培养模式、教育内容和教学方法相对滞后,影响了青少年的全面发展,不能适应提高国民素质的需要。"提出素质教育应"全面贯彻党的教育方针","面向全体学生",号召全面推进素质教育,在教育方法、教育体系结构、政府管理职能、招生考试和评价制度、基础教育课程体系、师资培养和配置、教育投资等方面进行改革,建立一个充满生机的有中国特色的社会主义教育新体系。

总体上说,素质教育的提出,加深了人们对基础教育的性质及任务的认识,有助于克服基础教育的种种弊端,也适应了时代发展的要求。

二、素质及素质教育的含义及特征

(一) 对"素质"及"素质教育"的争论

在我国,国家正式教育文件中最早出现"素质"一词的是1985年的《中共中央关于教育体制改革的决定》,随后,1986年的《义务教育法》及其他的一些相关文件中开始频繁地出现"素质"及"素质教育"这两个术语。追溯"素质教育"出现的背景,有利于我们更好地把握它的历史渊源及本质属性。《中国教育改革和发展纲要》明确指出"素质教育"是针对"应试教育"的弊端而提出的一个概念。许多教育研究者也是着眼于此而对"素质教育"加以界定的。

据统计,教育界对"素质教育"的概念界定至少已有9类15个之多。其产生的种种歧义多是由对"素质"一词的理解不同所致。而对"素质"的定义有代表性的主要有以下几种。

(1) "素质"概念有狭义和广义之分。狭义的素质概念,是生理学、心理学中的概念,是指"个人先天具有的解剖生理特点。包括神经系统、感觉器官和运动器官的特点,其中脑的特征尤为重要。它们通过遗传获得,故又称遗传素质,亦称禀赋"[1]。"素质教育"中的"素质"是指广义的概念,指包括思想品德、心理、生理等方面的整个人的客观现实性和未来发展的可能性(即发展潜能)状态,是指在先天因素和后天因素"共同作用下所形成的人的身心发展的总水平"[2]。

(2) "素质是指存在于活的人体身上的内在的、比较概括的、相对稳定的身体、心理特征及其结构,它是决定主体活动的功能、状况以及质量的内在因素,是保持人的同一性的基本原因。"[3]

(3) "从教育学的角度来看,素质不仅指人的生理、心理的自然特征,更重要的是指人在社会实践中后天'积淀'而形成的相对稳定的心理品质,而这部分品质,主要是通过环境影响和教育训练所获得的。"[4]

由此可见,关于"素质"的讨论主要有三种观点:先天论、后天论

---

[1] 顾明远.教育大辞典.上海:上海教育出版社,1990:27.
[2] 张力.21世纪展望:中国与世界.南宁:广西教育出版社,1996:163.
[3] 陈佑清.论"素质教育"概念的规定及其特性.南京师大学报(社会科学版),1999(1).
[4] 褚远辉.试论当前素质教育认识和实施中的"误区".高等师范教育研究,2001(5).

和融合论。先天论者认为,"素质"是指有机体的生理特征,而这些特征是人后天发展的自然前提和基础。后天论者认为,从"素质教育"中赋予的"素质"来看,素质是后天形成的,如"爱祖国、爱人民、爱劳动的思想品质,良好的社会公德和行为习惯","具有一般的自然科学知识""掌握一定的劳动本领"等。融合论者则认为,所谓素质,应当就人们先天自然的和后天社会的一系列特点和品质而言。具体地说,素质就是人们身体的、政治的、思想的、道德的、专业的和心理的一系列基本特点和品质的综合。

关于"素质教育"的定义,多半也是针对人的后天品质和素养而言的:"素质教育是指全面发展人的素质、培养新世纪建设人才的教育。"[①]"素质教育是着眼于学生身心素质的形成和发展的教育。"[②]

还有学者提出,素质教育是一种教育理想。首先,它倡导在教育中每个人都得到发展,而不是只注重一部分人,更不是只注重少数人的发展;第二,素质教育所倡导的是在教育中使每个学生都得到比较充分的全面的发展;第三,素质教育倡导的是每个学生富有个性的发展。所以,素质教育是一种教育价值观,是对应试教育价值观的否定和更新,是根据时代变化、社会发展的形势而提出的一种新的教育价值观。首先,素质教育是强调以人为对象,以人自身的发展为目的的教育;其次,素质教育强调学生有个性的发展;第三,素质教育注重教育的可接受性,更注重教育的可发展性;第四,素质教育是指向大众的教育。由此可见,以学生为本、以学生的个性发展为本,以学生的可发展性为本和以大众教育为本的素质教育,是一种价值观的转变,也是一种思维方式的转变,是从一元价值观向多元价值观的转变。[③]

---

① 耿炳祥.素质教育原理及运作初探.四川师范大学学报(社会科学版),1999(1).
② 陈佑清.论"素质教育"概念的规定及其特性.南京师大学报(社会科学版),1999(1).
③ 李荣安.追求卓越教育与素质教育:一些理论的探讨与东方的观点.比较教育研究.2003(3).

（二）素质的含义及特征

1. 素质的含义

从上述分析可知,素质有广义与狭义之分。

狭义的素质概念是指生理学、心理学上的素质的概念,即遗传素质,它强调素质的先天性,即"后天发展的主体的可能性"。

广义的素质概念,泛指整个个体的现实性,即在先天与后天共同作用下形成的人的身心发展的总水平。着重表现为人在先天生理基础上,受后天环境教育的影响,通过自身的认识与实践,养成的比较稳定的身心发展的基本品质。

2. 素质的特征

（1）素质是先天遗传性与后天习得性的统一,是自然生物性与社会文化性的统一。

（2）素质是相对性与发展变化性的统一。素质之所以稳定,在于它在主体身上已形成一定的结构,而素质随主体的成长,又具有可塑性与发展性。

（3）素质是内在性与现实性的统一。素质在个体已经形成了一定的内在的结构,具有内在性,而这种内在性在一定环境条件下又表现于外,具有现实性。

（4）素质教育是个体性与群体性的统一。群体素质是由个体素质构成的,又是个体素质成长的环境,这强调了个体素质必然具有时代性与地域性,因而有群体性。

（5）素质具有整体性。素质是由德、智、体、美、劳等组成的一个整体,涉及个体生理、心理、社会文化、实践等不同的层次;各种素质是构成整体素质的要素,整体素质水平又取决于要素的水平及要素之间的结构的合理性。

（6）素质具有基础性,它不仅表明主体的"现在",更是其未来发展的基础。

（三）素质教育的含义及特征

1. 素质教育的含义

素质教育是依据人的发展和社会发展的实际需要,以全面提高全体学生的素质为根本目的,以发挥学生的主体性和开发人的智慧潜能,形成人的健全个性为根本特征的教育。素质教育的第一要义是面向全体学生;素质教育的第二要义,就是要德、智、体、美等全面发展。素质教育的第三要义是让学生主动发展。①

2. 素质教育的特征

(1) 主体性。弘扬人的主体性是素质教育的关键,应试教育的弊端是忽视学生的主体性,素质教育唤起了学生的主体意识,发展学生的主动精神,促进学生生动活泼地成长。素质教育是开发学生智慧潜能,而不是把学生作为知识的授受机器,教师不仅仅传授知识,而且还激活知识,素质教育引导学生养成认知能力、生活能力、学习能力、创造能力等。素质教育不仅把学生作为认知体,还把学生作为生命体,注重学生的多元人格、精神的健康发展。

(2) 全体性。即素质教育是面向全体的教育。"应试教育"不尊重学生,还表现在它不能平等地对待每个人,违背了"教育机会均等"的原则。素质教育则面向全体,它不反对英才教育,但它反对把所有教育转变成英才教育的模式,它不是一种选择性、淘汰性的教育,而是每个人都得到发展的教育,每个人都在他原有基础上有所发展,都在他天赋条件允许的范围内有所发展,这也是一种差异性的教育,或个性化的教育。

(3) 素质教育的全局性(整体性)。"应试教育"在"一切为了分数,一切围绕分数"的指导思想下,必然具有片面性,素质教育则要求全面发展和整体发展,使得学生德、智、体、美、劳等多方面发展,学生的生理素质、心理素质、社会文化素质等得到全面的发展。

(4) 素质教育的基础性。素质教育的基础性,实质上是指"基本素质教育"随着当今知识发展和更新的加快,对人才的要求也越来越高,素质教育为学生们打下基础,从而以不变应万变。

(5) 素质教育的普遍性。这是由素质教育的整体性决定的,素质教育不是"应试教育",也不是"就业教育",既不是单为升学作准

---

① 《人民教育》,1996年6月,柳斌讲话。

备,也不是单为就业作准备,而是"为人生作准备",是全民教育。

(6) 素质教育的发展性。素质教育不仅注重学生现在的一般发展,还重视学生现在"一般发展"对于未来发展的迁移作用,并且,更直接重视培养学生自我发展的能力,使得学生具有自主学习、终身学习的能力。

以上各个特征可以分为两组:主体性、全体性、全面性为一组,以主体性为根基;基础性、发展性、普遍性为一组,以基础性为根基。

三、对"素质教育"的理解与把握

(一) 素质教育与应试教育的关系

素质教育强调以素质促进人的和谐、均衡发展,它的对立面应该是一切有悖于综合素质形成与发展的教育思想与教育实践。也就是说,素质教育最初是针对应试教育提出的,但它不仅仅是对应应试教育的,它反对的是狭隘的功利教育观,应试教育是那种脱离人的发展和社会发展的实际需要,单纯为应付考试和片面追求升学率的教育。也就是说,应试教育不是对我国现行教育的概括(不能说现行教育都是应试的),而是对我国目前存在的单纯以应考为目的而产生的教育的弊端的概括。反对"应试教育"不是要全面否定我们过去的基础教育,只是针对基础教育中的弊端。

应试教育和素质教育不单纯是某些方法和内容上的对立,关键在价值取向上的差别。从"应试教育"转向"素质教育"是一种教育价值观的转变,前者以应付考试、进行选拔作为基础教育的价值取向;后者则以提高受教育者的全面素质为价值取向。两者存在着价值观的对立,而在具体模式、方式、内容等多方面很难说完全"对立",正如考试可以立足于不同的教育价值取向一样。素质教育不排斥考试,不排斥升学率,相反,在素质教育中,考试依然是一种可以利用的手段,它反对的是把考试作为目的。也就是说,对变"应试教育"为"素质教育"的提法应有辩证的观点。其一,不能由于考试和追求升学率而否认考试和追求升学率。素质教育也不能取消"应试",取消"升学率"。其二,把两个东西完全对立起来,是完全不科学的。"应试教育"也发展素质,问题在于发展的素质是"片面"的。高分不一定高能,但高分者高能居多;低分不一定低能,但低分者低能居多。"应试教育"和"素质教育"之争体现了教育价值观之争。

(二) 素质教育与基础教育

基础教育是就专业而言的,就学校性质而言的,它包括小学、中学两个阶段,基础教育是指培养社会主义合格公民的教育,它不是升学教育,也不是单纯的就业教育,而是为满足人们的最低生活需要,为当代公民社会化所必需的一种教育;它为受教育者接受更高一级教育和就业打下基础,具有基础性、全民性、全面性。素质教育是就性质而言的,它是真正意义上的基础教育,但其外延大于基础教育。

四、当代人才素质观的更新

(一) 教育的"四大支柱"

1996 年联合国教科文组织国际 21 世纪教育委员会发表了题为《教育——财富蕴藏其中》的报告,这是自《学会生存》后联合国教科文组织推出的又一份重要的报告。该报告从时代发展的趋势出发,指出了在新的世纪,信息的流通和储存及各种传播手段,将对教育提出乍看起来近乎矛盾的双重要求:一方面教育应大量和有效地传授越来越多的知识,不断发展与认识发展水平相适应的知识和技能;另一方面,教育还应该找出判断事物的标准,以使人们不会让自己被瞬息万变的大量信息弄得晕头转向,使人们不脱离个人和群体发展的方向。所以,仅从数量上满足对教育的那种无止境的需要既不可能也不合适,每个人在人生之初积累知识,而后就无限期地加以利用,这种时代已经不存在了。为此,人们必须在自己的一生中抓紧和利用各种机会,去更新、消化和进一步充实最初获得的知识,使自己适应不断变革的世界;同时,教育既应提供一个多变的、不断变动的世界的地图,又应提供有助于在这个世界上航行的指南针。

在作出上述分析的基础上,该报告系统回答了知识社会中教育应承担的使命,即通过教育让学生"学会认知""学会做事""学会共同生活""学会生存"。报告之所以要提出"教育的四大支柱",是针对以往教育单一偏重"学会认知"而言的。报告从培养"完人"着眼，提出完整的教育应谋求上述四个方面的整合。

（1）学会认知要求受教育者把掌握足够的广泛的普遍的知识与深入研究少量学科结合起来，即学会学习。报告指出："今天，一个真正受到全面培养的人需要有广泛的普通文化知识并有机会深入地学习研究少量学科。在整个教育过程中，应该促进受教育者两方面同时发展。"

（2）学会做事要求受教育者不仅获得专业知识，而且应从广泛意义上获得应付许多情况以及适应集体工作的多方面的能力。其中，"交往能力、与他人共事的能力、管理和解决冲突的能力越来越重要"。

（3）学会合作即学会共同生活，要求受教育者应学习尊重多元性，相互了解，形成平等价值观，在开展共同活动的过程当中，增进对他人的了解，学会和他人合作，从而完成共同的任务，"为实现共同的目标而努力"。

（4）学会发展也即学会生存，要求受教育者充分发展自己的人格，并且能不断地增强自主性、判断力和个人责任感，"以便由他自己确定在人生的各种不同的情况下他认为应该做的事情"。教育应当促进每个人的全面发展。发展的目的在于使人日臻完善，"使他作为一个人，作为一个家庭和社会成员，作为一个公民和生产者，技术制作者和创造性的理想家，来承担各种不同的责任"。教育的各个阶段与人格不断成熟的各个阶段是一致的。

（二）关注"生命"：我国基础教育培养目标的构建[①]

自20世纪80年代以来，我国的基础教育一直处在改革之中，培养什么样的人的问题始终是教育理论与实践界不断探索的问题。回顾这段历程，就会发现，近20年来，基础教育改革的关注只局限于人的智力的发展，而对其他方面并未给予重视。正如叶澜教授所指出

---

① 尹艳秋.必要的乌托邦:教育理想的历史考察与建构.福州:福建教育出版社，2004;251-265.

的那样,"近 20 年来基础教育改革的主要不足,无论是对时代的认识,还是对学生的认识,学校教育都侧重于认知,在一定意义上依然是乐观的理性主义与科学主义。它在认识上放大了理性、理智、科学、技术在人与社会发展中的作用"①。教育理论中的理性主义结合实践中的功利主义,使得基础教育不仅造就"高分低能"的"考试机器",更致命的还在于教育把人从小就圈定在"功利场"中,把他们引向为个人的、物质的功利去拼命奋斗的道路。针对教育理论与实践中存在的这些问题,叶澜教授从 20 世纪 90 年代初就反复疾呼教育"要把学生当作一个完整的生命体,而不只是认知体;要把学校生活看作是学生生命历程的重要构成,而不只是学习过程的重要构成"②。

生命是什么这一问题,自古以来就一直为人们所关注。有别于先贤,现当代的思想家们并不执着于从理性或神性等某一角度来规定生命,而是着眼于个体生命的独特性、多样性的分析。

生命就其本质来说是自由的。以此来观照教育,就意味着尊重学生的自由与个性。自由意味着要让学生成为他自己,给予学生发展所必需的自由时间与空间,这既是人之生成性的题中之意,又是培养独立的人的先决条件。然而,我们今天的教育学赖以建立的基础理论中,充满着对规律、客体、理性的过分倚重和恪守,由此造成了教育学的机械、呆板与僵化,也造成了教育实践活动中太多的清规戒律、条条框框,人的生成性和感性生命的激情几乎不复存在。只要看看我们许多"权威"们所制定的标准答案和教学过程中所充满的"模式化"程序,就知道我们今天的教育不是在激发生命的自由和创造本质,而是在把人往动物的方向引导:只要训练,不要理解;只要服从,不要自主;只要适应,不要超越,"学校成为了人类心智的屠宰场"。三百多年前被夸美纽斯痛斥的封建教育形态在 21 世纪仍然是教育的顽疾。对此,我们难道没有必要从时代精神所要求的高度、从人的

---

① 叶澜.时代精神与新教育理想的构建.教育研究,1994(10).
② 叶澜.时代精神与新教育理想的构建.教育研究,1994(10).

自由发展的理想角度去认真反思,进而改造妨碍学生自由发展的教育体制和模式吗?

生命是独特的,具有无限发展的可能性和创造性。这正是生命的价值所在。每一个生命都有其不同的天赋、兴趣、冲动、生活体验等,它是独一无二的。鉴于生命的独特性与无限发展的可能性,教育必须确认学生自由选择的价值,努力构建关注人之能动性的教育培养机制。选择是基于人的独特性和创造性的自主选择,承认了这一点,就意味着接受了学生的自主权利,而一旦教育赋予学生充分的自主的选择权利,每个学生多种可能的发展便无疑会在真正意义上趋于实现。与此同时,赋予学生自主选择的权利,还意味着我们将放弃独断论的教育价值目标追求,抛弃以人为的目标强行塑造受教育者的做法,寻求更加适合于人的多种可能发展的教育模式。

生命从表现形式来说又是体验性的。只要是生命就少不了感觉、享受、激情以及酸甜苦辣、悲喜爱恨。生命的能动中有受动,衰败中有新生,释放中有收获,一切都处在矛盾中并在矛盾中展开。这就是生命的体验性。作为生命的表现形式,体验与生命自由、独特性紧密关联。没有个人自由的体验,就不会有个体的独特性。以生命为起点的教育必然要重视个体独特的精神体验。同时,我们在给予学生体验的机会时,还要对学生的体验进行价值引导,使学生能体验,也学会体验。

以生命作为教育的起点,不仅意味着教育范式的转变,而且还蕴含着一种新的教育学话语的产生。基于对生命的本质与意义的认识,我们获得了构建教育目的的新"线索"。这条线索内在地要求把人性化、个性化和创造性放在教育的核心位置。

第一,人性化。人性化首先意味着教育对人的尊重,它包括教育理念的人性化与教育措施的人性化。前者指教育者要在头脑中真正树立起将受教育者置于主体地位的意识。也就是说,不能再把受教育者当作"工具",进而像对待"物"那样对受教育者进行改造、加工和训练。后者则指教育方法、组织形式、内容等方面要以对"人的生命"的方式来设计。生命的独特、自由、整体性、体验性等,必然要求

"教育"有全面性——不仅要认识自己与他人,还要关切自己与他人。由此,无论教育内容、方法,还是形式,都应该自觉地渗透一种对生命的价值关怀。正是在这种以关怀为底蕴的教育中,教育与人之生命共同进步。

第二,个性化。如果说人性化侧重于对人之生命完整性的强调,那么个性化则侧重于对人之生命独特性的强调。《学会生存》认为传统教育有两个根本弱点:"第一个弱点是它忽视了个人所具有的微妙而复杂的作用,忽视了个人所具有的各式各样的表达形式和手段。第二个弱点是它不考虑各种不同的个性、气质、期望和才能"①。这种教育只能生产出"样品",是"制器"而非"育人"。这不仅是对生命的戕害,而且也将造就一个毫无生机的沉闷社会或"单面人的"社会。

第三,创造性。创造性实际上是以上两点的延伸。正如马克思所说,"自由自觉的活动恰恰就是人类的特性"。生命的自由本质必然要落实为人的创造性。可以说,正是创造性使人具有不可还原的意义。也正因为如此,创造性成为生命价值的源泉。可以说,一旦放弃了对人具有本体意义的创造性,也就意味着把人沦落为"物"。本体意义上创造性是从生命意义而言的,其内涵十分丰富。其中最根本的,是对自己丰满人性的创造,对自己独特个性的肯定,对可能生活的渴望。鲁洁先生把"教育"理解为"人之自我建构的实践活动"也正是基于这一点。

(三) 21世纪全面发展的人②

如果说农业社会是面向"过去"而培养人、工业社会是面向"现在"而培养人,那么,在信息社会,是要培养能够面向"未来"的人。适应未来的全面发展的人的素质越来越被强调或突出,这就是:更富创造性,更加成熟化,更有适应性,更具个性化。

1. 更富创造性

人类发展到今天,是人类自身创造的结果。人类创造自身的巨

---

① 联合国教科文组织.学会生存.教育科学出版社,1996:105.
② 黄济,王策三.现代教育论.北京:人民教育出版社,1996:579-584.

大成果,使当代人越来越相信:"未来不是我们要去的地方,而是我们要创造的地方,通向未来之路不是找到的,而是走出来的。"强调人的创造性,努力发展自己的创造能力,充分挖掘自己的创造潜力,将成为现代人未来发展的主要方向。尤其在当前,国际综合国力竞争正日益剧烈,各国的发展将可能打破历史的排序,先进国家将可能因被后来者赶上而需要重新唤起全民的创造性,去夺回过去的优势;后来居上的国家在超过先进国家后,会抛弃昔日的赶超和模仿的目标,而强调以创造性刷新自己的民族性以使自己保持领先地位;落后的国家也会发现,在新的历史转折时期和和平竞争的国际环境下,利用国民的巨大创造性,可能比单纯模仿能更快接近先进国家和尽快摆脱落后状况。因此,人的创造性将成为未来各国参与国际竞争极重要的条件。未来所强调的创造性品质,突出的表现有以下几点。

(1)创新意向。所谓创新意向是指人经常处于打破旧事物,创立新事物的欲望之中,常常追求用更合理的新事物取代不合理的旧事物。当代和未来处在特别需要创新的时期,一方面,历史正处于转折点,越来越多的旧事物正在退出历史舞台,需要新事物取而代之;另一方面,变化的节奏加快,新事物自身的存在周期也在缩短。这些就使人们提出了人人创新,不断创新的要求。

(2)冒险精神。创新是对未知的探索,因此,创新活动是与敢冒风险,肯付出代价,甚至将生命置之度外的冒险精神相伴随的。在保守的社会,冒险不但不是美德,而且还会被压制;而在竞争日益剧烈、创新活动成为普遍性的未来,冒险将成为被充分肯定的品质,冒险精神也从过去只体现在极少数创造奇迹者身上逐渐成为人人应具备的普遍性品质。因为,没有冒险就没有创新,冒险精神的缺乏意味着创新活动的中断或停止。

(3)开拓能力。创新意味着对一块处女地的开垦,对一片废墟的挖掘,意味着从无到有,从一到多,从简单到丰富……这就需要开拓能力。随着创新活动走向普遍性,开拓能力也成为未来人普遍具有的品质,而不是特指少数所谓开拓型人才的特有才能。

(4)批判精神。批判是对旧事物的否定,也是对新事物的深化和完善。没有对旧事物的否定,新事物的生长将可能受阻;没有对新事物的深化和完善,新事物就可能不长久或不具普遍性。因此,批判精神在未来也将成为普遍性的品质。

2. 更加成熟化

现代社会正越来越告别简单和幼稚的时代,朝着更成熟化、复杂化的阶段发展。现代人在创造客观世界的同时,也创造着自身,随着社会的成熟化,现代人自身也正在从简单、幼稚走向成熟。

(1)更加开放化。在思维方式方面,不只是专注于问题本身,而是更注意把问题放到广阔丰富的时空背景上去思考;在性格特征方面,更趋向于外向,更开朗,善交际,更渴求了解和关心别人;在生活方式方面,不固守传统或原来的生活方式,更注意从外部吸收新的、自己喜爱的生活方式,以此丰富和更新自己的生活;在知识和职业方面,不局限于掌握本专业或职业范围的知识,越来越渴求了解和掌握本专业或职业之外的知识。

(2)更有相容性。在思维方式方面,从坚持一种意见观点和方案转向善于吸收各种不同的意见观点和方案,甚至可以容纳完全对立的观点和意见;在人际关系方面,更尊重差异与学会合作;在性格和才能方面,更善于互补;不把中国文化与外国文化,东方文化与西方文化,传统文化与现代文化完全对立,而是善于吸取各种文化的优秀之处。

(3)具有系统观。不再是孤立地看待事物、个人、家庭、本地区和本国行为的后果,而是注意考虑个人和家庭行为之间的相互影响,地区和国家行为之间的相互影响,认识到个人和家庭行为不仅与自身利害直接相关,也会影响他人,甚至与全世界有联系。

(4)更了解和认识自己。随着人的成熟化,现代人更多地了解自己;随着人类对人的研究加深,个体也会随之对自己有越来越深入的认识;随着教育的普及和提高,每个人都能重新认识自己的各方面,从而可以正确做出判断和调整,适应未来的激烈竞争,学会生存。

3. 更有适应性

现代社会正朝着变化更剧烈、更快速的方向发展,现代人只有发展得素质更高、更全面,才能更有适应性。

(1) 更强健的体质。由于竞争日益激烈,工作也生活节奏日益加快,现代人越来越需要更强健的体质才能适应;未来激烈竞争中强健体质的重要性,将从根本上改变人们的体育运动观,体育运动将从过去少数运动员竞争夺标为主要目的逐渐转向广大人民群众强身健体为主要目的,学校体育也将在学校教育中具有更突出的地位;随着人们文化知识水平的提高,卫生保健知识也将从专业化走向大众化、普及化;现代人将具有对疾病更强的抵抗力、良好的卫生保健条件和锻炼习惯。

(2) 主动适应变化的品质和肯定变化的态度。由于人们过去长期生活在变化缓慢的年代,因此养成了肯定稳定、害怕和反对变化的态度。随着社会的不断变化和进步,人们将会逐渐转变这种态度,转向对变化的肯定。变化的加速,意味着信息量的增大和信息的多样化,要对变化的方向、性质、程度等作出迅速而又准确的判断,必须具备快速处理信息的能力。为了适应变化,必须了解变化的趋势、性质、方向,因此要提高预测能力,包括对社会未来发展方向的了解,对职业变化的了解,对本专业知识发展方向的了解,等等。

(3) 更全面的知识和能力。拥有扎实深厚的基础知识和基本技能,基础知识和基本技能相对较稳定,适应性较强,拥有合理的知识结构。自然科学与社会科学相互渗透,科学与技术日益密切结合,知识日趋综合化,要求人们的知识结构应以本专业为中心,兼通文理,科学与技术相结合,理论与应用相结合。随着变化的加快和职业的变换,跨专业领域的活动日益频繁,国际化趋势日益增强,单一的专业或职业能力已不能适应社会需求,自学能力、职业能力、创造能力、人际交往和合作能力、国际交往能力等各种能力,必须集于一身,这样才能适应未来。

(4) 更健全的心理,好的情绪控制。由于社会变幻莫测,现代人需要学会在突然到来的变化面前控制情绪,减轻和消除焦虑和挫折感,逐渐做到可以在变化到来之际表现得镇定自若。广泛的爱好可增加对各种机会的选择,广泛的兴趣还可以使情绪愉快,以调节自己的工作和生活,也可以使个人生活更丰富,摆脱紧张工作带来的疲惫感。在竞争激烈和需要不断创新冒险开拓的未来,失败和挫折将可能更频繁,事业的成功需要更艰苦的努力,需要坚韧不拔的意志。面对未来日益频繁的各种挑战,现代人将取更加积极的人生态度,悲观、保守、自卑的消极人生态度将被越来越多的人所抛弃,更多的人采取的是乐观、进取、自信、勇敢迎接挑战的积极的人生态度。

4. 更具个性化

社会的高度发展和多样化推动人的个性化,个性化的人反过来也推动社会进一步发展和多样化。未来社会发展水平的提高,为人的个性化创造了条件,个人越来越得到较多方面和较高程度的尊重和满足,生活方式、工作方向和消费方式等个性化趋势正在增强,人正在走向更鲜明和更全面的个性化。反过来,个性化的人也将有更大的创造性、积极性和主动性,将更大限度地创造未来美好的世界。

第五讲　当代教育基本理论的主要"话语"

"话语"在现代英文中是"discourse"一词,大意是指对事物的演绎、推理、述说的过程。在日常生活中,话语被用来指称在人们交往中说出来或写出来的句子,用来传达信息、表达感情、增强力量等。而在西方当代的文论中,"话语"日益成为一个重要的概念,其内涵在不同的学科中各有所指,丰富多彩。

20世纪90年代,由于后现代思潮在中国传播,"话语"(discourse)这个词也开始在大学校园里流行。许多学者在自己的论著、课堂讲授或与他人的交流中频频使用这个词。以往称为某某理论、某某知识的,现在改称为某某话语,如哲学话语、科学话语、教育学话语等。因此,本文所谓的教育基本理论的"话语",主要指称在一定时间和空间中教育研究与运行的主题。一般来说,能够称为教育学话语的,都具有相对的稳定性,并且有广泛的认可度和理解性的专业语言。每一时期的教育研究的话语都集中反映这个时期最具体的教育理念,并影响这个时期人们对教育问题的思维方式、价值观念等。当代教育基本理论研究的话语丰富多彩,如素质教育、生命教育、生活教育、后现代教育等。考虑到教育基本理论的研究对象,本文选择以下几个"话语"来分析当代教育基本理论研究的主题:人性观与教育;知识观与教育;生活世界与教育;全球化与教育;现代性、后现代性与教育。

第一节　人性观与教育①

教育的对象是"人",教育的目的是培养"人"。因此,教育的理论工作者和实际工作者都必须对人和人的关系问题进行或深或浅的思考。教育改革的深化往往是与对历史上或现实中教育知识中所蕴含的"人的形象"的反思与重塑紧密相关的。

一、教育知识传统中人的形象

(一)"宗教人"的形象

"宗教人"(Homo Riligiosus)的形象是教育知识传统中最古老的人的形象,并经过了不同的历史阶段,不同宗教所设计的人的形象也有所不同。《旧约圣经》中对人的形象进行了如下描绘:第一,人是神的摹本。"神说,'我们要照着我们的形象,按照我们的样式造人,使他们管理海里的鱼,空中的鸟,地上的牲畜和全地并地上所爬的一切昆虫。'"第二,人贵有灵性。"耶和华神勇地上的尘土造人,将生气吹在他鼻孔里,他就成了有灵的活人。"第三,人有原罪。人类的始祖夏娃和亚当受蛇的诱惑偷吃了伊甸园中"善恶之树"上的果子,为此而终身赎罪。宗教的形象对中世纪的教育论述影响很大,使中世纪的教育知识充满着宗教的气息。既然人不过是上帝的摹本,那么无论如何人都是不会像上帝那样完美的,教育的根本价值就在于使人"生来不完善"的神性得到充分的发展。既然人的灵魂来自上帝,而且在人死后又归于上帝,因此教育的根本目的就是教人从心灵上认识、热爱、赞美、信仰和服从上帝。既然肉体只不过是灵魂的一个暂时的居所甚或"监狱",那么教师对学生实施严格的禁欲和严酷的体罚就是为了"拯救"他们的灵魂,具有一种神圣的合法性。既然上帝创造了人、创造了世间一切事物,那么无论学习什么样的知识或科目,终极目的就是领悟万事万物背后的神的精神。

---

① 本节内容主要编自石中英《教育哲学导论》,北京师范大学出版社,2002 年版。

"宗教人"形象对人类自我意识和教育生活的支配在文艺复兴之后就渐渐减弱,但并没有消失。文艺复兴后,许多被认为是现代教育学先驱者或奠基人的思想家们仍坚持以"宗教人"的形象作为自己教育论述的基础,如夸美纽斯、福禄贝尔等。20世纪,由于尼采的猛烈攻击和实证科学的迅速发展,"宗教人"的形象在教育学中进一步式微,但并没有消退。

(二)"自然人"的形象

"自然人"(Homo Naturalis)是继"宗教人"之后在教育知识领域出现的一种"新人"形象,它萌芽于12世纪,兴盛于文艺复兴时期,成熟于18世纪。

12世纪的"沙特尔学派"认为人是一个"小宇宙",这种小宇宙与外部的大宇宙一样有一种内部的和谐或规律;上帝创造了人,但上帝并不支配人;真正支配人的是人的内在的"自然"或"本性";人的宗教本性逐渐被人的自然本性所代替。但此时"自然人"的形象仅仅存在于少数人文学者的头脑中,没有真正进入到教育知识及其他社会知识领域。文艺复兴时期,伴随着"自然"概念的祛魅,"自然人"的诸多特征得到了进一步阐明。到18世纪,"自然人"逐渐地与"宗教人"脱离了联系,成为内涵丰富的"新人"形象。

第一,人的本性被解释为"人本身所固有的内在联系和发展趋向"。

第二,这种内在联系和发展趋向对于不同的人来说是共同的、普遍的,是人作为类存在的一种"类"特性。

第三,这种普遍的内在联系和发展趋向是认识的,其认识的过程及结果构成关于"人的科学"。

第四,自然人在本性上是与大自然相通的。

第五,理想的社会应该是由自然人构成的社会,应该尊重、保护或教化人的自然本性。

"自然人"是16—19世纪风靡欧洲的自然主义教育思潮的重要理论基础,在蒙田、卢梭、裴斯泰洛奇等人的教育学说中占有核心地位。既然人的本性不是神性,而是人自身固有的一种发展倾向,那么教育目的就是帮助人"发展"自身固有的内在倾向。既然人的本性是人作为类的存在所固有的,不存在个体差异,那么,所有的人都有受教育的权利,而且所有的人只有在受到一种真正的教育之后才能成为一个人。既然人作为一个"小宇宙"具有自身的内在联系和发展倾向,那么教育就要尊重和遵循人的或儿童的自然本性,而不能压抑或扭曲人的或儿童的自然本性。既然要按照儿童的自然本性来教育儿童,那么教育者就必须要了解和认识儿童的自然本性。如此种种,促进了近现代儿童研究的兴起和发展,并直接导致著名的"教育心理学化"运动出现。

(三)"理性人"的形象

"理性人"(Homo Sapiens)是现代西方文化中一个具有哲学、历史和政治意义的人的形象。它起源于古希腊,在中世纪及文艺复兴时期分别与"宗教人"和"自然人"的形象交织在一起,到了18世纪后逐渐从"自然人"形象中分离出来,成为一种独立的深刻反映当时社会转型要求的新人形象,成为当时及以后思想家们论述教育问题的理论前提。

最早揭示或赋予人理性特征的是古希腊哲学家亚里士多德,他有一个后来被无数人无数次引用的命题,即"人是理性的动物"。在中世纪,人的理性受到压抑。文艺复兴时期,"自然人"的形象占据整个知识领域的核心,理性也只不过是"自然人"的一种属性。17世纪以后,在近代科学和哲学初步形成以后,"理性人"的形象才渐渐地从"宗教人""自然人"的形象中凸显出来。到了18世纪,作为理性的人更是得到了思想家们、政治家们、文学家们的首肯。卡西勒(Cassirer,E.,通译为卡西尔)说:"十八世纪浸染着一种关于理性的统一性和不变性的信仰。理性在一切思维主题、一切民族、一切时代和一切文化中都是同样的。宗教信仰、道德格言和道德信念,理论见解和判断,是可变的,但从这种可变性中却能够抽取出一种坚实的、持久的因素,这种因素本身是永恒的,它的这种同一性和永恒性表现出理性的真正本质。"① 因此,18世纪也被人称为"理性时代"。

"理性人"的主要特征是:第一,人是有理性的,理性是人的内在本质特性,是人的普遍"类特性";第二,理性既是区分人与动物的界限,也是区分"文明人"与"野蛮人"的界限;第三,理性是一种高级认识能力,不同于感性和知性,后者是为了认识现象,形成感性的和经验的知识,前者是为了把握本质,形成系统的、完整的和深刻的理论知识;第四,借助于理性和理性知识,人类就能不断深化知识,把握和重建自身与世界的关系,从而获得自由;第五,理性的人无所不能,是"全知全能的上帝"的化身;第六,人的理性是先验地赋予的,但也需要最低限度的训练,否则理性会丧失。

"理性人"形象对于18—19世纪教育理论和实践的影响主要表现在下面几个方面。第一,教育必须培养和训练人的理性,这是教育的最高目标,也是教育的终极目标。第二,教育活动必须合乎理性。如果说文艺复兴时期教育活动的首要法则就是"遵从自然",那么,19世纪的思想家们则认为教育活动的首要原则就是"遵从理性"。第三,教育必须树立理性和教师的权威,反对非理性和对教师的公开反抗。第四,教育强调纪律和秩序。理性代表着秩序,纪律维持着秩序。

(四)"社会人"的形象

"社会人"(Homo Sociologicus)的形象是19世纪中叶以来出现于教育知识之中并逐渐占据核心位置的人的形象。"社会人"的形象一般来说又有两种:一是"政治人"(Homo Politicus)形象,二是"经济人"(Homo Oeconomicus)形象。我国传统上所强调的"道德人"也可以看成是一种特殊类型的"社会人"或"政治人"形象。

"政治人"形象最早也是由亚里士多德提出来的。他潜心研究了当时的希腊政体——"城邦政治",认为人类在基本性上,也正是一个"政治动物"。人作为政治动物,基本要义就是其必须在"相互依赖"中生存。亚里士多德的这一思想得到了马克思的充分肯定,他明确

---

① 卡西勒.启蒙哲学.顾伟铭,等,译.济南:山东人民出版社,1988:4.

指出:"人是最名副其实的政治动物。不仅是一种合群的动物,而且是只有在社会中才能独立的动物。"①不仅如此,马克思还指出,根本不存在"纯粹的个性",人的个性作为社会历史关系的产物总是受其所属的阶级关系所制约和决定。

"经济人"是现代西方管理理论中提出的一种社会人形象,它起源于功利主义和享乐主义的伦理观。这种观点认为:第一,人的一切行为都是为了最大限度地满足自己的私利,争取最大的经济利益;第二,多数人生来是懒惰的,他们尽可能逃避工作;第三,多数人胸无大志,不愿承担责任,心甘情愿受别人领导;第四,多数人的个人目标都是与组织目标相矛盾的,必须用强制、惩罚的方法,才能迫使他们为达到组织目标而努力工作;第五,多数人干活是为了满足最基本的生理和安全需要,因此,只有金钱才能鼓励他们努力工作。

无论是"政治人"还是"经济人",他们都假定,人之所以为人,既不是由于上帝,也不是由于自然或理性,而是由于社会。离开了社会,人就不成其为人。涂尔干说:"我们身心之中最好的部分,我们活动之中最高的形式,都从社会而来。"②受此影响,教育的根本目的就是促进个体的"社会化";教育工作的首要原则不是要适应什么自然本性或理性要求,而是要适应社会政治斗争或经济发展的要求;教师也不再是"自然的仆人"或"理性的化身",而是构成了一个专门的职业阶层,代表着一定的生产关系和政治势力。"社会人"的形象为19世纪中期国家主义教育思潮的出现提供了必要的思想基础。

二、对教育知识传统中人的形象的批判

上述教育知识传统中人的形象代表了不同历史时期人类的自我意识:"宗教人"看到了人类存在的有限性和无限性之间的矛盾,试图将孤立的、个体的人与普遍的、总体的精神联系起来,唤醒人类心中那亘古未泯的超越性动机和终极关怀愿望,帮助人们寻找到生活的

---

① 马克思,恩格斯.马克思恩格斯全集:第46卷(上).北京:人民出版社,1979:21-22.
② 转引自吴俊升.教育哲学大纲.上海:上海商务出版社,1935:203.

意义;"自然人"则看到了人作为类的存在的自然性与文化性之间的矛盾,强调人作为人的存在的自在、自由和自主的一面,试图将人们从种种社会的或文化的专制中解放出来,提倡按照人的本来面目生活,解决人生活的快乐和幸福问题;"理性人"则看到了人作为类的存在的有序与无序、偶然与必然、理性与非理性之间的矛盾,强调理性、秩序和必然在人的整个存在方式中的地位和作用,从而解决人作为类的存在的合法性问题;"社会人"则看到了人作为人的存在的理想性与现实性、共性与个性之间的关系,强调现实的、具体的和复杂的社会关系在人性构成中的决定性作用,从而回答了人作为人的存在究竟如何可能的问题。这些各式各样的人的形象为我们从多个侧面更好地理解人及人的存在方式提供了知识基础,启发我们自觉地思考建构一种教育理论和开展一种教育实践时所应秉持的人性立场。

从"宗教人"经"自然人""理性人"到"社会人"的转换过程,也明显地说明了人类在自我意识方面的不断进步。这种进步性主要体现在以下两方面。首先,从方法论上说,它记录和反映了人性思考不断地从唯心主义到唯物主义、从形而上学到辩证法的过程。"宗教人"主要是一种人类自我认识能力不发达时期的主观臆测和想象的产物,"自然人"和"理性人"比起"宗教人"来有相当的进步,但仍然掺杂了许多类比的和思辨的成分。而且,无论是"宗教人",还是"自然人"和"理性人",都宣称自己的是"永恒不变的"和"普遍一致的"人性。只有"社会人"才第一次将人性的视角从天上转到人间,第一次不再借助于丰富的想象或抽象的思辨而是借助于现实生活的分析来说明人的形成与人的本性,从而将对人的观察和分析放入到丰富多彩的社会历史生活中去。其次,从思想内容上说,它们是一个从贫乏到丰富、由思想前提到思想结果的过程。"宗教人"就是由一则创世神话"给定"的,既没有说明也没有论证。"自然人"也是以一种无可争辩的断言形式出现的,却得到了比较系统的展开论述。"理性人"本身是理论思辨的成果,围绕着"理性人",许多思想家进行了艰苦的理论工作。"社会人"更是如此,无论是在实证主义者孔德那里,还是在马克思主义经典作家那里,对人的社会属性的论述通常都与对生产方式、生活方式以及社会形态等的论述密切结合在一起。也正是由于在人的形象方面的认识有这么一个不断进步和丰富的过程，建立于其上的教育理论才能不断地得到系统化、深化和发展，从而不断地建构新的和更加文明的教育生活。

但是，无论是"宗教人""自然人"还是"理性人"和"社会人"，都有其不可忽视的理论缺陷。"宗教人"的理论缺陷首先在于不能合理说明上帝究竟是如何创造出芸芸众生的。与此相关，宗教教育的一切，从目的到方法、从空间布局到师生交往方式，都会失去其最基本的依据。其次，"宗教人"理论还忽视了人的世俗生活需要，忽视了社会政治、经济等力量对人和教育的现实控制，具有浓厚的幻想色彩。再次，建立在"宗教人"形象基础上的教育把教育价值看成是绝对的、不容置疑的，这种教育在现实政治或宗教势力的操纵下往往打着拯救或提升人性的幌子压迫人性。

"自然人"的致命理论缺陷在于没有解决这一问题：作为个体的人的本身是否具有某种"自然本性"或"固有的"内在联系和发展趋向？今天，人们从心理学和遗传学两个方面对这个问题给以肯定的回答。然而，这些遗传学和心理学的回答都是不充分的：人的遗传素质与其现实行为取向并没有直线的因果关系；虽然人类自身存在着某种固有的发展倾向，但是教育的目的不止于"促进"发展，还包括"引导"和"规范"发展。从一定意义上说，后者才是教育更加重要的方面。"自然人"最多只是说明了人的发展的生物学基础和心理学基础，而不能说明人的发展的所有现实性与未来可能性，更不能揭示现实生活中人的发展的复杂性。要求教育遵循某种意义上的"自然本性"是对的，但是要求教育跟随在"自然本性"的后面亦步亦趋是绝对错误的。这样做，就等于从根本上取消了教育。

"理性人"的理论缺陷主要表现为不能合乎逻辑地证明"先验理性""先验范畴"或"先天图式"的存在。我们作为人类的存在，确实是"有理性"的。但是，如何能够从"有理性"的日常经验中就推论出我们的"本性"就是"理性"呢？一个同样明显的事实是，我们作为人类的存在，不仅是"有理性"的，而且也是"有感情""有欲望"的。我们能不能从中推论说,我们的"本性"就是"爱""恨"或其他非理性的东西呢?

"社会人"的理论缺陷主要在于没有解开这一矛盾:虽然"离开了社会,人就不成其为人",但是,人并不是社会政治和经济生活的"产物"。其实,社会的政治关系和经济关系与个体的生成之间并不存在着孔德所说的"线性决定关系",社会的政治和经济关系对于人的生成的影响只能通过被影响者自己的主观解释来达到。因此,与其说人是社会政治经济的"产物",毋宁说人是他认识自己的"产物",是他自己所"计算的""社会关系的总和"。

正是由于教育知识传统中占主导地位的人的形象存在着上述理论上的缺陷,所以建立在它们基础上的教育理论和实践也存在着不少的问题。不幸的是,20世纪末21世纪初,我国教育理论研究和实践中关于"人的形象"的讨论正是这样一个"十足的大杂烩":在教育目的的厘定上,人文主义者往往以"宗教人"形象为基础,呼吁对人生的关怀和对人性的提升;在对教育功能的预期上,现实主义者往往以"社会人"形象为基础,主张培养"劳动者"和"接班人";在教育管理和课程建设中,理性主义者往往以"理性人"的形象为基础,强调严格纪律和科学训练;在教学过程和方法上,心理主义者往往以"自然人"形象为基础,提倡"遵循儿童的身心发展规律"。这种支离破碎的人的形象,只能产生支离破碎的教育理论和无所适从的教育实践,培养出在内心精神世界和外部社会关系方面同样支离破碎的人。因此,我们必须重塑教育知识中人的形象,以便为新世纪的教育理论和教育实践提供新的人性论基础。

三、重塑教育知识中人的形象

(一)"游戏人"的形象

"游戏人"(Homo Ludens)的形象萌芽于18世纪,形成于20世纪初,在当前这个"后工业"或"后现代"社会正受到越来越多人的认可和青睐,但尚未对教育知识和实践产生广泛的影响。

在18世纪"理性人"代替"自然人"成为欧洲文化中占主导地位

的人的形象的同时,席勒(Schiller,F. C. S.)就精辟地指出:"只有当人是完全意义上的人的时候,他才游戏;只有当人游戏时,他才完全是人。"①在席勒这里,"游戏"已经不只是一种儿童的"娱乐"或"玩耍",而是人类的自由本性和完整人格充分展现的途径和证明。在一定意义上,"游戏"就意味着"人的诞生"和"人性的复归"。18 世纪以后,游戏就一直是思想家们关注的文化主题。但是,当时,无论是思想家们还是教育学家们,都没有能够明确提出"游戏人"的概念。这个概念直到 20 世纪初才由荷兰文化史学家赫伊津哈(Huizinga,J.)正式提出。由此,"游戏人"作为一种新的人的形象出现,与"理性人"和"制造人"相对。

"游戏人"形象的主要特征有四点。第一,游戏是人类的一种原始冲动,其他的一些冲动,如认识的冲动、宗教的冲动、功利的冲动等都只不过是游戏冲动的外部表现。游戏的冲动不仅表现于人类的儿童时期,而且贯穿人的一生。第二,生活就是由一系列不同类型的游戏构成的,活着就意味着不断地参与游戏和创造新游戏。上面所说的"宗教人""自然人""理性人""社会人"的形象也只不过是不同历史时期的人类为自己所设计的不同的游戏角色而已。第三,人人都是"游戏者"。理解人,就是理解人所参与的游戏;反过来,理解了人所参与的游戏,就理解了游戏中的人。第四,人人只有在游戏中才能"成为"和"看到"他们自己,才能避免司空见惯的"异化"危险。总之,"游戏人"的假设认为,游戏是人类共有的本性,是人作为人类存在的基本方式,是人类各种文化的"母体"。

从"游戏人"的角度来看教育,似乎一切都改变了。首先,既然人人都是游戏者,人人都生活在游戏之中,那么,教育本身究其实只不过是人类多种游戏活动中的一种,或者说人们是"在教育中游戏"(playing in education)、"通过教育游戏"(plating by education)、"为了教育而游戏"(playing for education)。其次,既然人人只有在游戏中才能"成为"和"看到"他们自己,那么,以人的培养为己任的教育就

---

① 席勒.审美教育书简.冯至,范大灿,译.北京:北京大学出版社,1985:80.

应该充分地展现其"游戏性",使教育者和受教育者的整个身心经常地处于一种游戏状态:自由、自愿、自足、平等、合作、投入、忘乎所以。游戏的精神应该渗透到教育活动的方方面面。再次,既然人人都有游戏的冲动,人人都喜爱游戏,人人都是游戏者,那么教育者与受教育者之间的关系就是一种游戏者与游戏者之间的平等关系,双方必须共同创造一种游戏的氛围,扮演游戏过程中各自的角色,理解和共同维护游戏的规则,并根据游戏双方的需要不断地重新修订这种规则。最后,既然人人都是游戏者,教育对人的培养就不能止于"劳动者"和"接班人",教育的根本目的应该是帮助人们理解其游戏本性,促使他们形成"公平游戏"(fair play)的责任意识和能力。

(二)"文化人"的形象

"文化人"(Homo Cultus)的形象是19世纪末20世纪初借助于大量的人类学反思所形成的一种人的形象。卡西尔的"符号人"[①]也就是一种"文化人"。与"游戏人"的形象一样,"文化人"形象的诞生也是为了批判此前出现的各种人的形象,特别是"理性人"的形象。正如格尔兹所说,"18世纪人类的形象,是脱去文化外衣后出现在我们面前的赤裸裸的智者,而19世纪末20世纪初的人类学用穿上文化外衣出现的变形动物的形象代替了前一种人类形象"[②]。20世纪中后期,"文化人"也逐渐成为支配人类自我意识的一种基本假设,对哲学、政治学、经济学、心理学和教育学等广泛的知识领域产生影响。

"文化人"形象的基本轮廓是:第一,人是文化的产物,而不是上帝的或自然的产物;第二,人性就是文化性;第三,因为人类生存于其中的文化是多样的,因而人性也是多样的,同时,因为人类生存于其中的文化是不断变化的,因而人性也是不断变化的;第四,既然人是文化的产物,人性就是文化性,那么和人打交道就是和他所属的文化

---

① 卡西尔说:"我们应当把人定义为符号的动物(animal symbolicun)来取代把人定义为理性的动物。只有这样,我们才能指明人的独特之处,才能理解对人开放的新路——通向文化之路。"卡西尔.人论.甘阳,译.上海:上海译文出版社,1985:34.

② 格尔兹.文化的解释.纳日碧力戈,等,译.上海:上海人民出版社,1999:44.

打交道,理解一个人也就意味着理解他所代表的文化。

从"文化人"的角度来看教育,我们可以获得许多新的见解。既然人是文化的产物,人性就是文化性,那么,文化本身就具有教育意义:多姿多彩的文化塑造了无限丰富的人类和人性。既然人是文化的产物,人性就是文化性,那么,教育从其基本意义上说,就是一种使人"文化化"的过程。既然不存在统一的和永恒不变的人性,那么,教育作为一种人道主义事业,就应该关注具体历史文化时空中的人,就应该帮助受教育者理解多元文化背景中的人性的多样性,克服种种文化中心主义,真正学会尊重和欣赏异文化中的他者。既然人都是文化的产物,人的一言一行都体现着他/她所生活于其中的文化,那么,师生交往的过程就是一种跨文化交往和对话的过程,这种交往和对话的质量取决于双方对彼此文化的了解和理解程度。由此可见,相较传统教育知识中人的几种形象而言,"文化人"的形象能够引导教育理论和实际工作者理解教育活动的历史性、具体性、相对性和复杂性。

(三)"制造人"的形象

"制造人"(Homo Faber)这个概念,是18世纪美国近代自然科学家、著名的《独立宣言》的起草者富兰克林就提出的。19世纪中叶,马克思再次提到这个重要的概念。由于"faber"有"劳动"之意,所以"制造人"也可以大致译为"劳动人"。"制造人"或"劳动人"形象的基本特征主要有三点。第一,人是"制造"或"劳动"的动物。正是在制造或劳动中,人与动物相区分。关于这一点,恩格斯有着大量的论述。第二,人从其天性上说是喜欢制造或劳动的,制造或"劳动需要"也是人的一种基本需要。[①] 人正是通过制造或劳动来建立起他/她与自然界、他人及自己的现实关系,"表现"和"确证"自己的"类特性"和"主体性",并逐渐地形成和改造自己。第三,人在劳动过程中"类特性"和"主体性"的丧失,主要是异化劳动的结果。所谓异化劳动,

---

[①] 马克思区分了"劳动需要"和"劳动以外的需要"这两个概念。简言之,前者指人类在劳动过程中作为劳动主体所产生的展现自己"类特性"如"自由""自觉"等活动的需要;后者指由其他社会势力如私有制强加给劳动者的"外在的需要"。

主要是指劳动的对象、产品和整个劳动过程的管理都与劳动者分离,并且成为压迫劳动者的外在力量。异化劳动不仅造成了劳动者与劳动的对立,而且造成了人与人之间及人与他的"类本性"之间的对立。

"制造人"形象能够给予教育理论和实际工作者的启发主要在于启迪其重新看待劳动课在教育中的地位和作用。手工课或劳动课的目标,是满足青少年一代的劳动或制造需要,为他们提供一个表现、反思和确证自己主体性和"类特性"的大好机会。由此,我们才能更深刻地理解马克思主义经典作家有关"教育与生产劳动相结合是促使人全面发展的唯一方法"的命题。

总之,人的宗教情怀、自然性情、理性偏好、社会倾向无不可以通过"游戏""文化""制造"或"劳动"范畴而得到解释和重新解释。从"游戏人""文化人"与"制造人"的角度看,人或人的本性是"生成的"而非"给定的",是"多样的"而不是"同一的",是"异质的"而非"均质的",是"开放的"而不是"封闭的",是"变化的"而不是"僵化的"。所以,在人性及建立于其上的人的形象的问题上,教育理论和实际工作者必须永远持一种多样的、开放的和灵活的态度,不断地用新的眼光来打量人、思考人和培育人。

◆ **思考与争鸣**

其一,从以上论述可知,人们对教育问题的认识往往与其对人性的认识密切相关。

受传统哲学的影响,古代及近代哲学家、思想家们,往往用"拆零"的方式研究人、把握人,总是把人归结为某种终极性的、"单向性"的存在,并依此来说明人的一切,如宗教人、理性人、自然人等,看不到人是向未来敞开着的"多向度"的存在,看不到人是在实践活动中不断生成着的存在,用"预设的人"来规范现实生活中的具有多种属性的活生生的人,从而使其教育失去了现实生活的根基。贺来在《现实生活世界——乌托邦精神的真实根基》中分析了传统哲学中乌托邦精神的思想盲点,即遗忘了现实生活世界,其中的表现是:瓦解生活世界的思维方式,即实体本体论的思维方式。①它在解释世界时,总是先把现实存在还原到原初状态或"先在本质",而忽视人"此时此地"具体的生存境遇,也不会对人们"当下"的社会历史性进行询问和领悟,更不会从人置身于其中的生活世界出发去叩问人未来的命运与超越性的价值理想。②它建立在一种二元对立的基础上,是忽视矛盾性与差异性的一元化的独断性的思维方式。③它是一种超历史的、非批判性的思维方式,是在这种方式下"对人的价值的一劳永逸的捕获",从而遗忘了人的有限性与非至上性的一面。

其二,从对教育知识传统中人的形象的考察来看,几乎所有的教育理论关于人的把握都来源于三个基本的思想认识:第一,视人为一种可控的"物",认为对于这种"物",可以用科学的方法计算,可以用模具加以塑造,认为通过某种标准化的教育,人完全可以被再塑成各种"标准件";第二,把人看作一片白纸,认为人是一张可以由社会文化任意涂抹的纸片,外在文化要素可按其强烈程度有序地进入并占据它;第三,将人的精神发展视同为知识进步般的线形增长。这三种认识的共同的教育学表达是:第一,人是完全可塑的;第二,人的发展是一种趋于某一确定目标的发展过程,教育的任务就是使受教育者尽可能快速地达致这一目标;第三,把人的可能发展看作是单一同质的累积发展,认为教育一旦赋予受教育者以良好的精神品质,受教育的人将会以此精神品格为基础统一协调发展。①

但是问题还有更为重要且更为复杂的一面。由于人在本质上既是一种生理意义上的存在,也是一种文化意义上的存在,因此人的存在具有无限的丰富性和多样性。从教育知识中人的形象的重塑可知:第一,人的发展并不是线形趋向某一预设目标的发展过程,人在其本真状态上有着能动的成为多种可能的内在驱动力;第二,人的发展是一种多重矛盾共生的发展,具有无限的丰富性、多样性和多面性。正如高清海教授所说,"'人'是否定之否定的存在,是多重性、多义性、多向性、多面性的存在系统,绝非单义、单一、单纯的存在,人

---

① 参见黎君.论"人的可能"与教育.南京师范大学学报(社会科学版),2002(2).

存在于自我、小我、大我之中,具有生命性、非生命性、超生命性多重本质。表现为个体、类体多重形态,分属自然、社会、精神文化多重本性等"①。正是由于人是一个如此复杂多样的矛盾性的创造性的存在,因此,人绝不是一个完全依据外在力量便能必然地被塑造为某种必然的东西。人实际上是一个有内在能动性推动的趋向于无限多种发展可能的生命体。

当然,以往的教育固然也知道人具有能动的变化特征这一基本事实。但遗憾的是,当需要进一步考察和说明有关人性的诸多问题是如何影响人的发展时,以往的教育理论尤其是教育实践对人的本然状态和人的内在因素就都忽视了,而将注意力转移到影响人的发展的诸多外部因素之上。实际上,一味地强调外部因素对人的发展的作用,并在教育实践中只关心将知识、技能、价值观念传递给受教育者,是难以在真正意义上实现马克思所描绘的人的全面发展的理想的。不难设想,假如教育的唯一目标就在于造就受教育者的某种"确定的"和"统一"的品质,那么,现实生活世界中真实的生成中的人,其个性必然会作为祭品摆在教育这一高贵的祭坛上被任意宰割。所以,为了培养具有完美人格和丰富精神内涵的个体,我们需要从人的生成性出发对教育从理论到实践进行一种时代的转换。

第二节　知识观与教育②

一、什么是知识

(一) 日常生活的理解

从日常生活对"知识"这一概念的使用来看,第一,知识是一种重要的智力资源,知识的获得与应用有利于提高人们的认识和实践能力;第二,知识不是个体一种内隐的心理要素,而是一种可以在公共

---

① 高清海.人的未来与哲学的未来.哲学动态,1996(7).
② 本节内容主要编自石中英《教育哲学导论》,北京师范大学出版社,2002年版。

领域加以传播的社会要素;第三,"有知识"是个褒义短语,一个人掌握知识的多寡,相当程度上代表着他对一些事物了解程度的深浅或实践能力的大小;第四,知识是后天习得的,而非先天遗传的。在现代的日常生活中,人们自觉或不自觉地将知识的获得与学校教育结合在一起,将学校教育看作是获得知识和更新知识的主要渠道。此外,在日常生活中,人们还经常将知识一词与科学知识一词等同起来,认为知识就是科学知识。与此相联系,人们也总是倾向于将知识看成是由知识分子或科学家等某些特殊的社会团体所产生出来的东西。

从社会学角度,有学者把知识解释为"具有质量特征的社会现象"。知识的质是对知识本质属性的探讨,是知识的内在规定性——知识的社会使用性;知识的量是知识的实用数量。知识是质与量的统一,质量统一的知识才是有用的知识。知识的质与量在同一限度的时间内稳定统一在知识体内,一旦超越了限时度,知识质与量的统一就会失去稳定性,而可能分离。正是质与量的这种矛盾运动推动知识发展。

(二) 辞典的定义

比起日常生活的理解来说,辞典中的知识定义则要精确得多,但也狭窄得多。《辞海》给"知识"一词下定义:指"人类认识的成果或结晶。包括经验知识和理论知识……"可见,"知识"属于人类认识的经验,但又高于人类认识的"经验",是那些已经得到证实或证明的、有价值的经验。因此,尽管人类的认识经验无比多样,但是并不是任何一种经验都有资格被称为"知识"。只有那些被认为表征了"人类认识的成果或结晶"的"经验",才能够被看做是"知识"。

与上述定义不同的是,朗特里在其编著的《英汉双解教育辞典》中将"知识"定义为"个人通过生活经验与教育获得的信息和认识的总体。教育机构在确定与承认什么是有价值的知识上极有权威,以至于不属于这些教育机构之文化背景的人常常认识不到或不够尊重自己无可置疑的知识与学习能力"①。这个定义比《辞海》中的定义显然要宽泛得多,因为它囊括了个人在后天生活中所获得的"所有经验"。在朗特里的定义中,"信息"成为了"知识"的同义词。虽然这种说法在当代社会中有一定的代表性,但是,这种理解和说法是有一点问题的。从辞典的定义来看,"信息"指"音讯,消息;通信系统传输和处理的对象,泛指消息和信号的具体内容和意义"。显然,无论是在哪种意义上,"信息"与"知识"都是很不相同的。但必须看到的是,"知识"确实是可以通过大众媒介或其他各种渠道加以"传播"的,甚至可以"信息化"。从此意义上说,"知识"与"信息"又有着某种意义上的关联:信息化是知识存储和传播的一种方式。

(三) 不同认识论视野中的"知识"概念

历史上,哲学家们对于"什么是知识"有着各种各样的回答。柏拉图认为"知识"是人类理性认识的结果,是人们对于事物"本质"的反映和表述,不同于人类感性认识所产生的"意见"。笛卡尔作为西方现代哲学的奠基人,在"知识"概念问题上和柏拉图一样,对感觉经验的可靠性持怀疑的态度。在笛卡尔看来,由感官获得的知识是混乱的,是人与动物共同具有的;只有由思想获得的知识才是清晰可靠的,是人类所独有的。在笛卡尔之后,斯宾诺莎、莱布尼茨以及康德等也都强调知识构成中的逻辑成分及知识形成中理性的作用。

与上述理性主义的知识概念并肩而立的就是经验主义的知识概念。经验主义的知识概念反对任何先验的观点和范畴,认为人类的知识都源于感觉经验,都是对外部世界各种联系的反映。这种观点在培根和洛克那里得到了最集中的阐述。

经验主义和理性主义的知识概念在西方哲学史上对峙了较长时间,到了19世纪末20世纪初,出现了新的知识概念,即实用主义知识概念。它将知识看成是一种行动的工具,因此也被称为工具主义的知识概念。詹姆斯和杜威对此作了最明确的阐述。詹姆斯认为,"'它是有用的,因为它是真的';或者说,'它是真的,因为它

---

① 朗特里.英汉双解辞典.赵宝恒,等,译.北京:教育科学出版社,1992:239.

是有用的'"。

20世纪对知识概念的看法更是丰富多彩,充满了争论。总的来说,哲学家们是对经验主义、理性主义或者实用主义知识概念进行修正,从另外一些新的角度来认识知识。例如,尼采猛烈地批评德国文化中的理性主义知识传统;曼海姆则提出了"社会学决定的知识"(sociologically determined)这一概念,反对知识概念中的个人主义、绝对主义、实证主义和欧洲中心主义;福柯则从知识与权力的关系入手,对知识的概念作了全新的表述。在福柯那里,知识已经不是一种静止的东西,而是一种运动的东西;已经不是一种符号化的陈述;已经不是一种理性沉思的结果,而是一系列社会关系权力运作的结果。

综上所述,"知识"概念的关键特征主要有四点。第一,知识是一套系统的经验。从这个意义上说,"知识"不等于"信息"。第二,知识是一种被社会选择或组织化了的经验。从这个意义上说,知识不等于原初状态的"个体经验"或"个体思想",而是已经得到某种知识制度认可并被整合到整个社会知识传统中去的个体经验和个体思想。第三,知识是一种可以在主体间进行传播的经验,传播的过程既可能是显性的,也可能是隐性的。因此,任何知识都可以通过学习的途径获得。第四,知识是一种可以帮助人们提高行动效率、更好达成行动目的的经验。

二、知识的性质与课程

知识的性质不是指某一类具体知识的性质,而是指所有知识的一般性质,即所有具体知识超越各自具体领域、陈述形式、传播方式等的不同而共同分享的性质。

（一）知识的性质与课程的一般关系

1. 知识的性质影响课程内容的选择

众所周知,学校的教育实践和空间是有限的,有限的教育时间和空间不能也不可能传递人类社会所有类型的知识,因此,必须根据一定的标准进行知识的选择。可以说,现代教育改革的核心问题之一就是选择什么样的课程知识的问题。而影响课程知识选择的因素很多,其中,知识的性质就是一个不可忽视的重要因素。例如,如果将"神圣性"看作是知识的一般属性,那么,最有可能作为课程知识的就是宗教知识,最有价值的课程也就是宗教课程。因此,知识性质的转变,自然会导致学校课程内容的转变,导致学校课程结构特别是核心课程的改变。

2. 知识的性质影响课程知识的性质

对课程知识的性质怎么看,构成了一个时代和个人课程观的一个重要内容。鉴于课程知识是从人类总体知识中根据一定的标准选择产生的,因此,对人类总体知识性质的看法就直接地影响到对课程知识性质的看法,亦即知识观决定课程观。如果一个时代或个体认为知识的根本性质是"客观性",那么这个时代或个人也会同样地认为课程知识是一类客观性的知识;如果一个时代或个体认为知识的根本性质是"实用性"或"工具性",那么这个时代或个体也会同样地认为课程知识是一类"实用性"或"工具性"的知识。这种根源于知识性质的课程性质就直接影响了课程编制者、实施者与学习者对待课程的态度。

3. 知识的性质影响教学过程

因为教学过程就是一种建立在课程知识传递和掌握基础上的发展过程,所以,在一定的时代背景下,师生双方对课程知识的性质的看法,就很自然地影响到各自的角色,影响到师生关系的互动,甚至影响到教学评价的模式。例如,如果师生双方都将课程知识的性质看成是"神圣性",那么,在教学过程中,学生的全部任务就是去阅读、记忆、背诵、复习和再现宗教知识。教学的评价也是以考查学生是否能够准确再现那些宗教知识为主。可能正是因为这样,夸美纽斯才批评中世纪的学校是儿童才智的"屠宰场",因为在这样的学校里,学生几乎不需要运用除了记忆之外的任何理智才能。16 世纪路德进行新宗教改革,提出了"因信称义"的新观点,主张个人可以自主面对上帝,理解教义。教师和学生个人对教义的理解和阐释就逐渐代替对宗教教条的机械记忆和服从。

(二)现代知识的性质与现代课程

从历史上看,知识的性质伴随着"知识"的概念,有一个历史转变的过程。这种知识性质的历史性转变在很大程度上不断地改变着一个时代的知识状况,并对一个时代的课程实践产生非常深刻的影响。①

1. 现代知识的性质

在认识论领域,关于现代知识的性质有许多表述,如"客观性"(objectivity)、"绝对性"(absoluteness)、"终极性"(ultimatility)、"中立性"(neutrality)、"实证性"(verifiability)、"确定性"(ccrtainty)、"符合性"(conformity)、"普遍性"(universality)、"一致性"(coherency)等。在这些表述中,"客观性""普遍性"和"中立性"可能是三个基本的特性,分别从三个不同的侧面勾画了现代科学知识的形象:客观性偏重于阐述现代科学知识与认识对象及认识主体之间的关系;普遍性侧重于阐述现代科学知识在不同认识主体之间的关系;中立性则侧重于阐述现代科学知识与社会价值体系之间的关系。

(1) 客观性。17世纪以后,人们将"客观性"视为现代知识的根本属性,在这一点上,无论是经验主义者还是理性主义者都没有根本的分歧。布朗希尔(R. J. Browhill)对"客观性"的内涵做了比较全面的概括:第一,这种知识必须指称某种独立于我们自身的"实体",有"符合性";第二,这种知识是可检验的,没有这种可检验性(testability),就没有任何的客观性;第三,这种知识不必拘泥于感觉,但必根植于感觉,有"可实证性",为感觉经验提供证据;第四,这种知识必须能自圆其说,就像一幅"地图"必须有其自身的独立状态和体系一样,要有"一致性";第五,这种知识具有一种"非人格性"(impersonality)和"公共可传达性"(a public communicability),有"普遍性",以至于无论我们身处何时何地都能准确地理解它们。②

19世纪中叶以来,上述知识客观性的内涵广泛传播,渗透到社会知识生活的各个方面。确保知识客观性的一系列规则也被越来

---

① 参见石中英《知识转型与教育改革》(第二章、第四章),教育科学出版社,2001年版。

② Browhill, R. J., Education and the Nature of Knowledge, London&Canberra: Croomm Helin, c1983, PP. 11 – 13.

多的人所信奉,支配着绝大多数所谓文明人的知识生活,如科学研究、科学辩论、学术论文或著作的评审、学术职称的晋升、教学以及课程知识的选择等。对这种知识客观性的广泛信仰和追求,便产生了知识问题上的"客观主义"(objectivism),要求人们在获得知识的过程中摒弃所有个人的主张、意见、偏见、经验、情感、常识等,从而确保获得可观的、实证的、精确的或确定的知识。

(2) 普遍性。现代知识的"普遍性"特征对于我们每一个人来说都不陌生。我们经常说或听人说"科学无国界""真理是放之四海而皆准的"。这些话语所强调的就是客观知识的普遍性。从基本内涵上说,现代知识的普遍性是指:一种知识陈述,如果它是客观的,那么它同时就是超越各种社会和个体条件限制的,是可以得到普遍证实和接纳的。简而言之,普遍性是指"普遍的可证实性"(universal verifiability)以及建立于其上的"普遍的可接纳性"(universal acceptability)。例如,"2+2=4"或"北京是中国的首都"就是普遍的知识陈述,因为它们并非随着一个人意识形态、价值观念、生活方式以及性别、种族等的改变而改变。与"普遍的可证实性"及"普遍的可接纳性"相关,现代知识的普遍性还指生产与辩护知识的标准是能够得到普遍认同和尊重的。

对现代知识普遍性的信仰和追求就形成了现代知识生活中的"普遍主义"(universalism)。它宣称,任何一种知识,只有得到普遍的证实和接纳,才会是真正的和客观的,才会是有效的与合理的,从而也才是真正有价值的。普遍主义要反对的是各种各样的"地方性知识"(local knowledge)或"本土性知识"(indigenous knowledge)。根据普遍主义的观点,这种知识不是真正的和客观的知识,在人类知识进化的过程中也是应该被超越或被淘汰的。

(3) 中立性。从内涵上说,现代知识的中立性也称"价值中立"或"文化无涉",即知识是纯粹经验的和理智的产物,只与认识对象的客观属性和认识主体的认识能力有关,而不与认识主体的性别、种族以及所持的意识形态有关。现代知识的中立性产生了"为知识而知识"的"普遍的知识分子"(universal intellectuals)。他们以人类全体利益的代言人自居,深信或假装自己是为全人类生产知识财富,缺乏自我立场的反思。

2. 现代知识的性质对现代课程的影响

(1) 现代课程的核心内容是科学知识。根据现代知识的性质,现代课程对于"什么是最有价值的知识"这一问题的回答就是"科学",也就是具有"客观性""普遍性"与"中立性"的知识。正如斯宾塞在19世纪中后期所大声疾呼的那样,"什么知识最有价值,一致的答案就是科学"[①]。斯宾塞之所以提出这样的见解,一方面是因为他认为科学知识可以最大限度地满足"人的完满生活"的需要;另一方面是因为只有科学知识才能够揭示或反映事物运动或变化的客观规律,因而是"真正"的知识。在斯宾塞之后,英国和其他西方社会就"古典课程"(以古典语言学科为主)与"现代课程"(以现代科学课程为主)进行了长期的辩论。最后,科学课程终于战胜了古典课程,在19世纪末占据了学校课程的核心地位。

(2) 现代课程具有一种不言而喻的知识霸权。"霸权"(hegemony)是指"处于操作和控制其他国家的地位",其核心就是应用某种力量对异己对象进行"操纵"和"控制"。在人类的历史上,知识霸权是一种正常的历史现象,是社会不平等、不公正的认识领域的一个反映,其直接目的是维护处于霸权地位的知识的合法性与权威性,其最终目的就是维护由这种知识本身所建构的社会秩序。

现代课程的知识霸权主要体现在两方面:一方面,通过教育的途径将"客观性""普遍性"和"中立性"看成是科学知识的基本属性,从而将科学知识"绝对化""神圣化"和"终极化",向青少年学生传播一种虚假的乃至错误的"科学观";另一方面,在课程编制过程中,应用"客观性""普遍性"和"中立性"的标准排斥"本土知识""地方性知识""个体知识",贬低"宗教知识""道德知识""哲学知识""历史知识"以及其他一切不能充分采用经验主义、理性主义或实证主义方法进行分析的知识。进入20世纪以来,在新的科学技术迅猛发展的形

[①] 斯宾塞. 斯宾塞教育论著选. 胡毅,王承绪,译. 北京:人民教育出版社,1997:91.

势下,现代课程的知识内容有了不少的变化,但是现代课程知识的这种霸权性并没有得到根本的认识和挑战,牢牢地控制着学校生活的方方面面,控制着青少年学生的心灵,使他们形成了一种既片面又狭隘的知识观。

(3)现代教学过程是一种知识控制过程。与现代知识课程的类型、性质相适应,现代教学过程从本质上说并不是通过知识促使学生发展的过程,而是一种在知识霸权支配下的知识控制过程,其直接目的在于消解学生的批判能力,其最终目的在于维护现代课程知识的霸权和建立在这种霸权基础上的现代社会秩序。

作为一种知识的控制过程,现代教学一般是通过两种形式加以实现的,一种是制度化形式,一种是非制度化形式。制度化的形式又包括教学大纲、教科书制度、教学制度等。非制度化的形式包括:教师在介绍教学内容时使用的一些"大词",如"规律""本质""真理"以及与之相关的"发现""揭示"等;教师在课堂教学情景中对学生实施的即时"劝导"等。以现代教学评价制度为例,现代教学评价的一个重要特征就是"标准化",其关键就是坚持答案的"唯一性",排斥或防止对某个问题进行多种理解。而这种唯一的答案不是由学生自主"思考"得出的,而是现成的、写在教科书上的。因此,学生想要在各种各样的标准化评价中取得好成绩,重要的不是应用自己的思考和判断,而是对教材知识有准确、牢固和熟练的掌握。这种教学过程从表面上看,是教师帮助学生获得新知识的过程;从实质上看,是通过知识控制而对学生思想和行为进行规训的过程。

对于这种知识控制和心灵规训的特征及其危害,弗莱雷是这样说的:"教育因此成为某种储蓄的活动,学生是仓库,教师就是储蓄者。教师发出公报进行储蓄,学生耐心地接受、记忆和重复。师生之间缺乏交流。这就是'银行式'的教育概念。在这种教育概念的支配下,学生活动被允许的范围至多只是接受、归纳和储存教师所存放的东西。事实上,他们仅有对他们所储存的东西进行积累和分类的机会……结果是:学生越努力地储存委托给他们的'存款',他们的批判意识就越得不到发展。这种批判意识只能产生于他们作为世界的改造者对改造世界的参与之中。他们越全面地接受强加给他们的角色,他们就越倾向于单纯地适应于这个世界,适应于他们头脑中所储存的破碎的世界观,就好像一切都从来如此,并将会永远如此。"①

(二)后现代知识的性质与后现代课程

19世纪末20世纪初以来,特别是20世纪中叶以来,人们从不同的领域对现代知识的"客观性""普遍性"和"中立性"不断展开批判,从而形成了对知识性质的新看法,我们称之为"后现代知识的性质"。

1. 后现代知识的性质

(1)文化性。后现代知识的文化性是指:知识的性质不可避免地受到其所在的文化传统和文化模式的制约,与一定文化体系中的价值观念、生活方式、语言符号乃至人生信仰都不可分割,因而就其本性而言是"文化的"而非"客观的",是"文化涉入"的而非"文化无涉"的,是有一定的"文化限域"而非"超文化的"。

后现代知识的文化性是建立在对现代知识的"客观性"批判基础上的。来自认识论、知识社会学、科学哲学、女性主义等领域的大量研究表明,上述"客观性"的假设没有一个是成立的:既不存在作为认识对象的独立于认识者的"实体",也不存在毫无问题的"证据"。其所谓的知识陈述与认识对象"相符合",只不过是人们的一种"错觉",是人们在拒绝或排斥大量的"反例"之后的一种自我心理安慰。如果要说知识陈述与什么东西相符合的话,只不过是与某种文化中业已存在的人事规则或"知识游戏"的规则相符合。在社会和人文知识领域,价值、趣味、社会地位、意识形态等主观的和文化的因素更是大量渗透到认识过程中去,构成认识活动的一个必要条件或"视角"(perspective)。"绝对主义""客观主义"的知识观是错误的,代之而起的是一种历史主义(historicism)、视角主义(perspectivism)和"相对主义"(relativism)的知识观,即一种文化的知识观。

(2)境域性。与"文化性"相关联,"境域性"(contextuality)是

---

① Freire,F.. Pedagogy of the Oppressed. London:Penguin Books Ltd. c1970, PP. 53 – 54.

指：任何的知识都是存在于一定的时间、空间、理论范式、价值体系、语言符号等文化因素之中的；任何知识的意义也不仅是由其本身的陈述来表达的,离开了特定的境域,既不存在任何的知识,也不存在任何的认识主体和认识行为。

后现代知识的境域性是直接建立在对现代知识的"普遍性"的认识的基础上的。对知识普遍性的解构和对知识境域性的强调与知识社会学、科学哲学和解释学的发展密不可分,也与知识问题上的对"西方中心主义"的批判密不可分。知识社会学主张相对主义、历史主义和视角主义,这就包含着丰富的"境域性"的思想。科学哲学强调"所有的观察都蕴含着理论"以及所有的科学活动都受制约于那一时期的"科学范式"。解释学则宣称个体的主观经验在认识活动中不仅是不需要剔除的,而且是不可缺少的。正是个体的主观经验构成了个体提出问题、观察问题和分析问题的"视界"；正是个体的主观经验将以往人们所认为是抽象的、纯粹的真理引入到历史领域,成为历史的真理。这种历史真理并不终结所有的知识,相反,它主张所有的知识向历史开放。认识的过程不是以纯粹个体反映外部世界的形式进行的,而是以个体和历史"视界"不断融合的形式进行的。

随着对知识境域性的揭示,人们开始了对知识问题上"西方中心主义"的批判。知识问题上的"西方中心主义"认为,近代以来西方所出现的科学知识才是真正的知识,非西方的知识都不是真正的知识。但是,随着知识客观性和普遍性的解构,人们发现,原来认为没有任何争议的"文明化"过程实际是一个用一种知识标准反对另一种知识标准,用一种知识体系颠覆另一种知识体系的过程。它导致本土知识合法性的被解构以及在社会生活中的逐渐被遗忘。费耶阿本德(P. K. Feerabend)将这种知识的普遍性传播过程称为"科学沙文主义"。20世纪80年代以来,这个问题开始引起许多发展中国家人们的高度关注,也引起了联合国教科文组织的关注。随着这种曾经被剥夺了知识资格的"本土知识"对于"西方知识"的反抗,人们也越来越认识到"本土知识"的价值,越来越能够接受知识具有"多样性"和"境域性"这一观念。

（3）价值性。后现代知识的价值性是指：所有的知识生产都是受着社会的价值需要指引的；所有知识本身是体现着一定的价值要求的；所有的知识在传播过程中都是受着权力因素制约的，都是社会总体权力实践的一部分。

后现代知识的价值性是建立在对现代知识的"中立性"批判基础上的。首先，现代知识"中立性"所要求的作为认识对象的实在的"自主性"和"非人格性"是不成立的。认识对象是主体和社会所建构的，自然反映出主体和社会的价值趣味与文化偏好。其次，现代知识的"中立性"所要求的"纯粹的"感觉经验或理性形式也是不成立的，不仅所有的感觉都接受着理论的指导，而且"理性"与"文化"之间也存在着非常密切的关系。正如罗蒂所指出的那样，不存在一种大写的、超越所有文化界限的"理性"。再次，现代知识"中立性"所要求的"普遍性证实"也是一种假象，不仅没有任何一种知识经受过所谓普遍的"证实"，而且也不可能有任何一种知识可以经过普遍的"证实"。"可证实性"或"符合性"本身就是一种愿望而非一种事实。最后，现代知识的中立性所要求的一种"数学化的""可观察的""可归纳的"语句以及"价值中立"的概念、符号、数字、关系等，只能适用于有限的知识领域；就是在这种有限的知识领域中，可以使用的陈述语言也并非只有这样一种选择。

2. 后现代知识的性质对后现代课程的影响

（1）反思和改革科学课程。即改革在"客观的""普遍的"与"中立的"知识观支配下的科学课程，在科学课程中反映人们对科学活动和科学知识性质的新认识，如"科学是一种意识形态支配下的活动""科学是一种社会建制""科学是一种文化活动""科学革命是科学范式的转换"等，从而使青少年学生从小树立起一种正确的科学观和科学方法论，克服"客观主义""科学主义""权威主义""西方中心主义"等对他们思想的影响。与此相关，科学课程的目标也要超越对具体科学知识、方法和技术的掌握，达到对科学哲学、科学史、科学与社会和人类关系广泛、全面和深刻的理解。科学课程内容的编排要走出原来狭隘的分科课程模式，采用一种内容更加丰富的"大科学课程"模式。这种"大科学课程"主要不是内容之多或某些科学学科简单地综合,而是从社会、历史、哲学等角度对科学知识内容重新编排。

(2) 开发本土课程。随着对本土知识与本土发展关系的深入揭示,本土知识的社会价值也非常明显地显现出来。因此,选择、保存、传递和发展本土知识就成为后现代课程改革的一个重要内容。从20世纪80年代后一些原来的殖民地国家的经验来看,这种本土课程开发的目标包括:使本土人民意识到他们自己完整、系统、历史悠久却被长期压抑和剥夺资格的本土知识体系;展现本土知识在本土社会历史发展中的巨大贡献,重新唤起本土人民对于本土知识体系的价值意识;通过本土知识的传播,加强本土社会青少年学生的文化认同;改造源自西方的自然科学、社会科学以及人文科学课程,剔除它们之中对于本土社会稳定和可持续发展不利的东西。

(3) 加强人文课程。自19世纪以来,无论是西方国家还是中国,在现代科学知识的支配下,人们认为人文知识不是严格意义上的"客观的"知识,随之出现的就是学校课程体系中人文课程的衰落。随着"科学知识客观性"神话的被打破,人们终于认识到,人文知识并不是"次一级"的知识或"不成熟的知识",而是一种有着不同的认识对象、认识方式、表达方式以及人生与社会价值的知识。人文知识所关注的不是对外在世界的控制与征服,而是内在视角的理解和塑造。缺乏这种内在的理解和塑造的力量,人们对外在世界的控制和征服就会出现种种的病态,就会导致个体和社会的"片面发展"和"畸形发展",最终给个体和整个人类带来灾难性的后果。面对着当代不可遏制的功利主义及其使人类所陷入的困境,思想家们开始大声疾呼人文精神的弘扬和完整人格的教育。在这种背景下,教育学家们开始重新审视人文课程的价值,并就人文课程的建设提出许多积极的建议。

(4) 在教学过程中反对知识霸权。随着现代知识性质向后现代知识性质转换,后现代教学改革的方向应该是:在教学基本任务或基本目标方面,应该通过课程知识的传递而培养学生的怀疑意识、批判意识和探究意识,从而使他们从小懂得知识是永远进步的,没有哪一种知识是不需要质疑和发展的,知识创新所需要的各种基本素质和能力正是在这种对所谓"客观的""普遍的"和"中立的"知识的怀疑、批判基础上培养起来的；在教学组织形式上，应该进一步改革班级授课制，以便使教学过程中有更多的讨论、质疑、实验和辩论时间；在教学原则方面，应该制定旨在激发、保护、鼓励和引导学生进行质疑、大胆探索的新原则；在教学方法方面，应该坚决反对各种形式的灌输法，提高课堂教学的问题意识，充分利用学生的"个体知识"和"地方知识"，使教学过程变成一个在教师引导下的、以问题为核心的、师生共同反对知识霸权、自主探索知识及其意义的过程。

三、知识的类型与课程

人类的知识多种多样，于是有了各种各样对知识的分类。例如，波兰尼（Polanyi, M.）从人类知识是否可以通过语言符号的方式加以表达这一角度，将其划分为"显性知识"（explicit knowledge）与"缄默知识"（tacit knowledge）；赛义德（Said, E. W.）根据人类知识的地域性特征，将其划分为"东方知识"（oriental knowledge）与"西方知识"（occidental knowledge）；孔德根据人类知识的发展阶段将其划分为"宗教知识"（religious knowledge）、"形而上学知识"（metaphysical knowledge）与"实证知识"（positive knowledge）；舍勒根据人类知识的组织形式和社会性质，又将其划分为"拯救的知识"（knowledge of salvation or of redemption）、"文化的知识"（knowledge of culture）与"实践的知识"（practical knowledge）。在各种各样的知识分类法中，有一类分类法是当代知识界广泛认同并体现在大学系科设置、图书馆资料分类等知识体系中的。这种分类法就是将人类知识划分为"自然知识"（natural knowledge）、"社会知识"（social knowledge）和"人文知识"（human knowledge），这种分类比较合理地反映出了人类知识的总体结构。由于对象与方法上存在不同，三类知识在许多方面都呈现出明显的差别，从而影响到相应的课程实践。

（一）自然知识与自然课程

1. 自然知识的基本特征

第一，就知识与对象的关系而言，"自然知识"是一种"描述性的知识"(descriptive knowledge),旨在通过一定的概念符号和数量关系反映不同层次自然界所存在的一些"事实"和"事件"。在反映的过程中,认识者尽量地遵循已有的研究范式,以便使自己的研究能够为某一知识共同体所接纳,成为一种具有"主体间性的知识"(inter-subjective knowledge)。

第二,就知识的发展方式来说,"自然知识"的发展方式是"直线性"的。自然知识是对自然世界的"描述"或"说明"。自然知识经历了原始社会和古代社会的漫长累积阶段以后,在近代获得了迅速的、持续的、直线式的增长,在 20 世纪中叶以后更是呈现出一种"激增"或"爆炸"的态势。

第三,就知识的适用范围而言,"自然知识"具有一定程度的"普适性"。无论是谁,也无论他处于一个什么样的社会背景中,只要他接受了一定的自然科学范式,他都应该能够理解某种科学知识,应该有可能对某种科学知识的真伪进行逻辑上或经验上的检验。这种逻辑上或经验上的检验也是可以同时被其他人进一步证明或验证的。

第四,就知识的检验或辩护而言,"自然知识"诉诸"经验"和"逻辑"的"证实""证伪"或"证明"。作为一种描述性的知识,"自然知识"是否具有真理性取决于它们是否在一定的理论传统中比较精确或准确地描述了某一自然现象,解释了某一自然事件。如果存在着某一自然知识没有描述的"反常"现象或没有预测到的"因果联系",那么这个自然知识就是需要"修正"的,人们需要在新的经验和逻辑基础上提出新的理论假设。

2. 自然课程的基本特征

第一,自然课程的基本目标包括两个方面:一方面是传播现代自然科学研究的成果,增加人们有关自然的知识,从而提高人们认识、理解、控制和改造自然的能力;另一方面是进行自然科学方法的训练,从而提高人们从事科学知识生产的能力,培养新的科学人才。从前一方面来说,自然课程的目标是"功利"的,是为了满足现代工业发展和经济增长需要的;从后一方面来说,自然课程的目的则有非功利的一面。此外,在现代知识的霸权被解构以后,自然课程还肩负着总结、传播和发展本土自然知识以及重构自然知识多样性的重任。

第二,从课程内容来看,自然课程的内容主要是一个个自然科学研究的成果,包括若干基本的科学事实以及从这些科学事实中所概括和提炼出来的概念、命题、原理和公式等。不过,需要引起高度重视的是,自然科学的"概念"具有独有的特征,即一方面是"普遍性"(universal)的,另一方面是"指示性"(denotative)的。自然科学概念的"普遍性"是指科学概念作为科学思维的起点或中介,是由科学界"约定"的,因而与科学研究人员所处的文化传统缺乏必然的内在联系,在相当程度上可以为全世界的科学家和各种类型的研究人员所理解和应用。"科学概念"的"指示性"是指所有的科学概念都具有"表征功能",都代表着或指示着某一种自然实体或某种自然实体的某种属性。自然科学概念的这两种性质就决定了自然科学命题是一种"陈述性命题"。

第三,从自然课程内容的编排方式来看,一方面要尊重上述自然科学知识自身的逻辑关系,运用一些专门的科学语言由古到今、由浅入深地加以排列,另一方面要采取学习者能够接受的叙述方式,要符合学习者的知识水平与心理发展特征,这就是我们一般所说的"知识(学科)逻辑"与"(认知)心理逻辑"的统一,也是美国20世纪60年代结构课程改革运动中的编排原则。

第四,就自然课程类型而言,自然课程也经历了一个从分科课程向综合课程发展的过程,综合课程是当前和今后自然课程的主要模式,但是,关于综合课程的理论研究和实践探究当前也都还是不够成熟的,在不少国家和地区,自然课程也仍然是以分科课程为主。

第五,从自然科学教学的模式来看,早期一般采用自然科学知识"教授"加"演示"或"证明"的模式,后期则倾向于采用20世纪60年代所提出来的"发现模式"与"合作学习模式"。但不管是旧的模式还是新的模式,最后都要求学生不仅要识记和理解一些既有的科学结论,而且还要求他们能够运用必要的手段对这些结论进行证实、证明、检验或辩护,都要求他们能够使用具有"普遍性"和"指示性"的科学概念,能够应用合适的陈述形式表示"科学发现"的结果。

(二) 社会知识与社会课程

1. 社会知识的基本特征

第一,就知识与对象关系而言,"社会知识"是一种"规范性的知识"(normative knowledge)或"策略性的知识"(prescriptive knowledge),旨在借助于一定的理论传统和价值立场,对"社会事实"或"社会事件"的现状与发展趋势进行系统化、类型化或模型化的分析,并得出或暗示有关的实践建议或策略。由于社会科学所要处理的是由价值所建构的事实或事件,因此,在社会科学研究过程中,无论是问题的确定还是问题的分析和结论的得出,都难免受到研究人员价值背景、政治立场等的制约,从而使得社会科学知识难以做到真正具有"主体间性"。尽管如此,社会知识还不至于成为一种完全个性化的知识,因为在某一社会群体中,不同的个体之间还往往分享着同样的社会知识。反过来说,也正是由于他们彼此之间分享了这种同样的社会知识,他们才能突破个人的界限,形成一个相对独立的群体,有着若干共同的社会行为倾向和价值评价尺度。

第二,从知识的发展方式来看,"社会知识"的发展方式是"阶段性"的。社会知识是从一定的价值立场对由一定的价值所建构的社会事实与事件进行的分析与解释。这种分析与解释,从根本上说,受制于一定社会形态中占主导地位的价值观念(包括意识形态)。社会科学问题的提出、理论的建构、策略的形成等无不受制于这种主导价值观念,它们构成了社会科学研究范式的核心。因此,只有当一种主导性的价值观念被另一种新的主导性的价值观念代替时,也就是说只有到社会发生重大的价值革命或社会变革时,社会科学家才能提出真正"新"的问题、理论和策略,社会知识也才能呈现出"发展"的态势。因此,如果说自然知识的发展具有一种持续性的"线性"特征,社会知识的发展则明显具有"三十年河东三十年河西"的"阶段性"特征。

第三,就知识的适用范围而言,"社会知识"具有鲜明的"文化性"。作为一种"规范性的"或"策略性的"知识,社会知识往往与认识者所处时代或社会的特殊状况与问题相关联,而且受着认识者所处位置的制约,因此,尽管社会知识在形式上具有某种普适性,但其实质上具有相当程度的文化性,与建构它们的社会主流价值观念有着内在的不可分割的联系。不理解这种主流价值观念,就不能理解社会科学的具体内容,甚至也不能理解社会科学问题。因此,对别国社会知识的学习必须伴随着对它们所隐含的文化价值观念的深刻反思,否则就会陷入在理论上和实践上"被殖民"的境地。

第四,就知识的辩护方式而言,"社会知识"诉诸某一具体社会实践效果的"证实"。作为一种规范性或策略性的知识,社会知识的真理性就存在于它们所指导的社会实践能够获得满意的结果,这就是所谓的"实践是检验真理的唯一标准"。如果一种社会理论所指导下的社会变革取得了满意的结果,那么它就是比较准确地反映了那一时代的主流价值观念并受到实践者的拥护的;相反,如果一种社会理论在社会变革中根本行不通,或者说不能使社会某一方面的发展呈现出良性态势,那么这一理论的真理性就是值得怀疑的,决策者们会考虑选择其他的理论和建议。

2. 社会课程的基本特征

首先,社会课程的目标是:通过社会知识的传播,培养青少年学生树立起码的社会意识,具有从事社会生活的能力,使其成为与一个国家特定的政治制度和广泛的社会生活制度相相适应的公民。就当代社会而言,一个合格的公民必须具有以下素质:其一,必须意识到自己与社会("公共领域")的关系,意识到自己在社会生活中所享有的权利和所应尽的义务、所承担的责任;其二,必须意识到社会公共利益的存在以及社会公共利益的不可侵犯性,捍卫公共利益;其三,必须具有一些有助于认识、理解、建构和保卫社会公共生活领域的知识,以便能够为自己的权利、义务和责任作辩护,能够和他人一起形成一种为大家所共同具有的群体意识;其四,必须具有参与社会公共生活的意识、积极性和能力,在任何情况下不忘记自己是社会生活中的一员。

其次,社会课程的内容,主要是一些有关社会生活的理想、结构、制度、生活方式,它们一般通过一些基本范畴、命题、结论或行为规则体现出来。与自然知识相比，这些社会知识又有自己的特殊性。就概念与命题的类型而言，社会科学的概念从实质上来说，不是一种"普遍性"的和"指示性"的概念，而是一种"文化性"(cultural)的和"功能性"(functional)的概念。所谓"文化性"，是指社会科学的概念不是约定俗成的，也不是一种人工语言，而是从日常生活语言中选择出来的，因而与社会的文化传统和主导价值观念之间有着密切的关系。所谓"功能性"，是指社会科学的概念不仅只是一种价值中立的实在描述，它们本身具有某种或明或暗的价值区分、评价标准和因此引起社会反应的功能。因此，在自然科学中，很难存在着布尔迪厄所说的"符号暴力"(symbolic violence)，但是在社会科学中，这种"符号暴力"是普遍存在的。正是由于社会概念有这种文化或价值特征，所以社会命题都是"规范性"的而非陈述性的。从这个意义上说，作为教育内容的社会命题不但需要人们去理解，更需要人们去实践。

再次，社会课程内容的编排方式不宜采用自然科学课程教材编写的形式，即不宜围绕着知识的传递、理解、掌握和探究来进行，而应该围绕着指导学生个体在不同年龄阶段参与不同范围和性质的社会实际生活来进行。例如，对于小学儿童来说，他们所参与的主要社会生活就是"家庭"生活、"班集体"生活、"学校"生活与"社区"生活。因此，小学阶段所需要的社会知识的传授也要紧紧地围绕着这四种社会生活中的主题来组织。

第四，就社会课程的课程类型而言，当前我国采用的主要是学科课程，这在相当程度上可以说是受了自然科学课程模式的影响。采取这种课程模式的优点是学生可以掌握一些比较系统的社会知识，包括基本的社会概念、命题和原理，缺点是不能够指导学生形成实际参与适宜的社会生活的意识、素质和能力。比较合理的课程类型应该是具有综合性质的"活动课程"，即围绕着上述学生实际参与的社会生活来组织课程内容。这种课程不仅可以帮助学生去理解和掌握社会知识，而且还可以创造条件使他们去感受和应用社会知识，使他们真正地懂得为什么要学习那些知识，真正地体会到社会知识的学习对于提高自己实际社会生活能力的价值，真正地意识到作为一个

"社会人"可以分享的权利和不可推卸的义务与责任。此外,由于社会生活的性质不可避免地受到地域的影响,社会课程在知识的选择上也要体现出其"地方性"。

第五,就社会课程的教学模式来说,传统的教学模式主要是以教师课堂教授有关社会知识为主。在教学过程中,师生之间的关系仍然是讲授者与学习者之间的关系,学生在理智上始终处于一种被动的地位。就教学评价而言,这种教学的总结性评价一般有闭卷与开卷两种方式。这两种评价方式多是围绕着教材上的社会知识展开的。学生可以在没有丝毫提高自己参与实际社会生活意识与能力的情况下,通过死记硬背而获得高分。从社会知识的独特性来看,有关社会知识的教学应该走出课堂教学的模式,采用"实践教学"的模式。对学生进行广泛的"社会教育",不仅包括使学生树立起与社会生活密切相关的政治思想态度和立场,而且包括使学生形成对社会组织、结构及其功能的认知,对社会生活规范的理解和应用,包括参与社会生活意识与能力的训练,等等。

(三) 人文知识与人文课程

1. 人文知识的基本特征

第一,从知识与对象的关系来看,"人文知识"是一种"反思性知识"(reflective),旨在通过认识者个体对历史上所亲历的价值实践的总体反思呈现出认识者个体对人生意义的体验。作为一种反思性知识,人文知识具有非常明显的"个体性""隐喻性"和"多质性"。人文知识的"个体性"是指,所有人文知识都是作者个体独特的人生遭遇和内心经历的结果,具有非常鲜明的个性色彩。这种鲜明的个性色彩说明:一方面,对这些知识的理解,只有深入到作者的整个生活史和内心世界之中才能达到相当的程度;另一方面,这些知识是不可复制和代替的,也是不可由别人的经验来证实或证伪的。人文知识的"隐喻性"是指,对于人生意义的体验表达经常不是通过逻辑的或实证的渠道来进行的,而是通过既非逻辑的也非实证的隐喻的渠道进行的。人文知识的"多质性"是指对于同样意义的问题,会出现多种多样的体验和回答,而且会永远向着多种多样的体验和回答开放,不会有终结的那一刻。

第二,就知识的增长方式而言,"人文知识"的增长方式是"螺旋性"的。由于人文知识有"个体性""隐喻性"和"多质性",所以人文知识的增长在很大程度上不能呈现出一种随着时间的绵延而"绝对增长"的趋势,反而呈现出一种不断地"回溯"与"重新"解读、体验和阐释传统知识的螺旋态势。正因为这样,在人文知识领域,人们经常能够听到"回到古代""回到中世纪"的声音,而这在社会知识和自然知识领域都是不可能的也是不必要的。

第三,就知识的适用范围而言,"人文知识"则具有超越文化限制的"个体性"。作为一种反思性的知识,人文知识尽管以一定的社会和历史时期的价值规范为基础,但是它从认识者个人背景出发,力图超越这种文化价值的限制,达到对一种独特的内心世界的体验和表达。因此,人文知识既不像自然科学知识那样遵循普遍的范式,也不像社会科学知识那样受制于一定的价值观念和社会立场。人文知识具有鲜明的个人"风格"。例如,对人文作品的阅读不是和一个科学范式的对话,也不是和一个时代的对话,而是和一个活生生的心灵的对话。人文知识没有固定的适用对象,人文知识是适用于每一个对人生意义问题进行追问的人的。从这个意义上说,人文知识最少时代的局限和阶级的偏见,具有真正意义上的"普适性",构成了全人类的精神财富。

第四,就知识的检验或辩护而言,"人文知识"则诉诸个人生活世界的"证实"。人文知识作为一种反思性的理论,其主要目的不在于形成大规模的社会行动,而在于促使和帮助个体反思自己的历史生活,反思自己在历史生活中所信奉和实践的价值观念的合理性,并由此形成新的生活态度,确定新的生活方向。因此,人文知识的真理性就在于它们帮助个体从日常生活的"习惯""常识"和"程式"中摆脱出来,以一种新的眼光来打量自己的生存状态和生存理由,并为他们提供新的、可供选择的生活方向。因此,对于某一人文知识,既不可能进行"逻辑的"证明,也不可能进行经验的"证实"或"证伪",人文知识也不可能通过促使社会集体行动的方式来获得认可,而只能通过一个个个体的内心世界来得到欣赏、鉴别和认同。

2. 人文课程的基本特征

第一,人文课程的目标在于唤醒和引导潜藏在学生身上的"人文需要",向他们传递一定的"人文知识",培养他们形成对于自己、他人以及环境的"人文理解"与"人文关怀"的意识和能力,促使他们树立高尚的"人文理想"和"人文信念",从而成为一个真正的人,而不仅仅是成为一个"公民"(或"劳动者")。

第二,人文课程的主要内容是人文知识,而不是自然知识和社会知识。自然知识和社会知识尽管有时也能够启发人们的人文思考,如一些物理学的知识也能使人意识到个体生命的"无根性",但是这些思考只是学习自然知识和社会知识时的"副产品",不能够满足人们系统地和深入地思考人生意义问题的需要。与之相比较,人文知识则是历史上思想家们直接有关人生意义的论述、表达、反思和实践探索,能够直接帮助人们对人生意义问题进行认识和理解。

基于人文知识的特殊性,人文课程内容的选择应该突出"典型化""个性化""生活化"等标准。所谓典型化,是指人文课程的内容应该是非常"典型"的问题、故事、文学和艺术形象、生活经验等。"个性化"的标准是指人文课程内容的选择应该反映知识生产者独特的个人经历和所处的社会背景。因为,如果读者不理解他的生活经历和社会背景,就不能理解他们提出和探索问题的心路历程,不能理解他们所提出的观点、所创作的作品和所做出的人生选择,从而也就不能够由人及己,展开自己的内心思考。"生活化"的标准是指人文课程的内容应该是源于生活和贴近生活的,不能够选择那种只有少数学究们才使用的与理论建构有关的知识,而应该选择那些每一个人都可以使用的与促进自身反思有关的知识。

第三,就人文教材的编写(主要指基础教育阶段人文教材和高等教育阶段非专业的人文教材的编写)而言,它既不应该像自然科学教材那样围绕着"知识"展开,又不应像社会教材那样围绕着"实践"展开,而应该围绕着人生意义问题的"反思"或"内省"展开,或者说,围绕着日常生活实践中价值规范的合理性问题而展开。例如,小学高年级的儿童往往会超出具体的生理特征和社会角色而提出"我是谁?"这样的问题。这种问题的提出就表明,他们开始从人文的视角而不只是科学的或社会的眼光来打量自己。对于这样的问题,促进思考比给出答案更加重要。

第四,人文课程的类型宜于采用"讨论课"(seminar)的形式。如上所述,人文知识从陈述形式上是一种反思性的知识,带有很强的个性与隐喻性。这种性质的知识与其说是就某一问题给人们一个"结论",不如说是要"激起"人们更多的"反省";与其说是要表明作者的"立场",不如说是渴望与人们"对话";与其说是要达成一个"共识",不如说是要开发新的"歧见"或促成新的"理解"。如果缺乏这种开放的思想空间和个体存在经验的参与,哲学、历史、文学、艺术、宗教、道德等许多人文学科的课程就失去了人文教育的意义。

第五,人文知识教学最忌"灌输"或"绝对化"。人文教学需要一个"真诚""自由""开放"的教学氛围,这种氛围是促使个体进行经验反省所必需的。任何的虚伪、强制和权威在人文教学中都是应该摒除的。人文教学的基本环节应该包括"体验""移情""理解""对话"和"反思"。"体验"既指对某种人文知识得以产生的"人文需要"或"人文危机"的体验,又指对于与之相关的自身生活世界的一种精神感受。"移情"是指在体验的基础上消除人文知识或作品与自己之间的时间、空间、社会和文化"距离",在自己与人文知识或作品之间建立一种息息相关的"同一感"。"理解"是指在"体验"和"移情"的基础上对人文知识、作品及其与自身存在状况的关联方式和程度的进一步"认识"和"把握"。因此,"理解"具有很强的"个性"和"主观性",也正是这种"理解"的"个性"和"主观性"提出了"对话"的要求。不同理解者之间的"对话",一方面有利于达到"补充""限制"和"修正"这种"个性化"和"主观化"理解的目的;另一方面也有利于"视界"的融合,有利于开辟新的意义空间。

◆ 思考与争鸣

知识转化为课程有一些中介条件,受许多因素的影响,其中知识观是一个重要的因素。而从已有的研究看,研究教育学的人,一定程度上夸大了知识观对课程的影响,热衷于对概念术语的解释,渐渐远离了教学实践、课程实践的需要。例如,生物学科、物理学科等,一线的教师更多关注这些问题:什么知识是有价值的?知识是如何获得的?知识是如何运用的?所以,教育理论研究不要过多地纠结在知识的概念、定义本身,还应当更多地考虑教学实践的要求。

第三节 生活世界与教育[①]

早在19世纪,英国教育家斯宾塞在论及教育的价值时,就提出教育要为人的完满生活作准备。之后杜威提出"教育即生活"的命题,并对世界教育改革产生了重大影响。而在当代,面对时代发展中的一系列问题,"回归生活世界"又成了一个鲜明而响亮的时代主题,并影响着今天的教育。那么,当代哲学家所关注的"生活世界"的内涵与旨趣究竟是什么?教育要回归生活世界又是指什么?

一、生活世界的概念与旨趣

(一)生活世界的概念

"生活世界"是产生于20世纪20年代西方现象学的基本范畴。胡塞尔在30年代所写的《欧洲科学危机和超验现象学》一书中就指出,由于自然科学的发展,实证主义思潮的流行,人们被实证科学的表面繁荣所迷惑,让自己的整个世界观受实证科学的支配,结果,被人们理想化和神化的科学世界偏离了关注人生问题的理性主义传统,把人的问题排斥在科学世界之外,以实证科学取代一切,导致了片面的理性和客观性对人的统治,出现了一场危机。在胡塞尔看来,这场危机的实质是科学与人的存在相分离,是一场哲学的危机、文化的危机。要摆脱这场危机,就必须回归生活世界。在胡塞尔的现象

[①] 本节内容主要编自尹艳秋《必要的乌托邦:教育理想的历史考察与建构》,福建教育出版社,2004年版.

学中,与"生活世界"同义的还有"周围世界""日常生活世界""经验直观的世界""自然态度中的世界"和"直接被给予的世界"等概念。他的各种形容及论述中,"生活世界"的含义大致包括以下几个方面。

第一,"生活世界"是一个非课题性的世界。"非课题性"与"自然态度"有关,它是指我们在自然的观点中直接面对现实世界,将现实世界的存在看作是一个毋庸置疑的、不言自明的前提,不将它看作问题,不把它当作课题来探讨。

第二,"生活世界"是一个奠基性的世界。由此,"生活世界的自然态度"与"客观科学的态度""哲学的反思态度"相区别。后两种态度在某种程度上将现实世界作为课题来研究;生活世界的态度先于其他的态度并构成其他态度的基础,或者说,其他的态度都奠基在生活世界的态度之上。

第三,"生活世界"是主体的构造之物。胡塞尔指出:现有生活世界的存有意义是主体的构造,是经验的、前科学的生活之果。因此,世界并非外在于人的自在存有,真正自在的第一性的东西是主体性,是它在起初朴素地预先给定世界的存有,然后再把它理性化或客观化。

依据胡塞尔对生活世界的诸种规定,有学者对其生活世界作了这样的概括:生活世界就是"人们在其中生活着的、可直接经验到的、主体间的文化世界"[①]。应该说,这一立论较准确地解读了胡塞尔的"生活世界理论",抓住了问题的本质。

胡塞尔的生活世界理论对于20世纪哲学的影响是深远的。自胡塞尔"生活世界"的概念出现以来,相继有了海德格尔的"日常共在世界"、赫勒的"日常生活世界"、伽达默尔及哈贝马斯的"生活世界"等。由此可知,"生活世界"已成为当代不少思想家关注的焦点。

哈贝马斯对胡塞尔的"生活世界"进行了批判性发展,认为生活世界的知识是"背景知识",确信生活世界是交往行为的基础。哈贝马斯的"生活世界"有如下内涵。

[①] 李文阁.回归现实生活世界.北京:中国社会科学出版社,2002:98.

第一,"直观性"与"经验性"。哈贝马斯认为,生活世界概念与日常实践是相关联的,"生活世界构成直观现实,因此是可信的,透明的,同时又是不容忽视的,预先论断的网"①。这张网不是明确可分的,而是犬牙交错的灌木丛,是混沌未分的整体,是一个界线模糊的视野。

第二,非主题化。"生活世界"不属于可以问题化的领域,它与"所谈论的,所许诺的与所要求的事物构成一种间接的关系",它"始终是停留在背景之中"。②

第三,总体性与整体性。哈贝马斯认为,生活世界是一种总体化的力量。这里的总体既指社会空间的总体,也指历史时间的总体。

第四,奠基性。哈贝马斯提出生活世界概念源于为交往行动确立一个价值之源。所以,在他看来,生活世界虽然是前反思的、非知识的,却是反思与知识的基础。哈贝马斯认为,客观知识是不存在的,认识总是与兴趣想联。这里的兴趣并非指个人的特殊嗜好或利益动机,而是指某种先在的对问题处理的趋向与渴望。它们来源于生活世界,由人们的生活经验所构成。

透过现当代哲学家们的生活世界观可以发现,现当代哲学家欲回归的世界是对人生有意义的世界,即从那种被无限推崇的"科学世界"返回到人的个体生命的本真形态。那种主客二分的、科学主义的、远离人的非日常生活并不在他们理论的视野中。在我们看来,这种理论视界的转换在实质上表达着厚重的价值关怀,这些思想家敏锐地觉察到传统形而上学所代表的价值理想的偏失根源于对现实生活世界的疏离和遗忘,因此,在这些思想家那里,"回到生活世界"的真实动机就在于价值信念的回归和重建。

(二)"生活世界"的取向

一种新理论往往蕴含着一种新思维方式。马克思主义哲学所体现的"现实生活世界"启迪我们用"实践"去把握人。而现当代哲学

---

① 哈贝马斯.交往行动理论:第2卷.重庆:重庆出版社,1996:165.
② 哈贝马斯.交往行动理论:第2卷.重庆:重庆出版社,1996:180.

家所谓的"生活世界"是从"生活世界"与"科学世界"所体现的不同的思维方式角度提出来的。所以,要把握"生活世界"理论的实质,务必从分析"生活世界"与"科学世界"的思维方式入手,以找出两者之间的本质差别。

"科学世界"思维的总体特征是本质主义,即在人的世界之外设置了另外一个世界,以这个世界来说明人周围世界的产生与发展,并把这个世界作为理论建构与知识的意义之本。"科学世界"超越了"生活世界"的直观、主观、相对的视界,它试图用各种抽象语言、符号来表征客观性世界的规律与法则。因而,"科学世界"来源于对"生活世界"的抽象,是对"生活世界"理性化的结果。"科学世界"要求人以理性来关照与探寻世界的内在规律,在这一过程中,它鄙夷人的情感、忽视人的体验,将人的生命活动机械化、刻板化,排斥人的激情与感悟。简言之,它认为人、人的生活或人周围的直观世界是不重要的,重要的、崇高的、完美的是那个抽象世界或客观世界。

"生活世界"所蕴含的则是一种生成性思维。其突出的特征在于它摒弃了传统的二元对立,主张确立认识的标准、人之活动的价值与意义要从人的现实生活出发,在现世中或经由现世的历史来说明,而不是从某个绝对物、抽象的存在或普遍的人性来诠释现实生活。从现实生活出发是"生活世界"理论的根本旨趣,也是现当代哲学的本质特征。可以说,回归现世、立足现世,既是生成性思维的总体特征,又是它得以产生的前提。

与本质主义相比较,生成性思维有如下多个特征,由此构成了生活世界理论的多个向度。

(1)重过程而非本质。本质主义把事物视为实体,认为在生灭变幻的现象背后存在永恒不变的本质,而一旦回到"生活世界",一切对立的东西消解了,一切固定的东西融化了。"一切被当作永久存在的特殊东西变成了转瞬即逝的东西,整个自然界被证明是在永恒的流动和循环中运动着。"[①]换言之,对生成论思维而言,"世界不是一

---

① 马克思,恩格斯.马克思恩格斯全集:第3卷.北京:人民出版社,1972:454.

成不变的事物的集合体,而是过程的集合体"①,是一股绵延不绝、奔腾不息的涌流,它既没有起源,也不存在固定的河床或航道,更不会有固定的流向和终点。所以,我们才不能想象,"有朝一日,人类可以安顿下来说,'好,既然我们已最后达到了真理,我们可以休息了'"②。由此,我们也就不难理解现当代哲学何以要强调时间、历史、过程等概念了。

(2) 重创造、反预定。本质主义认为在过程之先、之外,过程的本质便已预成或者命定。既然过程在过程之先便可预知,那么,所谓的过程就只有"流",而没有"变",即无发展和创造,无任何新东西出现。这样的"过程"不是生成,而是流程。现当代哲学家认为,未来不可能预存于现在。未来已被绘在画布上,只要打开卷轴,未来就会展现在我们面前,这无疑是一种错觉。未来的不可预知性就意味着过程的创造性。

(3) 重个性、反同一。本质主义并非设定单个对象的本质,而是设定对象的共同本质,它试图把复杂的对象归结为简单的整齐划一,试图消融差异。而生成性思维是与这种同一主义、中心主义根本不相融的,因为,既然过程是创造的,本质是生成的,那么,不同的过程、同一过程在不同的时间便会有不同的本质。这样,差异是实在的,无差异的同一不过是抽象。追求抽象的同一性,抹杀个性和差异,只能导向权威主义,最终消解创造、否定生成。所以,现当代哲学家们倾力批判形形色色的逻各斯中心主义,如人类中心主义、客体中心论、文化一元论、道德理想主义、对本源和终极理想的追求等,并由此转向了各种各样的非中心论,如价值多元论、道德相对主义等。

从上述几个特点可以看出,"生活世界"是针对传统哲学本质主义的思维的僵死、绝对、封闭和抽象而提出来的。这一思维方式实际上蕴含了一种新的价值取向。如果说近代关于人的观念是抽象的、预定的,人的本质是先在就有的,人是自我封闭、自我圆满的单子,是

---

① 马克思,恩格斯.马克思恩格斯全集:第4卷.北京:人民出版社,1972:240.
② 理查·罗蒂.后哲学文化.上海译文出版社,1992:84.

抽象的自然人或理性人等,那么,现当代哲学关于人的观念就是生成性的。正是基于这一点,生活世界理论很快走进了教育学的视域,成为了人们分析与考察教育问题的重要视角。

二、走向生活世界:教育学家的探索

从现有的理论研究成果可以看出,"生活世界"的引入,带来了教育观念的两个方面的深刻变化。第一,确立了教育的人本意识与生命意识。"生活世界"是人在其中的世界,它的中心是人。教育引入"生活世界"这一概念,实质上意味着对教育中人的主体地位的认可和对人的生命的尊重。如果仅仅把"生活世界"视为一种教育活动的背景而与人的生命存在及人的生成无关的概念,那就毫无意义可言了。第二,注重人的生成的动态过程。教育理论引入"生活世界"这一概念,意味着被称为"教育"的活动要关照的是人的整个生命历程,要把一切教育的因素纳入到人的生成过程之中,这样,教育才真正对人的生成有意义。那种为知识而知识、为方法而方法的形式主义教育,是背离教育的生成性的。正是从这个意义上说,人的教育只有回到人的生活世界中才具有意义。此外,我们也应看到,教育学界引入"生活世界"的概念之后,其所倡导的教育要回归的生活世界,在内涵及外延上已经有了一定程度的拓展,而不完全等同于胡塞尔、哈贝马斯等当代哲学家的"生活世界"了。

康内尔(W. F. Connell)在《20世纪世界教育史》中写道:"在20世纪的教室内,有一个从教学到教育的不断变化过程……学校从教学到教育过程的变化是一个越来越有人情味的过程。它把教学的重心从教材移向学生。教师成了这样的人,即他的主要技能就在与理解儿童并懂得怎样帮助儿童发展他们的能力。尽管对扎扎实实学习的兴趣并没有停止,教师却不再是一个卖弄学问的人了。"[1]"从教学到教育"的转变,首先应该归功于杜威,从杜威开始,经过众多教育学家的共同努力,今天"终身教育"与"学习化社会"的理念出于出现。

---

[1] 康内尔.20世纪世界教育史.张法琨,等,译.北京:人民教育出版社,1990:23.

纵观20世纪教育理念的演变,不难看出,这是一个不断走向生活世界的发展过程。

以下我们仅以课程观的嬗变来考察现当代教育向生活世界回归的历史演进过程。

从逻辑上说,19世纪末20世纪初科学世界的课程日渐完善。这种课程也被称为知识或学术性课程,其特点在于课程被视作为儿童未来的成人生活作准备的一种手段。因此,课程重在向儿童提供未来有用的知识,由此所导致的结果是把教育的目光移向了人之外。就在科学世界的课程日渐完善的同时,其内部萌动的对立因素也逐渐滋生。课程仅仅是工具吗?如果是,那么儿童在受教育的这段时光并不是真实地生活着,而是为了将来成人的生活而生活,眼前的生活只不过是一种预测性的虚幻生活而已。如果要使这段生活变得实在,出路之一就是课程必须突破工具意义,向儿童的实际生活靠拢。

杜威深受卢梭自然主义思想及达尔文进化论思想的影响,一方面反对传统教育不尊重儿童的自然天性的"人生准备"说,另一方面,认为人的生存与万事万物的生存一样,都遵循着"物竞天择,适者生存"与"优胜劣汰"的自然法则。因而,人生的过程是一个适应生存的过程。要使人生获得幸福,每个人都要具有解决生存过程中遭遇的各种问题的能力,因此,通过问题的解决获得理性,对人的生存具有本体价值。人是一种"问题解决的工具",人生的过程便是不断地解决自然问题、社会问题、道德问题、生活问题的过程。因而,教育的根本目的在于实现"问题—解决的人"。既然如此,"经验""生活"与"教育"就具有同样的意义。

杜威的课程理念就是这种逻辑的产物。他并不否定课程的工具意义,只是不赞成将工具与目的分割开来看待课程的存在意义,认为如果这样的话就会产生三种主要的不良后果:一是把教育指向儿童的未来生活,置儿童现实的生活于不顾,将书本世界与生活世界人为地割裂开来;二是一味追求课程的工具性,难免导致内容与方法、教法与学法的分裂,纯粹从某一方面追求某一点的精致化,如追求教学方法的技术主义,而忽略了课程作为工具的伦理性质;三是把课程中的知与行分割开来,一味追求知识的传授,而忽视儿童经验的意义。

杜威消解了科学世界观中的二元论,重新奠定了课程的理论基础。为此,杜威重新界定"经验"的内涵并重新认识经验的性质。值得肯定的是,杜威的儿童观与课程观关注儿童的现实生活,强调直接经验的价值,反对把书本知识直接传给学生,而主张将书本知识"还原"儿童的经验。这一观点在20世纪下半叶则变成了众多教育家的共识。

教育向生活世界回归,在学者们的倡导之下,很快成为各国制定教育政策的重要依据。20世纪70年代以来,联合国教科文组织所发表的一系列报告都把教育回归生活世界、培养实践能力作为强调的重点之一。这一点在70年代的《学会生存》与90年代的《教育——财富蕴藏其中》就可见一斑。

三、现代教育脱离生活世界的表现

在人类早期,教育是与社会生活交织在一起的,这使教育从一开始就根植于生活。而且,正是由于教育有了"生活"的品性,才有了"社会"意义。随着生产力的发展和分工的出现,教育作为一种专门的活动应运而生,学校教育在人才培养中的地位也日益得到加强。但与此同时,学校教育也日趋封闭,与生活日益疏离。近代以来,随着机器大生产的发展,社会对劳动者的素质要求普遍提高,教育也更多地关注起现实生活,如个人职业的获得、财富的增加、适应生产所需技能的获得等。然而,教育在对社会及个体的适应中,过于实用化、功利化、世俗化。在这种情况下,人往往被视为促进社会生产发展、经济繁荣的"人力资源",教育的工具性被过分加强。这一弊端随市场经济的发展反而更加突出了。

就拿我国当代教育来说,在教育对生活的适应方面,往往存在下面两种倾向。

一是学校教育与生活脱离。表现在:在教育内容方面,往往只重书本,只重间接知识的传授,忽视了生活对学生知识丰富及经验增长的价值,课程设置过多地注重学科系统课程,忽视了活动课程及隐性课程;在教学方式上,灌输式的分科教育及以书本知识为中心的考试,导致了学生的生活世界和经验世界的脱离;在道德教育方面,往往过多注重在课堂上对学生进行政治思想以及道德的说教,忽视了现实生活对学生道德品质及道德能力的培养;在学校管理方面,把学生限制在相对固定的组织空间内,学生间的交流范围相对狭小,致使他们的生活经验也趋于贫乏。在谈及影响人的因素时,长期以来我们似乎形成了一种思维定势:只有通过学校传授的知识才是有价值的;过分强调生活的负影响,强调生活的杂乱性和非系统的方面,过分渲染学校教育的主导作用,而忽略了这种主导作用的有限性、条件性等。

二是教育主体的缺失。教育作为一种培养人的社会活动,不论怎么发展,它都不能割裂与社会生活的千丝万缕的联系。教育为社会生产服务,为社会生活服务,这本应是教育的职能,也是赖以存在的根本。换句话说,适应社会政治、文化等多方面的需求,本应是教育的当然之义与应尽之责。一方面,现代教育在其发展中出现上述的与社会生活相分离的现象;另一方面,现代教育在其发展中,尤其是在当今社会不断变革的情况下,却又转向另一个极端,即被动地、单向度地适应社会某个方向的需要,随社会需求的多样化及变化而"随波逐流""左右摇摆",丧失了自己的独立品性和主体品格。其原因在于我们对教育与社会的关系缺乏科学的理解,把教育与社会生活进行简单的联系,并过多地看到教育受社会制约的一面,而忽视了教育相对独立的一面。教育作为对人的身心施加影响、促进人的发展的活动,有其自身相对的独立性。这使教育有着不同于生活的独特的意义。在教育的视野里,生活同样是一种教育状态,但教育并不直接包含人全部生活的全部要素,教育并不是原初的生活。在教育的视野里,教育生活是生长发展的生活,是基于历史与当下并指向未来的人的生存的生活,是以人的精神成长为目的的生活。相比之下,现实的生活也不是典型意义的教育。现实生活是五彩的、纷乱的,带有强烈的不确定性和偶发性,它既可以是有意义的,也可以是负面的、消极的。从这个意义来说,教育需要适应社会的需要,适应现实生活,但同时,教育又要和社会、生活保持适当的距离,以保持自己独立的品性,并实现对生活的超越。

四、教育向"生活世界"的回归

(一) 两个命题的解读

对于教育与生活之间的关系这一问题,杜威与陶行知曾分别作过探讨,提出了许多至今仍有价值的思想。我们有必要先重温两位跨世纪的教育家的生活教育理论。

杜威提出"教育即生活",这一命题是针对美国教育脱离社会生活、脱离儿童生活的弊端提出来的,也是针对教育没能融入儿童的生活的弊端提出的。滕大春先生说:"盖棺定论地说,美国传统的教育一方面是脱离社会,一方面是脱离儿童。杜威所要探讨的正好环绕着这两大问题:一是使美国学校与美国社会发展的需要合拍,一是使美国学校与儿童以及青少年的身心发展的规律合拍。"[1]基于这一目标,杜威所提出的"教育即生活"必然蕴含着两个方面的基本含义:一是要求学校教育与社会生活与儿童的生活相结合;二是要求教育应体现生活、生长与发展的价值,建构一种美好的生活,教育要直接参与儿童的生长过程。在杜威看来,教育只有做到了这两点,才能为人们建构美好的生活提供帮助。在上述两方面中,杜威更看重后者,其原因在于他把美好的生活视同为民主的生活。他认为民主不仅是一种政治的东西,而且是一种生活方式:"民主主义不仅是一种政府的形式,它首先是一种联合生活的方式,是一种共同交流经验的方式。"[2]这就意味着"民主"不仅是政治意义上的概念,而且是人的生命本体意义上的概念。作为个体生存方式,民主不应是一种外在的东西,而是人的生活之所需。

重温杜威的"教育即生活"的命题,获得的启迪是多方面的。一是教育必须关注现实生活的变迁。教育是个体生活的需要,又是社

---

[1] 杜威.民主主义与教育.王承绪,译.北京:人民教育出版社,1990:1.
[2] 杜威.民主主义与教育.王承绪,译.北京:人民教育出版社,1990:93.

会生活的需要。在社会转型时期,教育应更加关注现实生活的变迁,并主动地适应与改造现实生活,重建人的生活方式。二是教育本身不仅仅是一种生活,而且是儿童生长与发展的过程,是一种建构民主生活的活动,因此,教育不仅应使儿童体验到生活的乐趣,更应关注儿童在教育中的生活方式,并从发展的角度建构儿童的生活方式。正如有的学者所说,"教育本身是一种充满理想色彩的活动,无论教育者还是受教育者,都是为理想而活着的,丧失了对理想生活方式的憧憬和建构,教育也就失去了自身"①。科学主义的教育,把教育以外的非本质的东西凌驾于教育之上,忘却了对生活方式的追求与建构,这显然是不可取的。三是教育加强与日常生活的沟通是培养民主与生活能力的重要途径。为此杜威主张将社会生活中的一些典型活动如"作业"如金工、木工、烹饪、缝纫、纺织等引进学校,让学生在这些典型的社会活动中学习人类文化知识和基本的生活本领。杜威认为,传统学校的"最大浪费是由于儿童完全不能把在校外获得的经验完整地、自由地在校内利用,同时另一方面,他在日常生活中又不能应用在学校学习的东西。那就是学校的隔离现象,就是学校与生活的隔离"②。为改变这一状况,杜威设计了一所理想的学校。在他所设计的学校中,学校与周围的环境(包括家庭、乡村、大学、图书馆、博物馆等)存在密切的联系,同时学校里设有工场、餐厅、厨房、图书馆、博物馆、实验室、艺术室和音乐室等。杜威还详细说明了儿童在学校里的学习怎样同实际生活相联系。③ 总体看来,杜威所提出的沟通教育与生活的方式是将生活引进学校。

与杜威的主张不同,陶行知先生提出"生活即教育"的主张,意在沟通教育与生活。由于陶行知先生是结合中国20世纪二三十年代的国情兴办教育,他提出的沟通教育和生活的方式是"在生活中进行教育",或者可以称为"将教育引进生活过程"。

"生活即教育"既是陶行知对教育本质的诠释,又是其对生活本

---

① 郭元祥.生活与教育.武汉:华中师范大学出版社,2002:129.
② 杜威.学习与社会·明日之学校.北京:人民教育出版社,1994:62.
③ 杜威.学习与社会·明日之学校.北京:人民教育出版社,1994:72.

质的领悟。从其对"生活教育"的英文表达,即"education of life, education by life, education for life"可以看出,"生活即教育"实际上包含三层意思,即生活教育,用生活来教育,为生活而教育。"生活即教育"意味着有生活即有教育,生活含有教育的意义,在这里,陶行知把教育看成是生活原本应有的东西,是人生原有的,不是外加在生活之上的东西,由此他强调教育与生活之间存在着不可分割的关系。"用生活来教育"意味着生活是教育的中心,生活决定教育。在陶行知看来,教育若不能通过生活,就不能成为真正的教育。他还主张,运用生活的力量来改造生活,运用有目的的生活来改造无目的无计划的生活,真正的教育想要体现其对生活的改造作用,也必须通过生活来进行。"为生活而教育"意味着生活需要教育,教育必须作用于人的生活,其实质就是通过教育改造人。教育是教人化人,化人者也为人所化,教育总是互相感化,"互相感化,便是互相改造",所以"我们一提及教育便含有了改造的意义"。① 感化、改造甚至创造,是教育对生活作用的方式。总之,从陶行知"生活即教育"的理论中,我们所获得的启迪在于:一是教育要着眼于儿童的生活,即教育为了生活,或为了生活而教育;二是教育要以生活为源泉,回归生活世界,即用生活来教育,通过生活而教育。前者关涉教育目的,强调生活与教育的重建;后者与教育的过程、内容、方法、途径等有关,即通过生活而教育,强调的是手段。

陶行知的"生活即教育"与杜威的"教育即生活",这两个命题都以"教育"与"生活"为基本概念,似乎构成了一对可逆的命题,但他们对教育的本质、生活的本质以及教育与生活的关系的回答是不同的。一个用教育来阐述生活,构成"生活即教育",强调教育是一种生活;一个用生活来阐述教育,构成"教育即生活",强调教育的生活意义。尽管人们对这两个命题的解读还存在着各种分歧,但有一点是可以肯定的,即对教育而言,生活是一个永恒的主题。

---

① 陶行知.陶行知全集:第 2 卷.长沙:湖南教育出版社,1985:128.

(二) 加强教育与生活的沟通

研究杜威和陶行知的"生活教育"理论,对于我们认识教育与生活的关系是非常有价值的。在现时代,社会生活和教育发展尽管出现了许多不同于杜威时代和陶行知时代的新的特点,但从纠偏的角度来看,教育向生活世界的回归更显得重要。根据我国的现实情况,教育应从如下两个方面加强与生活的沟通。[①]

其一,教育要引入现实生活的因素。首先,教育要充分利用学生的生活经验。学生是活生生的人,他在生活中尤其是在休闲活动中形成的兴趣、爱好、价值取向、情感体验方式等会成为他生命的一部分。当他进入学校时,他是带着整个身心来的,这些要素对他在学校的学习起着奠基的作用。而在传统的学校里,"当儿童走进教室时,他不得不把他在家庭和邻里间占主导地位的观念、兴趣和活动搁置一旁","儿童是带着健康的身体和有点不心甘情愿的心理来到传统学校的,实际上他并没有将身心两者一起都带到学校;他不得不把他的心智弃置不用,因为他在学校里没有办法运用它"。[②] 因此,在传统学校里,学习远离现实生活,导致了人们对学习的厌恶。如上所述,无论是哪种学习,其本质都是生命发展的内在需要。以作文教学为例。作文应是学生对生活感受的一种表达,但长期以来,我们的作文是被当作"学问"来教的,作文也就开始远离其本真的功能。假如作文教学从学生最需要表达又最能表达的地方开始,即从学生身边的生活开始,并鼓励学生学会表达自己的真情实感,那么,作文教学的状况就会大为改观,积极的、自由的甚至渴望的心态就会在作文中出现。现象学与解释学的有关理论还表明,学生已有的生活经验是构成以后认知的必要基础。所以,即使从书本知识的学习来看,利用学生的"已有"也是很重要的。教师在对学生施加某种影响时,他不仅仅是面对着此时此地的学生,他实际上同时面对着一个由过去、现在乃至对未来的渴望所共同影响与决定的学生;教师要看到,学生目

---

① 参见陈佑清.教育活动论.南京:江苏教育出版社,2000:296-299.
② 杜威.学校与社会·明日之学校.北京:人民教育出版社,1994:62.

前的存在中留下了他的生活经历所产生的烙印,同时也被学生的理想涂抹上了未来的色彩。因此,教师要从跨越当前的过去和未来的时间纬度来突破"此时此地影响",包括从与学生发生各种关联的人、物、事的空间维度去把握学生。只有这样才能得到生成中的人的形象。其次,学校既要注重书本知识的传授,也要从"生活世界"中所内含的实践性、生成性的旨趣出发,努力创设一些实践与交往活动。这样做既能让学生将科学与理论知识应用到社会生活中去,同时也能使学生从实践活动与交往活动中体验、感悟、经历生活的实际情境,寻找生活中的问题,发现知识的价值与意义。

其二,教育向实际生活领域的扩展。学校本身各种条件的限制,使得学校永远无法完整再现完整的生活,即使像杜威所说,将社会生活中的典型活动引入学校,但"典型活动"毕竟是对现实生活作过抽象和选择的产物,经过选择和抽象的活动是无法体现生活的真实性、完整性和情景性的。生活中的活动总是在具体的社会环境、地点、场合中发生的,许多活动的开展需要特殊的条件,这些活动在学校是无法进行的。这说明,将生活引进学校教育总是有选择性和局限性的。教育要充分利用生活对儿童所具有的发展意义,就不能单靠将生活引进学校,还要走出课堂,走出学校,进入实际生活领域。应该说,教育回归生活主要是在这一层面上说的。

教育向实际生活领域的扩展,不仅意味着内容与范围的拓展,更意味着教育方式的变革。学生的生活不是成人的生活,而是儿童的生活。既然是儿童的生活,那就应以儿童的眼光和方式来审视实现生活;既然是儿童的生活,就不能以成人的标准与方式来处理儿童的生活。在学生实际生活的诸多领域中,教师无法也没必要像学校教育那样给予过多的"介入",如家庭生活、同辈交往、游戏活动等,因为生活的生成与发展意义在于它的活动内容有着丰富性、真实性,尤其在于它是学生自主选择和自由自发的活动。对于这样的活动,成人的过多介入会破坏它的真实性、自由自发性,因而会失去其活动的发展意义。教育不直接干预学生的生活过程,并不意味教育的无所作为,学校可以教给学生对生活内容和方式进行自主选择、自由探索的精神和能力,帮助他们理解不同领域、不同社会空间的生活的不同意义和价值,培养他们形成正确的生活态度。所有这些也正是生活世界走进教育所带来的必然转型。教育要能实现这样的效果,关键在于教育观念的转变,教师要摒弃已有的"教育即说教与约束"的观念,充分理解学校教育在人的身心发展中的局限性和生活对于受教育者的独特价值;同时,尊重学生作为一个生命体所具有的整体性与生活整体性的对应。在这样的观念之上,给受教育者自主选择的、丰富多彩的生活活动以及充分的时空,尊重、容忍学生的自由选择和自主活动,并从人的生成性特征出发引导、帮助、规范学生的生活。

教育突破学校的局限性向生活世界扩展,已经成为一种国际性的教育思潮。联合国教科文组织发布的反映国际教育发展趋势的文件《学会生存》,赋予当今社会以"学习化社会"的特征,并认为"学习化社会的基石是终身教育"。对于这一重要文件,我们过去偏重从知识社会与教育体系的构建来探讨问题,而从生活世界视阈中揭示终身教育的取向与本质意义尚不多见。实际上,《学会生存》对体系化教育的批判,很大程度上是指出原有教育在时空、范围与内容的安排上过多地关注科学世界,而对生活世界关注太少,为此,该报告要求教育在时间与空间上扩展到它的真正领域——人生活的各个方面。继《学会生存》之后,联合国教科文组织在 1996 年又发表了《教育——财富蕴藏其中》这一重要文件,该文件再次强调,"家庭、社会、职业界、个人自由时间、传媒等都是必须加以利用的教育环境和资源","在教育社会中,事事都可成为学习和发挥才能的机会","'终身教育'应利用社会提供的一切机会"。[①] 所有这一切,无不体现着当代乃至未来的教育对作为"全人"的完整生活的关注。教育蕴藏着财富,其内涵是丰富多彩的。它不仅是一个促进知识与技能发展的过程,更是人与人主体间灵与肉交流的活动;它不仅是知识内容的传授,更是生命内涵的领悟,是对终极价值的叩问;它不仅是意志行为的规范,更是通过现存世界的全部文化导向人的灵魂觉醒的本源和

---

① 联合国教科文组织.教育——财富蕴藏其中.北京:教育科学出版社,1996:102.

根基。既然如此,就应该通过关注日常生活使得学生生活空间放大激活。不仅如此,生活世界最本质的含义是尊重人的主体性与生成性。因此,回归生活世界,不仅是要拓宽学习的空间,更重要的是尊重学生的主体精神,要回到生命世界中,使人重新成为生活的主体。否则,如果学生不能作为主体支配自己的生活,那么,即使是所谓的日常生活,也将失去生活世界的本质,变成被统治、被压迫的生活,从而又使"日常生活世界殖民化",这样回归就失去意义了。

第四节 全球化与教育[①]

一、全球化思潮溯源

21世纪,无论人们怀着何种心态,全球化已悄然而至。全球化现象的兴起,已使得任何一门人文社会科学都无法逃脱对它的关注。教育同样难以规避全球化的深刻影响。

早在16世纪,随着全球航海探索的地理大发现的成熟以及世界贸易的扩展,全球化思想就已初露端倪。以工业革命为基础的资本主义生产方式,使世界的联系日益密切,此时"全球化"的形态是通过资本的生产与扩张而形成、表现的。至20世纪五六十年代,随着人类所遭遇的全球问题大量涌现,如全球能源危机、生态危机、环境危机等,单个国家或政府已无力独自应对,而需要全球各民族、国家的团结、联合,人类的命运从而紧密地联系在一起,全球化出现了新的形态。"罗马俱乐部"推出的有关全球问题的一系列研究报告,就对全球化问题作了富有睿智的预见。此时的全球化所依赖的中介已非资本而是信息。而全球化作为一种世界范围的思潮,在20世纪80年代后期才被世人所普遍关注,并不断渗透在经济、政治、文化、教育乃至意识形态等领域,成为人们思考问题、看待世界的新背景、新视角。

---

① 本节主要编自唐爱民《当代西方教育思潮》,山东人民出版社,2010年版。

然而,究竟该如何界定全球化的含义,一直是社会科学领域的难题。一般来说,全球化有广义和狭义之分。广义的全球化,是指自环球地理大发现特别是资本主义兴起之后出现的世界性的历史变化过程与现象;狭义的全球化,则指第二次世界大战之后特别是冷战结束后,伴随着通讯技术、大众传媒的迅速发展而引发的以金融业、跨国公司为开端所导致的全球经济走向一体的趋势和过程。我们主要在狭义的意义上使用全球化这一概念,即全球化指基于资本、高新技术等经济因素的扩张而引发的世界性经济、文化、思想、教育等活动的整体化、多样化、关联化的客观历史进程和趋势。简言之,全球化就是人类跨越民族、地域的限制而逐步走向全球性社会的历史变迁过程。

理解"全球化"要看到:首先,全球化是一种客观的历史进程,是人类社会整体化、多样化、依存化的发展趋势;其次,它是以科技进步和经济发展为根本动力的不断变化的趋势,而非终极状态;第三,它以人类的整体利益而非局部或地域利益为目的,是一体化与多样化、国际化与本土化的辩证统一。全球化主要肇始于世界经济领域,但它绝不仅限于经济领域,政治、文化、道德、教育乃至宗教都深受其影响。

二、全球化思潮的主要理论主张

(一) 全球化的经济谋划

全球化对世界经济的影响最为直接,全球化就是由经济领域的全球化向其他领域急剧扩散的。经济领域中全球化的特征或标志是:金融资本全球流动;经济贸易自由化;跨国公司国际扩张;信息技术全球蔓延;经济活动具有同质性。这些特征,从积极方面而言,可以带动广大发展中国家经济发展的国际化,使其更快地融入世界经济一体化的进程之中,以尽快摆脱不发达、贫困、落后的被动局面;从消极方面而言,则又可能形成国际经济秩序的单边主义,陷入西方社会所设想的经济全球主义尤其是美国版本的资本主义市场意识形态的陷阱——这是打着"全球主义"旗号行使经济霸权的一种控制策略。

然而,众所周知,全球化不可能是单一的经济形态的全球化,经济全球化进程中的不同民族的心态、文化、道德、体制等,既深受全球化进程的影响,又制约着全球化的进程。诚如邓晓芒先生在论述康德的世界主义和全球化观点之于时代发展的意义时所指出的,"全球化肯定不只是经济上的全球化,而同时应当是文化心态和道德意识提高到可以相互宽容、互相协作的结果;也不应当只是'多元并存',而是谁最先意识到并且最能够做到文化宽容,谁把自己的道德意识提高到能够宽容其他文化,谁就能在多元中占据主导位置"①。经济的全球化不是一体化,也非同质化,而是反映人类经济生活过程中追求整体化趋势的多样化。

(二) 全球化的政治企图

经济的全球化必然渗透到世界各国的政治活动之中,成为西方社会梦寐以求的政治全球化企图的时代背景。这种企图旨在把非西方国家纳入自由主义的政治版图中,以所谓的"全球治理"将整个世界纳入统一的资本主义的政治模式与政治框架。其经典代表为美籍日裔学者福山,他在其极富影响但又极富争论的《历史的终结》一书中,将经济全球化的后果推及到社会政治领域,认为随着苏联的解体和社会主义阵营的瓦解,冷战时代业已结束,世界将进入一个不再有意识形态对立的自由主义、民主政治、市场经济等欧美理念占主导性优势地位的新时代,换言之,世界将步入一个同质化的世界。我们将发现,政治的全球化是一个缺乏历史视域和发展眼光的悖论。它试图把整个世界纳入到西方社会的政治轨道,而全然不顾其他民族国家的历史状况和政治、文化传统,以一种盛气凌人的态度主宰全球化的政治进程,这样必将引发世界动荡,危及世界的和平与发展,从而与其初衷背道而驰。全球化不等于西方化。以全球化为幌子推销西方政治制度、模式和价值观的所谓的政治一体化的谋算,是一种西方中心主义情结的残余,是全球化时代西方霸权主义的变种。全球化

---

① 邓晓芒.康德哲学讲演录.桂林:广西师范大学出版社,2005:226.

时代,世界政治文明的进程所必然要求的是:立足人类的整体利益,通过各民族之间的相互开放、交流、对话,缩小分歧,扩大共识,从而实现不同文明、不同制度及不同价值的共生、共享、共荣。

(三) 全球化的文化预设

各种文化的交融、沟通,不同文化的相互借鉴与共生,已成为全球化视域下的一种基本趋势。伴随着经济一体化的迅速扩展以及生产全球化、科技全球化和全球问题的出现,人们经济上的交往不能不带来文化上的交流与碰撞,不同民族的文化在相互撞击中实现着某种融合。

然而,文化能否实现全球化?这是需要人们谨慎思考的重大问题。全球化必然带来世界文化发展的某种共识和文化发展模式的某种趋同,但文化事实上难以实现如同经济活动那样的全球化,即便文化可以全球化,它也是有条件的:它不是西方文化完全同化、吞噬非西方文化,而是不同文化相互依存,共生共荣。全球化并不必定意味着文化在内容和形式上的趋同,而是体现出一种整合与冲突、趋同与分化的对立统一。

经济的全球化不能消弭民族的文化传统与文化特色,因为,文化关涉到一个民族的价值观念、道德理想乃至意识形态和族裔认同的问题,对于整合人们的思想观念和社会行为具有重要的建构作用。因而,参与全球化进程,对民族国家而言,一方面要像参与国际竞争一样,积极加入国际间的文化交流与合作,学习先进的文化理念与文化模式,取长补短;另一方面要关注全球化进程在文化领域可能带来的消极后果,避免落入文化的边缘状态,保持民族传统文化的当代价值与独立性。只有把全球化视为一种既使民族文化走向世界,又使世界文化走向民族文化的双向运动过程,才能做到文化选择与变迁过程中的文化自觉与文化自主,才能真正抵制文化霸权主义的宰制。

任何文化,其发展总是在不断吸纳、同化其他不同文化的过程中完善的。文化的开放性、动态性,使得文化之间的交流、沟通、融合成为可能。全球化的历史际遇又使这种文化融通变得更加现实。因担心全球化可能带来文化自主的丧失而被动地抱持闭关自守的态度,是不利于民族文化的创新与发展的。文化自主是相对的,文化体系是发展的、动态的而非一成不变的、封闭的。由此,以包容的心态和宽容的精神对待异质文化的模式、内容、观念,以对话、沟通、商谈的途径吸取世界各民族文化的精华,实现不同文化的和谐相处、共生共荣、求同存异、和而不同,当是全球化时代文化发展的必然选择。

(四) 全球化的道德理想

在人类的生活愈益呈现出一种趋同现象的历史际遇下,筹划人类社会道德理想、目标的整体性前景,似乎变得理所当然。这就是所谓的"全球伦理""普适伦理"的逻辑基础。人们试图建构一种能够为这个日益变小的星球上的居民共享的一套伦理规范。世界的确越来越丰富多彩,多元价值共存的趋势也愈发显著。但与此同时,不同文明间的冲突也随之增加。化解不同文明间的矛盾尤其是道德价值观的冲突,显然已成为不可回避的时代课题。

全球化不会形成单一的道德规范与道德理想,而是在多元价值中实现某种最低限度的道德共识。即使在全球化时代,不同国家的人们也仍然信奉各具特色的价值观和道德观。如同文化不可能实现单一的全球化一样,道德观念的全球化也是难以完成的一种谋划;只要各种道德观念不相互对抗,就允许其生存、运转,就会为世界增添新的色彩和景观。这就是费孝通先生提倡的文化自主上的"各美其美,美人之美"。道德观上的相互借鉴,对话交流,取长补短,是全球化时代世界各国道德建设的基本策略。

三、全球化思潮对教育的冲击

全球化之于世界经济、政治、文化、道德等的影响不可能不对现行的教育产生冲击。美国社会学家帕森斯就曾认识到,在世界性的现代化运动中,教育必须做出某种反应,才能使其融入这股潮流之中而不致沦为边缘。

全球化背景下,教育需要做出哪些调整与变革呢?或者,全球化在哪些方面制约教育的革新呢?

(一) 调整教育目标,培养具有全球意识的新型公民

面对日趋严重的全球性危机,人类的全球意识空前增强。这就

要求各国的教育必须做出应对,将培养具有全球意识、全球价值观和全球责任感的"全球公民"作为自己的目标指向。所谓的全球公民就是把个人的生活与人类的命运紧紧地联系在一起,并以当代的全球化进程为参照来定位个人生活的新型公民。而要培养全球公民,首要的是培育学生的全球意识。因为,从本质上讲,全球化就是以人类的共同利益和人类社会的共同发展为旨归的全球范围内的合作、互动,它理应需要一种全球化视野、全球化意识与全球化胸怀。没有全球意识,就不可能形成全球相对一致的行动,也不可能实现人类社会追求的共同目标,全球化也就无从谈起。因而,在我们身临其境的全球化时代,教育的目标必须做出相应的调整,应把培养具有全球意识的世界公民作为教育所要达成的基本目标之一。正如《教育——财富蕴藏其中》所言,"可以这么说,教育既应提供一个复杂的、不断变动的世界的地图,又应提供有助于在这个世界上航行的指南针"①。

全球化时代,不同民族间相互依赖的整体意识愈益凸显。环境、生态、资源、人口等全球问题使得人们的命运系于一体,合作、和平、协商、对话成为人们解决共同关心的问题的唯一选择。"教育的使命是教学生懂得人类的多样性,同时还要教他们认识地球上的所有人之间既具有相似性又是相互依存的。"②同时,教育也要将培养学生形成不同民族之间相互理解、共荣共生的观念作为课程设计与教学过程的目标追求,使学生树立一种稳定的合作、理解、友谊、团结的观念。"教育的使命就是帮助人们在各个不同的民族中找出共同的人性。"③

(二)优化课程设计,增设体现全球化趋势的教育内容

全球化时代,教育必须树立一种世界意识、全球意识。因此,教

---

① 国际21世纪教育委员会.教育——财富蕴藏其中.联合国教科文组织总部中文科,译.北京:教育科学出版社,1996:75.
② 国际21世纪教育委员会.教育——财富蕴藏其中.联合国教科文组织总部中文科,译.北京:教育科学出版社,1996:83.
③ 联合国教科文组织国际教育发展委员会.学会生存——教育世界的今天和明天.华东师范大学比较教育研究所,译.北京:教育科学出版社,1996:192.

育必须在着手培养"能够在21世纪和睦相处的世界公民方面"有所作为。① 正如《学会生存》所言,教育所培育的"新人必须懂得个人的行为具有全球性的后果,能够考虑事物的轻重缓急,并能够承担人类命运的共同职责中自己的一份责任"②。

(三) 改革教育体制,建立新型教育制度

全球化不可避免地带来现代文明的共享性与趋同性,但全球化并不能否定文明的多样性和文化的差异性。一方面,人们以积极的态度投身到全球化的进程之中;另一方面,人们又要求在这个有趋同倾向的世界上保持自身文化的自主性,自觉地伸张各自的民族文化,以期在全球化进程中打上自己文化的烙印。反映在教育上,全球化也不可能只呈现一种教育模式;相反,全球化的进程是与多样性的教育体制齐头并进的,它使世界各国的教育体制既享有某些共同特征,又保有自身的民族特色与教育传统。不同国家的教育既要加入全球教育发展的共同框架,又要保持自身的教育个性、传统优势与自我伸张。这是因为,与文化因自身具有基因性而表现出不同程度的差异性、多样性一样,教育也不会随着全球经济一体化而失去民族个性。如果说文明的发展和文化的变迁因民族传统的不同和历史发展处于不同阶段而存在差异的话,以传递文明、传承文化为己任的教育,也必定表现出某种差异性或不一致性。每一种文明,在其历史演变过程中,都形成了富有民族特色、极具定型性的"轴心时代",无论时代如何变迁,无论改革如何进行,都无法彻底脱离这些历经历史风云检验的文化体系及其核心价值。"任何一个具有轴心文明的国家都有悠久的历史。千百年来,在轴心文明的辐射和养育下,它们形成了自己的'大传统',具有自己的符号象征、制度安排、行为规范、集体认同的焦点、民族心理、风俗习惯、价值取向和道德标准,而且这些文化内

---

① 国际21世纪教育委员会.教育——财富蕴藏其中.联合国教科文组织总部中文科,译.北京:教育科学出版社,1996:228.
② 联合国教科文组织国际教育发展委员会.学会生存——教育世界的今天和明天.华东师范大学比较教育研究所,译.北京:教育科学出版社,1996:7.

容往往是与宗教或神圣的超验的东西融合在一起的。"①如是,脱离民族传统而一味与国际接轨的教育改革,肯定是不利于本民族的全面振兴的。

(四) 革新道德教育理念,培养学生的全球伦理意识

全球化意义上的普世伦理,是一些不同文化体系、宗教派别、道德传统所应当遵循的最基本、最起码、最核心、最稳定的道德规范,或是不同文化、伦理的重叠部分,这些规范理应是各文明、宗教、民族在道德上的基本共识或最低限度的共识,是能在逻辑理性、经验常识与历史传统上普遍化的底线伦理。全球化的世界需要普适的价值标准,多元文明需要和睦共处,否则,世界存续,人类生存,都将面临问题。

那么,学校道德教育应该如何培养学生的这种伦理的共同意识呢?

1. 树立全球文化价值观,加强全球意识教育

对教育而言,全球化趋势既是一种反思教育问题的背景与客观实在,又是可以引入教育视域中的研究对象,一种思考教育问题的方式或意识。置身于全球化进程中的教育不能不考量正在变化着的环境因素,实现从"参与其中"到"就在其中"的转变。就道德教育而言,普遍化的时代潮流要求学校道德教育从教育观念、内容到运作体系诸方面都要发生相应的变革。在观念上,应打破唯意识形态的道德思维方式,重新认识道德本质上的全人类性,关注全人类的普遍价值。要在人类的共同历史背景和共同利益的基础上,以开放的胸襟实现道德观由绝对一元、恒定不变向伦理共契、共享的转变。

在全球化时代,我们的道德教育面临着前所未有、始料未及的价值多元化与道德观念"无公度性"的双重困惑,学校德育要诉诸各种合理的价值体系的支持而非受一种价值体系的驱使,就必须转变积习的观念,向多元思路进发,"立足于从道德多元中寻求道德共识,在

---

① 苏国勋,张旅平,夏光. 全球化:文化冲突与共生. 北京:社会科学出版社,2006:177.

共识中寻求秩序、沟通和理解,为现代社会公共理性与普世伦理的建立奠定群众基础"[①]。同时,道德标准尽管最终必须是个人的、通过个人的,但是若缺乏一个公认的基本道德共识,道德纯粹成为个人的爱好、习性,则道德及其教育的价值就会贬低、毁损。因此,在多元价值的现实中寻求超越某一阶层、集团利益的具有广泛共识的道德标准,是全球化时代学校道德教育必须慎重运思的现实问题。

与此同时,应注意在国际新形势下拓展德育内容,加强全球意识的教育。全球意识的核心就是对整个人类共同利益的关注和对人类赖以存续的唯一的地球的关心,它与霸权主义、民族沙文主义、狭隘的地方主义、文化帝国主义是水火不容的。基于全球化和人类共同利害关系考虑的全球意识,可以上升为人类的共同道德义务,从而为解决日益严重与普遍的全球问题提供价值牵引与解决方案。

2. 实现德育职能从单一向综合协调的转换

道德是调整人与人之间物质与精神关系的准则,是调节人际间利益关系的非强制性的调控依据与手段,既往的德育就是立基于此而运作的。在全球化时代,情形已发生了重大变化。人类共同的利益追求,各民族共同的利害关切,使得对人类安全生存和继续在此星球永久居住的担忧日益加重起来;环境、生态、人口以至精神危机使人类处于选择的十字路口,这迫使人类不得不重新思考人类的地位、行为与文明的问题。这就不免对维系人类文明延续并事实上作为人类文明组成部分的道德进行反思、质疑。道德能否仅作为调整人与人利益关系的准则?能否超越这种思维定势?全球化的时代趋势为此提供了反思的契机,这就是必须实现思维方式的转向,将道德的观照对象扩展至更为宽广的范域,把自然、社会、文化吸收进来,赋予其道德意义。由此,以道德为主要观照对象的德育就须相应地实现思维转向,将传统的人际协调职能转向立基于人、自然、社会、文化的综合协调职能,建构一种不同于以往的现代德育理论体系。这即是说,一种全球化时代的德育理论体系应以人类共同的利害关切为基点,

---

[①] 肖川. 主体性道德人格教育. 北京:北京师范大学出版社,2002:141.

将社会的经济发展与全面进步,将自然的生态保护与资源的合理规划使用,将文化的多样性发展与兼容性、历时性筹划,作为德育理应关切的目标,从而超越单纯的人自身的生存境遇,向"类存在"的生存与发展,向文明的整体推进与演化转变。

3. 培养道德主体的共生意识

全球化时代是多元文化共处的时代,是不同文化相互接触、交流、取长补短的时代,也是在与异质文化的碰撞中彰显文化自觉的时代。因而,保持文化的多样性、丰富性,实现文化的多元共处、相互吸收与和而不同,是全球化时代学校道德教育所面临的重要课题。应当引导学生学会尊重不同民族的文化及其独特的价值,树立一种文化间的共生意识,从而形成一种相互承认不同生活方式的道德追求与价值取向。"全球化时代的道德教育是一种基于多元文化的主体间道德教育,每个民族的文化、伦理价值都成为一种主体。多极文化主体通过交往实践,一方面达成全球伦理共识,另一方面,尊重每一种价值文化主体。"① 学校道德教育既应保持民族文化的特性,形成一种文化自觉意识,又应面向人类的整体利益与共同目标,使得文化的全球化与本土化、同质性与异质性保持一种适度的张力与平衡。

第五节　现代性、后现代性与教育②

一、现代性的由来与界说

美国学者卡里内斯库(Calinescu)曾经论述过"现代性"这一术语的语源学出处。他指出,在英语里,至少自17世纪起它就已经通用了。1627年出版的《牛津英语辞典》,首次收选了"modernity"(意思是"现时性")。

那么,何为现代性? 国外学术界对此有以下几种观点。

---

① 冯建军. 文化全球化与道德教育. 高等教育研究,2007(5).
② 本节内容主要编自于伟《现代性与教育》,北京师范大学出版社,2006年版。

第一种观点把"现代性"理解为一个特定的历史时期。比如，凯尔纳(Kellner)和贝斯特(S. Best)认为："现代性一词指涉及各种经济的、政治的、社会的以及文化的转型。"正如马克思、韦伯及其他思想家所阐述的那样，"现代性是一个历史断代术语，指涉紧随'中世纪'或封建主义时代而来的那个时代"。显然，这种理解方式把"现代性"与真正指称历史时期的"现代"概念混淆起来了。

第二种观点把"现代性"理解为一种独特的社会生活和制度模式。比如，吉登斯认为："在其最简单的形式中，现代性是现代社会或工业文明的缩略语。它涉及：①对世界的一系列态度、关于现实世界向人类干预所造成的转变开放的想法；②复杂的经济制度，特别是工业生产和市场经济；③一系列的政治制度，包括民族国家和民主。基本上，由于这些特征，现代性同任何社会秩序类型相比，其活力都大得多。"[1]这种理解方式在相当程度上把"现代性"与"现代化"混淆起来。

第三种观点把"现代性"理解为一种特殊的叙事方式。比如，利奥塔在1984年写给塞缪尔·卡辛的一封信中说："在《后现代状况》中我关心的'元叙事'(meta-narratives)，是现代性的标志，理性和自由的进一步解放。劳动力的进步性和灾难性的自由（资本主义中异化的价值来源），通过资本主义技术科学的进步、整个人类的富有，甚至还有——如果我们把基督教包括在现代性（相对于古代的古典主义）之中的话——通过让灵魂皈依献身的基督教叙事导致人们的得救。黑格尔的哲学把所有这些叙事一体化了，在这个意义上，它本身就是思辨的现代化的凝聚。"[2]在利奥塔那里，"现代""后现代""现代性""后现代性"和"后现代主义"这些现象都是从叙事的行者和范围的角度得到理解和诠释的。换言之，利奥塔并没有揭示这些现象之间的差异，特别是他磨平了"现代性"和作为一种文化风格的"现代主义"之间的差别。

---

[1] 安东尼·古登斯，克里斯多弗·皮尔森. 现代性——古登斯访谈录. 尹宏毅，译. 北京：新华出版社，2001：69.

[2] 包亚明. 后现代性与公正游戏. 谈瀛洲，译. 上海：上海人民出版社，1997：167.

第四种观点认为现代性最典型的表征就是它的"液化状态",是其永恒不断的"流动性"。"'现在'是现代性历史中的一个阶段,我们希望抓住它在许多方面体现出来的'新奇'这一实质。上面这些,就是用流动性来对它进行合适类比的充分理由……现代性难道不是一个从起点就已经开始的'液化'进程吗?难道'溶解固定之物'不一直是它的主要消遣方式和首要成就吗?换言之,从现代性的萌芽时期起,难道它不一直是流动性的吗?"①

综合有关学者的观点,现代性主要表现为以数学和物理学为基础的近现代科学理论以及由启蒙运动引发的理性精神和历史意识,特点为"勇敢地使用自己的理智"来评判一切。② 在自然科学领域,人类可以通过理性获得科学知识,并且以"合理性"和"可计算性""可控制性"为标准达至对自然的控制,其口号是"知识就是力量(权力)";在社会历史领域,人类应当相信历史的发展是合目的的和进步的。同时,与科学革命和启蒙运动相伴随的是对宗教的猛烈批判,它改变了人们的思维方式和世界观,形成了人们的理性意识,推动了反宗教蒙昧迷信运动,催生了主体性意识和世俗观念,产生了现代的自由、平等、博爱、进步等世界观,形成了所谓的现代性。

二、现代性的核心理念

现代性的核心理念众多,这里提出以下几点。

1. 理性

理性是启蒙精神的核心思想,也是现代化首要的核心思想。

17、18世纪是理性的时代。西方思想从来不乏理性主义,为什么偏偏这个时期被称为理性的时代呢?主要是因为古希腊的理性是与宇宙的心灵相同的思辨,中世纪的理性是神学和信仰的助手,而近代的理性则是时代的精神,也就是自然科学的精神。它首先是探索自然奥秘的求知精神;其次是重视观察和实验的求实精神;再次是通

---

① 鲍曼.流动的现代性.欧阳景根,译.上海:上海三联书店,2002:3-4.
② 于伟.教育观的现代性危机与新路径问题研究初探.教育研究,2005(3).

过精确的量化而达到的准确性;最后是理解世界的机械论图示。由笛卡尔、牛顿、伽利略、培根所开创的近代理性主义为启蒙运动奠定了坚实的基础,以至于近代的哲学就是以自然科学范式建立起来的。由此,人类走向了人性高于神性、理性高于神性的时代。康德豪迈地说:"必须永远有公开运用自己理性的自由,并且唯有它才能带来人类的启蒙。私下运用自己的理性往往会被限制得很狭隘,虽则不致因此而特别妨碍启蒙运动的进步。而我所理解的对自己理性的公开运用,则是指任何人作为学者在全部听众面前所能做的那种运用。"①康德从哲学上进一步系统地展开了这个命题,提出由理性来统一自然法则的必然与人类意志的自由。由此,康德把启蒙运动的理性观更进一步发扬光大了。

理性是人们判定一切存在的合法性法庭,理性是人之为人、区别于动物的内在规定性,主要体现在人改造自然、改造社会的能力,即人的主体性上。现代性的典范就是做理性的人,人是万事的目的。从某种程度上说,现代性的演进过程也就是按照可度量、可通约、可计算、可预测的严格程序对自然和社会进行改造、控制和组织管理的过程。这个过程带来了规范和高效,但作为代价,人的丰满个性被压扁。在生产系统中,人被还原为像标准部件一样可以随意置换的操作工;在官僚系统中,人被还原为无价值偏好的职能角色;在大众文化中,甚至艺术创作也服从于机械复制程序,成了标准化生产的文化工业。② 从某种意义上说,理性就是让事物以数学的方式呈现自己。因此,以抽象还原和定量计算为特征的数理思维就逐渐取代了传统的神话、巫术和素朴经验,成了现代知识构建的基本样式。

2. 人类中心主义

现代性的另一个核心思想就是人类中心主义。宗教改革、启蒙运动、法国大革命和科学革命是确立人类中心主义原则的历史前提。宗教改革改变了人的信仰方式和权威基础,新教肯定人在信仰领域

---

① 康德. 历史理性批判文集. 何兆武,译. 北京:商务印书馆,1996:24-25.
② 张凤阳. 现代性的谱系. 南京:南京大学出版社,2004:303.

的权威性。启蒙对人来说,是一种解放力量,对个人来说则意味着为自己思考,对人类总体来说,它意味着一种客观的倾向,即朝向完美主义的秩序前进。作为科学革命代表的牛顿的物理成就更是具有划时代的意义,它证明人类完全能够依靠自己的力量认识世界。人类依据理性进行自由的思考和行动,能普遍地促进社会不断进步、人性不断完善。

在自然科学中得到充分显示的知识和理性的力量代替了神的权威,成了人们进步观念的支撑点。到了18世纪,特别是在法国,越来越多的知识分子坚信,只要把科学的方法和科学的精神应用于所有的领域,就会使人类社会和人类行为形成如同在物理学中发生的改进那样的变革。以狄德罗为代表的百科全书派就是这种信念的最热忱的宣传者。在19世纪,进步观念仍是人们关注的主题,并且在黑格尔和马克思的历史观中得到了深刻的发挥。马克思创立的唯物史观第一次科学地揭示了人类社会发展变化的客观规律,指明了人类社会的发展是以生产力的发展为基础的由低级到高级的进步过程,确立了衡量进步的最终标准是人的全面而自由的发展。这是有史以来最合理的进步观念。这种进步观念深深地影响了近代以来人类的思想,鼓舞着人们满怀信心地去进行创造性的历史活动。

但是,20世纪,特别是20世纪中叶以来,进步观念遇到了越来越多的质疑。这主要是由于资本主义工业文明的高度而畸形的发展带来了一系列的负面作用,使人们产生了巨大的困惑。人们再也不像以前那样无保留地相信理性和科学的力量,相信进步的必然性,在严酷的现实面前产生了诸多的困惑和焦虑。后现代思潮的出现,就是这种困惑和焦虑的反映。

3. 科学

近代科学是启蒙运动的发动机,也是启蒙运动的核心理念之一,具体体现在近代科学的理性形式和自由精神上。笛卡尔的"我思"突现的是那种理性奠基的精神,而作为近代科学之肇始的自然数学化运动则应该被看成是理性奠基运动,即把作为自然科学之对象的自然界彻底理性化的运动。同时,培根归纳法和笛卡尔演绎法等方法论的提出,促成科学以其方法论而区别于其他知识形式。

随着自然的数学化、研究的方法论化、科学的分科分层化,近代科学完成了其理性化的过程,并构成日后科学发展的基本精神气质,著名科学社会家默顿(Merton)在其经典之作《科学社会学》(*The Sociology of Science*)中将之概括为普遍主义(universalism)、公有性(communalism)、无私利性(disinterestedness)和有组织的怀疑(organized scepticism)这四条精神气质。① 从此,科学成为人们探索未知、寻求真理的理性事业。同时,作为现代工业社会的奠基者,科学还以其"效用"服务于意欲"控制"的人类权力意志。这是近代科学的崭新的维度:力量化、控制化、预测化,并因19世纪两次工业革命而大显神威。

4. 世俗化

文艺复兴运动以来的一个基本特征,就是人性的复归,重新肯定世俗的生活,继而,与高扬理性、反对宗教迷信的启蒙思潮相联系,现代性的形成过程展现为由一神论向自然神论乃至无神论的转变,由虔诚的宗教崇拜向世俗主义的转变。韦伯(Max Weber)曾经将这一过程称为世界的"祛魅"过程。

在中世纪,人类意识的两个方面——外界观察和内心体验,都被信仰的面纱所遮蔽,处于睡眠或半醒状态。② 随着商品经济和城市文明的发展,这样一种价值取向被一步步改变了。注重现世的生活情趣在市民阶层中慢慢滋生,而宗教信仰的约束力则日渐衰微。"我不想变成上帝,或者居住在永恒中,或者把天地抱在怀里。属于人的那种光荣对我就够了。这是我所祈求的一切,我自己是凡人,总之要求凡人的幸福。"③ 当肉体生命从禁欲主义的压抑下解放出来,获得独立自足的价值时,珍爱自我,美化生活,追求纯感性的陶醉和愉悦,就成了一种新的时尚潮流。

---

① 默顿.科学社会学.鲁旭东,林聚任,译.北京:商务印书馆,2003:367-376.
② 参见布克哈特.意大利文艺复兴的文化.北京:商务印书馆,1986:125.
③ 北京大学西语系.从文艺复兴到19世纪资产阶级文学家艺术家有关人道主义人性言论选辑.北京:商务印书馆,1971:11.

享受主义助长了城市生活的奢侈之风;而奢侈之风促进较大规模的生产和贸易,并因而给资本主义经济形态的诞生以强有力的推动。① 于是就产生了这样的名言:"谁有了黄金,谁就可以在这一个世界上为所欲为;有了黄金甚至可以使灵魂升入天堂。"②这表明,基督教所倡导的禁欲式灵魂拯救已丧失其感召力,而功利追求则开始作为基本的行为动机释放出越来越大的能量。这样就形成了世俗化过程中的第一个取向——追逐财富、集聚资本的功利谋划,也即所谓的"功利型个人主义"。

"商业的繁荣为城市增加了财富,也给人们带来了从旧的束缚中解脱出来的希望。"③于是,伴随着资本主义商品经济的发展,市民成员斩断了传统的依附和归属纽带,成了独立自主的原子式个体,人们视清规戒律为草芥,把塑造一个与众不同的"我"奉为至上目标。"如果不能出人头地,为人又有什么意思呢?"④这样就形成了世俗化过程中的第二个取向——寻觅新奇、张扬自我的个性表现,也即"表现型个人主义"。

二、后现代主义及其对现代性的焦虑与解构

随着两次世界大战的爆发,全球性的生态失衡、环境污染以及核威胁等问题的出现,到了20世纪60年代,首先在工业化国家兴起了近代以来反现代性思潮的集大成者和典型代表——后现代主义思潮。后现代主义思潮于20世纪60年代在西方兴起,到80年代达到了顶峰,现在虽已进入低潮,但对中国的影响仿佛刚刚才开始。

1. 后现代主义的由来与界说

早在1870年,英国画家约翰·瓦特金斯·普查曼就提出过"后现代绘画"一词,用以指称比印象主义绘画还要"现代和前卫"的绘

---

① 桑巴特.奢侈与资本主义.王燕平,译.上海:上海人民出版社,2005:161-189.
② 博德.资本主义史.北京:东方出版社,1986:7.
③ 哈伊.意大利文艺复兴的历史背景.李玉成,译.北京:生活·读书·新知三联书店,1992:47.
④ 科恩.自我论.佟景韩,译.北京:生活·读书·新知三联书店,1986:156.

画作品;1917年,鲁道夫·潘诺维茨在《欧洲文化的危机》一书中,将当时欧洲文化的虚无主义和价值崩溃现象称为"后现代"①。"后现代主义"(postmodernism)一词则最早出现于1934年F.奥尼斯推出的《1882年—1923年西班牙、拉美诗选》一书中,用以描述现代主义发生的"逆动"。它首先是作为一种文化现象而引起人们关注的。20世纪60年代中期,后现代主义才伴随着西方社会的发展而登上历史舞台;70—80年代开始向其他领域蔓延,并不断风靡全球。需要指出的是,后现代主义(postmodernism)与后现代性(postmodernity)、后现代理论(postmodern theory)并非具有相同的含义:后现代性是指现代以后的一个历史时期所展现出来的特质,或指一种特殊的思想风格、心智状态;后现代主义是指不同于现代主义的文化产物,体现在文学、美学、建筑、电影等领域;后现代理论是指不同于现代理论的一种思维方式,是解释后现代性的理论尝试。② 我们主要是在后现代主义意义上将其作为一个思潮来理解。

一般来说,"后现代"可以从三个方面来加以界定,即社会经济的、文化的和艺术的。在社会经济方面,"后现代"指的是一个以信息、传媒等为主导的新时代,人们给这个时代冠以各式各样的名称:晚期资本主义、后工业社会、传媒时代等。在文化等方面,"后现代"指的是一种反理性主义、反中心、反主体性的哲学思潮。至于艺术上的"后现代",主要是指20世纪70年代以后出现的新前卫艺术运动。其在艺术上的主要特征是:反对现代主义的贵族意识和拯救情结,强调艺术的平民化和生活化;反对创作的正典化或经典化,追求艺术语言的异质性或矛盾性并存;等等。总之,后现代主义流派众多,光怪陆离,体系庞杂,它在不同的学科领域产生了不尽相同的理论见解与理论体系。由于我们对后现代主义的阐释是基于其对教育思想、教育思维与教育实践的冲击的,故主要涉及哲学与文化领域中的后现代主义思想。

---

① 道格拉斯·凯尔钠,斯蒂文·贝斯特.后现代理论:批判性的质疑.张志斌,译.北京:中央编译出版社,2006:6.

② 宋林飞.西方社会学理论.南京:南京大学出版社,1997:468.

2. 后现代主义对现代性的批判

从作为一种哲学思潮来论,后现代主义本质上是一种与现代思维方式不同的思维方式。这一思维方式是以强调否定性、非中心化、破碎性、反正统性、不确定性、非连续性、多元性为特征的。因此,对现代性的批判构成了后现代主义哲学的重要理论内容。

后现代主义对现代性的批判是多方面的,就本文涉及的现代性的核心理念来说,后现代主义对现代性的批判主要表现在以下几个方面。

（1）对以"理性"为核心的启蒙精神的批判。近现代主义以文艺复兴为突破口,在极力倡导人的理性主义精神的同时却走向了极端,人的理性被片面化和绝对化,成为与人的现实存在相分离的思辨理性或工具理性,人的情感、价值等非理性因素被弃置在视域之外。在近现代哲学转型时期,非理性主义思潮批判和超越传统理性主义,要求重新认识人的存在以及活动的价值和意义,"把人看作完整的人"。后现代主义继承了这种观点。

后现代主义者强调,理性方法并不是认识事物的唯一方式。用海德格尔的话说,人是用他的整个身心、整个存在而不是单用他的反思来理解他自己的。人们对世界的认知,首先是由情绪和情感揭开的,而不是靠概念。法兰克福学派的霍克海默和阿多诺将哲学和政治结合起来,展开了对工具理性的批判。根据霍克海默和阿多诺的考察,理性最初是作为神话的解毒剂而出现的,是为了解放人的,但在后来,它本身倒变成了一种新的神话,成为一种奴役人的力量。而在这一过程中,科学与逻辑成了理性的重要帮凶,语言也成了社会统治力量的一种工具。

同时,将理性与权力、极权主义联系起来是后现代理性批判的一个重要特点。福柯指责近代理性主义哲学的创始人笛卡尔的"怀疑方法",正是用了这一方法,笛卡尔圈定了理性的园地,将非理性排除在外。

（2）对人类进步、人类解放等所谓元叙事的批判。如果要用一句话来描述现代性的本质,那么我们可以借用尼采的名言:"上帝死了。"如果同样用一句话来表达后现代主义的本质,那么我们引用福柯的著名思想:作为主体的人死了。在后现代主义看来,如果基督教哲学中的上帝是一种虚构,那么启蒙哲学中作为主体的人也同样是一种虚构。既然作为主体的人是在一个特定的历史时期(启蒙时代)产生的,那么他也会随着这个历史时期的结束而消失。这就是后现代主义所说的"主体的死亡"。另一方面,虽然作为主体的人取代上帝自立为王,但并不拥有认识论上的合法性。后现代主义认为,既不是真理依赖于主体,也不是主体赋予世界以意义,所以主体拥有至高无上的地位只是一个神话。在福柯看来,具有讽刺意味的地方在于,人之所以能够取代上帝而拥有至高无上的地位,仅仅是因为人存在"有限性"。也就是说,真理依赖于作为主体的人。这样,只有人被发现是一种"有限的存在",作为主体的人才能够诞生,人也才能拥有至高无上的地位。

历史进步是启蒙思想的核心信念,它相信历史总是不断地从野蛮走向文明的,人类的解放既内在于历史的目的之中,也内在于作为历史行动者的人的理性之中。而在利奥塔看来,"解放的观念"实质上就是康德所说的"普遍的人类历史观念":所有人类历史都趋向一个终极目的,即达到一种普遍的自由王国。利奥塔把在这种解放观念支配下形成的所有理论都称为"大叙事"(Great Narratives),其中包括:通过爱,亚当的"原罪"得以救赎的基督教叙事;通过知识和平等主义,把人们从无知和奴役中解放出来的启蒙叙事;通过具体的辩证法,普遍的观念得以实现的思辨叙事;通过劳动的社会化,使剥削和异化得以消灭的马克思主义叙事;通过技术进步和工业发展,使贫困得到克服的资本主义叙事。这些叙事都是"解放的叙事"。尽管它们相互不同并互有争议,但"它们都把事件所提供的素材置于一种历史过程之内,这种历史过程的终点被称为自由"①。利奥塔更是以"奥斯维辛"来批判启蒙思想的人类解放。在他看来,将整个犹太民

---

① Jean-Francois Lyotard. Universal History and Cultural Differences. in Lyotard Reader, Edifed By Ndrew Benjamin,Basil Blacdkwell,1989. P. 315.

第五讲　当代教育基本理论的主要"话语"

族从生理上加以消灭这种现代罪行完全摧毁了人们关于人类普遍解放的信念,从而"奥斯维辛"意味着"人类解放"的终结。

(3) 对西方传统思维方式的批判。后现代主义对西方传统思维方式的批判主要还是集中在对普遍性、总体性概念以及本质主义的批判上。后现代主义认为,这种追求普遍性、总体性与本质的哲学在西方导致的后果是,在理论方面它预设一种思维必须有与之相符的本质,一种终极的本源,而认识的目的就是对之加以表象、再现。这就产生了主体与客体、内在与外在、本质与表象相对立的思维模式。在现实方面,启蒙运动以来的现代思想以人类全体的自由、解放为目标,并把它标示为普遍性的真理。然而,社会若以单一目标为旨归,就会导致对异端的压制与摧残,所以启蒙现代性发展的结果并没有达到其理想目标,反而产生了 20 世纪不同类型的极权主义的"总体恐怖"。

第二次世界大战以后,经历了法西斯主义引起的战祸之痛,以法兰克福学派为先驱,西方哲学开始猛烈批判"整体性"思维。这一思想趋向发展到后现代哲学,在思想方式上表现出的一个结果是要把差异从整体性的"同一逻辑"中解放出来。福柯认为,认识的目的并不是去找出差异之下的共同因素,而是"差异地"理解差异。与此相应,德勒兹(Deleuze)提出的是一种"差异逻辑"。他认为,哲学的方法是多元论的,因此应有一种与"同一逻辑"不同的"差异逻辑"来把握事物的"多样性"。"把事物劈成碎片"是德勒兹所喜爱的格言。利奥塔宣称讨论问题的目的是探求"悖谬推理"(paralogy),这种推理以"规则的差异标准"和"对歧见的探求"为视点。[①] 在《后现代状况》一书的最后,他挥笔疾呼:"让我们向总体性开战……让我们激活差异,拯救它的名声。"[②]

(4) 对科学、技术的批判。后现代主义否定了现代科学的客观

[①] Jean-Francois Lyotard. The Postmodern Condition: A Report on Knowledge, Manchester University Press,1984. P. 66.

[②] Jean-Francois Lyotard. The Postmodern Condition: A Report on Knowledge, Manchester University Press,1984. P. 82.

性、真理性。它们认为科学只不过是众多叙事方式中的一种方式,科学不再是一种知识,而只是一个故事,是与文学、诗歌类似的在范式中话语的感情的知识,是一种说服人的诡辩术。同时,科学自身也没有统一的图案,存在着不同的科学叙事。其中不同的科学有着自己的游戏规则,有自己的理性标准。因此,科学家当下的地位,是由他们所使用的语言存在方式而决定的。他们使用语言的运作规则,无法证明自身,因而必须依靠科学专家的同意和共识才能达到一致。所以,在后现代社会中,衡量科学论述、范式或科学研究纲领方法论的真理性已经不是根据方法论的规则来判断的,而是表现为为其赢得相关科学共同体的成员的一致默契程度。

与此同时,后现代主义者对与科学紧密相连的技术也展开了批判,但他们并没有驻足于对技术所造成的诸多问题的揭露,也没有停留在对技术理性单一的批判上,而是分析了更为深层次的原因,即在技术理性指导下的现代技术为什么无法解决由它自身所产生的问题。他们认为,近现代技术统治世界,一维化(one-dimensional)地揭示事物,使工业生产流程与现代性的世界观——主体性形而上学的被接受成为可能。

(5)对人的世俗追求及所谓意义缺失的批判。后现代主义认为,人类面临着全球范围的心理危机和精神危机。因为当人们把对物的追求、占有与消费当作人的全部目标时,人自身的完整性就失去了,他失落了人生的一个重要方面,即精神世界。这意味着他失去了向善、向美的动力,失去了追求完整存在的内在冲动,完全沉溺于外在的、表面的、物化的存在状态中。物化意识已经渗透到人的生活方式之中,它对于真正的人的完整存在是一种毁灭性的威胁。个人被融入了功能之中,生命被客观化了,他的存在的目标在于增进物质生产的效率。人的异化或物化导致几千年来人的世界的意义赖以存在的始基开始崩溃。启蒙运动中原本存在的乐观主义精神,即人性本善而且日趋完善的信念,随着启蒙精神的"自杀"而遭到了一些人的"抛弃"。而启蒙运动对宗教、神等一切超验的形而上学情感的彻底批判与消除,虽然打破了宗教对人的思想的垄断,却也打碎了人对永恒、对自身能够获得完满的幻想。伴随着信仰与意义世界的失落,伴随着自我的耗尽与神圣性的丧失,人开始重新审视在技术社会中自身的价值与地位。福柯声称,"上帝死亡的时代"正在被"人的死亡"的时代代替。弗洛姆(Fromm)也宣称:"19世纪的问题是上帝死了,20世纪的问题是人死了。"①他们所说的"人的死亡"指的不是活生生的生息在地球的人类的死亡,而是指被客观主义地理解了的"人的死亡"。他们认为那种由意义统摄起来的完整的人已经死亡。

三、后现代主义思潮的主要理论观点

综上所述,后现代主义以特有的批判性思维来反思以"现代性"为支柱的现代社会的结构及其秩序,揭露现代社会各个领域存在的种种弊病。在后现代主义者的眼里,现代性已不再是一种人的解放的力量,而成为奴役、压迫、抑制的根源,成为导致一系列社会问题产生的罪魁祸首。为此,反对结构主义、本质主义、整体主义或普遍主义,强调思想、文化、道德和教育的特殊性,重新确立人的尊严,成为后现代主义思潮最为显著的理论观点。

(一) 反对结构主义,倡导解构主义

后现代主义的一个重要理论基础是"后结构主义"。后结构主义攻击结构主义所表现出来的科学上的狂妄自大,如试图创建文化研究的科学基础,追求基础、真理、客观性、确定性和系统性等标准的现代目标,等等。后现代主义以解构结构、消解结构、破除权威为其显著特征,主张对现代社会特别是资本主义社会进行重新"阅读"和"解构"(deconstruction),试图将藏匿于现代社会及其文化表象背后的机制暴露出来,以使人们认识到其中无处不在的权力的运用,进而使人们对现有社会的结构进行批判,从而最终颠覆现代社会的合法性。如福柯就认为,支撑整个西方思想文化基础的"理性"概念,自启蒙运动以来,获得了至高无上的权威,发展成为评判一切现象的标准。而这一理性,只不过是权力的一种工具,成为压制、排斥不同思

---

① 弗洛姆.健全的社会.蒋重跃,等,译.贵阳:贵州人民出版社,1994:370.

想观念、文化模式的借口。在这种理性规范的强制下,现代人不仅没有得到理性所标榜的自由,反而处于无处不在的各种纪律、权威的控制之下。

(二) 反对本质主义,倡导多元主义

后现代主义思想家认为,现代性思维是本质主义思维,它是一元主义的、家长制的思维形式。现代主义期冀找寻统一性、秩序、一致性、理论体系、客观真理及永恒意义,而这根本是徒劳的。寻求本质的努力往往使人徘徊在本质的边缘,囿于本质的煎熬而无从把握事物的面目。因而,必须破除这种一元主义思维模式的框架,从多元视角来观照事物。德勒兹对此曾有过精辟论断:"我们今天生活在一个客体支离破碎的时代……我们不再相信有什么曾经一度存在过的原始总体性,也不相信在未来的某个时刻有一种终极总体性在等待着我们。"[1]对本质的追求并未如人所愿地使人获得解放,相反的是,追求本质的努力使人成了本质控制的对象和科学宰制的奴隶。因而,必须用多元性、非一致性、流动性、开放性加以代替。

后现代主义认为,对本质的追求标志着现代社会对同一性的追求,而这势必导致对差异的压制和对自由个性的戕害。这是大多数后现代主义者所明确反对的。用"差异哲学"取代"求同哲学"是后现代主义的一条主要精神纲领,本质主义背后隐藏着的是一种整体主义的、一元主义的思维惯性。德勒兹和法国后现代主义的另一位思想家加塔利将这种思维方式比喻为"树状性(arborescent)思维",这种树状性思维使得整个西方文化结构带有强烈的中心化、统一化、层级化的特点,它以追求本质、规律、真理、正义等为旨趣,钟情则是"根茎状(rhizome)思维",这是一种"游牧思维",这种思维具有开放性、流动性、多样性、多元性[2],是使人思想驰骋、欲望释放、个性张扬、自由奔放的思维模式,因而最能够激发人的创造性。

---

[1] 转引自道格拉斯·凯尔钠,斯蒂文·贝斯特. 后现代理论:批判性的质疑. 2 版. 张志斌,译. 北京:中央编译出版社 2006:87 – 91.

[2] 徐大同. 现代西方政治思潮. 北京:高等教育出版社,2006:206 – 237.

(三) 反对整体主义,倡导局部与边缘

在后现代主义者看来,现代性思维又是一种整体主义的思维,它局限于事物的整体性而忽视事物的局部和边缘,试图径直地挖掘事物的本质,而分散了对缠绕在事物四周的诸种现象的解读。整体主义思维模式势必冷落了人们相互之间的对话与自由交流,从而无益于理解现实世界多样性的存在景观与人们不同的思维个性。因此,必须解放局部和边缘。在整体主义的驱使下,现代性以科学为武器,将社会生活中的一切都纳入到自己的势力范围并进行权力监控,它以整体思维为侧重,试图对人们的社会生活进行所谓的"同质化管理"。其结果是,人们在不同的思维范式、不可通约的学科游戏规则和话语习惯的背景下,为了寻找可能永远都不存在的所谓的"共识"而殚精竭虑。正如利奥塔在其《后现代状况》一书中所言,"让我们向统一的整体开战,让我们成为不可言说之物的见证者,让我们不妥协地开发各种歧见差异,让我们为正不同之名的荣誉而努力"①。

整体上看,后现代主义是站在反思现代性的弊端乃至颠覆现代性及其知识体系这一立场上所做的一种逆反思维与理论批判。后现代主义以提倡去中心、去主体、反根基、反本质、重差异、重多元、颠覆主流、追求不确定性、碎片化、零散化等解构性思维为特征,极力反对传统的二元论、基础主义、本质主义、理性主义、道德理想主义、人类中心主义等理论趋向,试图完成一种包括哲学、文学、知识论、形而上学、伦理学等在内的颠覆性革命。

作为一种思潮,后现代主义是在西方社会由工业社会向后工业社会、工业经济向知识经济、生产方式和生活方式的标准化和统一化向个性化和多样化转化的历史际遇下,对各种转型所引发的种种社会矛盾及其发展变化的反映。在社会转型过程中,人们带着各种复杂的心态看待正在发生的一切:既对即将降临的新社会心怀一种渴望与憧憬,又对这个熟悉而陌生的世界产生一种无从把握、朦胧缥缈

---

① 转引自徐大同.当代西方政治思潮:20 世纪 70 年代以来.天津:天津人民出版社,2001:364-365.

的感觉;既陶醉于现代文明带给人们的种种便利与财富之中,又对现代性所伴生的种种弊病心怀忧伤与不满……所有的这一切,诱发了人们对原有价值观念和意识形态难以关照迅速变化的社会生活现状的反思,从而激发了人们对现代性的不同侧度的批判。

公允地讲,现代性在其历史进程中,尽管存在诸多令人反思甚至反感的消极因素,但其积极的方面似乎仍压倒其弊端。况且,对许多不发达国家而言,现代性仍然是一项远未完成的"谋划",急切地否定现代性必将使这些国家丧失发展的机遇——即使对发达国家来说,现代性及其价值仍然伴随着而不是阻碍着、完善着而不是危害着各自的现代化进程。因而,现代化运动及其现代社会的发展仍然需要建构而非仅仅需要解构。在此意义上,后现代性及其后现代主义,只不过是现代性及其现代主义的一种"另类"。后现代主义只是表达了人们对现代性及其衍生物的一种批判性思维,一种在全球化背景下对现代性思想进行逆向思维、批判超越的文化思潮。"后现代思潮在根本上并不是反现代性的,而是走向反思自律的现代性,它从各个角度揭示了现代性自身存在的内在矛盾和缺陷,力图从根本上改变人们对周围世界的原有经验和解释。后现代并不意味着'现代性'的终结,而是意味着'现代'在新维度上的再度开始,现代与后现代的对抗完全可以调校到积极的创造性之维而尽可能避免破坏。后现代改变了现代性的性质,是现代性更为成熟的标志。"①

四、后现代主义思潮对教育的影响②

后现代主义的上述理论标榜对以人为对象的教育特别是教育研究、教育理论与教育思想将产生极大的冲击,而正在成为构建新的教育思维方式和教育理论的新视角。

(一)反对教育思维中的整体化倾向

以现代性为旨趣的教育理论研究倾向于一种整体化或全能性

---

① 文军.西方社会学理论:经典传统与当代转换.上海:上海人民出版社,2006:268.
② 本节内容主要编自于伟《现代性与教育》.北京师范大学出版社,2006年版.

(totalizing)思维,侧重在解释教育现象时寻找一种模式化的关系(Patterned Relationships)和宏观的历史规律。这种整体化倾向是以二元论或两极性的思维程式为前提的。

后现代主义者认为,教育发展过程中是否存在一种客观不变的真理是无以确证的,人们只能把握某一历史时期某些教育事件的局部或者发现一些教育活动中的故事,很难获得教育发展的某种整体性认识,更难以奢求什么真理。世界已不再是一个整体,而是呈现出一种多元价值并存的取向。"由于研究者学识的有限、人生经历的短暂、理论范式的局限,人们只能发现'微观的小故事',根本不可能发现人类历史发展的规律。"①因而,后现代主义主张应当瓦解共识。后现代主义对整体性、普遍性、同一性的颠覆这一思维倾向"使我们意识到了个别性、特殊性、差异性、边缘性、局部性、非连续性等性质存在的价值与意义,意识到了理论概括和方法探寻的局限性,以及试图简单地用某个一般理论来统领所有具体社会现实的非适当性,从而使我们能以一种新的立场、新的眼光去看待我们的这个丰富而多元化的世界"②。然而,这又是一种历史不可知论,它完全否认教育发展的规律性,否定教育发展的累积性和继承性,在陷入历史虚无主义的同时给人一种教育发展的终结感和对未来的空虚感。

（二）反对教育研究中单一的理论视角

后现代主义反对理论思维中单纯的纵向思维,并提出了一种立足于横向思维的"根状茎"理论,一种"游牧思维方式"(nomadic thought)。后现代主义标举差异的大旗,对本质、规律予以彻底否弃,强调价值观的多元性与思维视角的多样性,主张对教育现象进行多元阐释,以揭示教育这一复杂现象的多元景观。在福柯看来,"世界的意义不是单一的,而是具有不可计数的意义。揭示世界的方式是无限的,我们应该寻求对于现象的多种解释"③。按照后现代主义的理解,对任何一个社会科学领域的研究,必须打破学科的界限,以一

---

① 宋林飞.西方社会学理论.南京:南京大学出版社,1997:477.
② 文军.西方社会学理论:经典传统与当代转换.上海:上海人民出版社,2006:273.
③ 冯俊,等.后现代主义哲学讲演录.北京:商务印书馆,2003:16.

种多学科、多维度的视角进行综合探查。他们强调教育活动中主体、语言的差异性,强调自我与他者、彼与此、内与外、能指与所指之间的差异和互渗,反对整体性的霸道和由此而来的集权主义的统治方式。②对教育的认识,只有在不同的探求方式中,在跨越学科的界限以及在特定的文化背景和教育发展的历史境遇中才能得到合理的阐释。这一见解无疑有其合理性。然而,这也可能导致对教育的认识所获得的只是某些碎片性知识。

（三）重视教育理论研究中的话语分析

后现代主义认为,教育活动中的各种关系存在于日常生活中,流淌于日常话语中,因此教育理论研究必须进行话语分析。理性分析不足以揭示复杂而丰富的教育生活的图景。正如福柯在《什么是启蒙》一书中的诘问:"我认为自 18 世纪以来,哲学和批判思想的核心问题一直是、今天仍旧是、而且我相信将来依然是:我们所使用的这个理性(Reason)究竟是什么？它的历史后果是什么？它的局限是什么？危险又是什么？"①理性并不构成话语的一切,甚至也不是话语的中心。话语并非仅是人们用来把握现实、表达自我、相互交流的媒介,事实上,语言就是我们的世界。因此,话语分析(Discourse Analysis)是探查教育生活真实场景的最可靠的路径。例如,德里达就把语言视为一种"非中心化"(Decentering)的差异系统,认为无论是书面语言还是口头语言,都存在着差异。利奥塔认为,一切语言及其理论体系都各有自身的自主性、规则和标准,不存在普遍主义、基础主义或拥有特权地位的语言体系。即是说,话语具有独特的异质性和多元性。教育过程中师生所感受、理解和讨论的对象并不是一种纯粹客观的知识与现实,而是一些由语言所建构起来的文本,是一种"语言学的约定",师生之间的话语关系及其思想内涵、情感含量,是直接决定教育活动能否顺利进行以及活动成效的根本决定因素。因此,教育过程必须重视故事、寓言的方法论意义,以维护教育过程中语言

---

① 转引自道格拉斯·凯尔钠,斯蒂文·贝斯特.后现代理论:批判性的质疑. 2 版. 张志斌,译.北京:中央编译出版社,2006:42.

的多元性和异质性。这也是保证教育活动之价值、功效的重要因素。

教育活动是不能脱离语言的联结的。然而,语言不仅具有沟通、交流的作用,还是一种权力关系的媒介,语言折射着人们相互之间的权力关系,这就是当代法国著名社会学家皮埃尔·布迪厄的"符号暴力"理论。它对后现代背景下教育理论的发展曾产生极大的冲击。按布迪厄的观点,符号暴力是指由语言、文化、思想和观念所构成的为人们自觉不自觉地接受的看不见的、沉默的暴力或一种"温和的暴力"(the gentle violence)。语言关系体现着符号暴力。人们借助于语言这种符号暴力来掩盖固有的权力关系,维护现有的统治和社会秩序的合法性。教育成为"向人们实施这种符号暴力的主要机构"。教育通过这种看不见的符号暴力而不断复制着现存的权力关系和阶级关系。按此观点,教育过程中的掌权人(教育管理者、教师群体等)显然掌管着教学语言及其他符号体系的解释权、话语权,并通过各种途径将其强加于学生身上,而这又反过来强化了教师的话语权。利奥塔也认为人们在社会生活中的语言尤其是主流话语存在着明显的霸权。因而,使人们从学校教育过程中随处可见的符号暴力中解放出来,就成为后现代社会的教育所致力的一项基本任务。

应该说,这一方法论的革新对丰富教育思考的视域是有启示的。不过,话语分析尽管有助于人们认识教育活动中主体的思想轨迹、精神趋向、心理面貌与思维变化,但也只是一种进路、一种选择而已,教育这种关涉人的精神品性与精神生活的独特而复杂的范畴,其牵涉面驳杂而广泛,远非话语分析这一单一通道所能够涵盖;而且,教育场景中主体之间话语的差异性、片断性、随机性,也使话语的分析意义受到局限;将教育现象压缩为文本和话语,必将导致教育活动中"人的消失"。至于符号暴力理论把语言视为一种支配社会秩序的"看不见的暴力",则是从根本上背离了社会经济结构对社会发展的决定性,从而必定找不到化解资本主义社会危机和教育危机的出路。

(四)反对现代主体,强调"他者"的生活

后现代主义对"主体"这一现代性的中心概念也予以解构甚至消解。他们认为当下的社会是一个没有主体或个体的社会,主张采用一种所谓的"无主体"的方法来阐释教育现象,这是他们对现代性进行总体批判的一个策略。当代英国著名社会学家安东尼·吉登斯就将因现代性的扩张而造成的个人价值的不确定性、个人生存的无力感和"个人的无意义感"视为现代性的必然后果。后现代社会是一个高度抽象的社会,高度抽象的社会尽管需要个人具有高度的主体性或自由,但单纯的自我主体在权利关系极不平等的后现代社会极易沦为边缘,成为暴力侵害的对象。要使主体重新富有意义,就须在与"他者"的映衬中加以把握。后现代个体既要防止被他者奴役和统治,又要防止自身成为另一个他者。后现代主义"在解构和'处决'了现代主体这一社会的至高无上的建构中心之后,把目光转向了'普通人的普通生活',尤其是为现代社会所造就的但又被长期忽略的边缘者、非中心者、无能力者和被剥夺或忽视权力者等映衬现代主体的'他者'"[1]。反映在教育领域,就应抛弃统一的、不变的主体这一陈见,祛除教师中心或学生中心的非此即彼的思维惯性,重建失去了的自我主体。

(五)反对道德权威,注重道德教育中的对话与体验

后现代主义思潮以反对基础主义、现代理性主义和普遍主义为宗旨,反映在伦理与道德观上,就是反对道德权威,倡导道德的多元主义;反对道德教育过程中的单向传授与灌输,倡导主体的道德对话与体验。后现代主义认为,道德不是某种客观必然的存在,不是某种外在于人的体系、规范、律令、标准,而是个体基于自身情感、体悟和生活的某种内在理解或态度。道德不是唯一的、同质的,而是多元的、异质的;不是普遍化的,而是情境化的。"在后现代主义者看来,不论是伦理观念还是道德准则,除了个性化和多样化以外,不存在别的理性的或科学的本性。"[2]进一步地说,道德不再是某种富有权威性的外在规范或行为准则,而是个体过有意义的生活、创造性地生活的一种动力;它不是压抑人自由的多余的累赘,而是促进人创造性潜

---

[1] 文军.西方社会学理论:经典传统与当代转换.上海:上海人民出版社,2006:276.
[2] 张之沧.后现代伦理观.伦理学,2001(6).

能的能量。道德是自我构成的、不可普遍化的,道德依赖于具体的道德情境、个体身临其境的主观感受或情感体验以及主体之间相互的对话、倾听与理解。因而,就道德教育而言,传授既定的、抽象的道德规范与行为准则,只能是一种形式化的、缺乏实质意义的活动,它不仅无法穿透学生的心灵,而且还会使其产生对道德的疏远甚或误解;道德教育的方法也不再是单向的授受或缺乏逻辑依据的生硬灌输,而应该成为充溢个体生动情感与感悟的对话、交往。道德对话使道德富有意义并得以理解。正如后现代主义哲学家格里芬所言,"对话的本质并非用一种观点来反对另一种观点,也不是将一种观点强加于另一种观点之上,而是改变双方的观点达到一种新的视界"①。对话改变了传统道德教育场景中等级性的师生关系,师生在相互的叙述与倾听过程中实现了相互理解与道德的共同进步。道德教育应该建立一种多元思维,实施一种多元文化与价值观的教育,形成一种尊重异见、接受差异的风尚,使道德教育课堂不再是"独奏"或"独唱",而应是"合奏"或"合唱"。

◆ 思考与争鸣

作为一种思维模式与哲学范畴,也作为一种生活方式和文化形态,后现代主义对教育的影响是多方面的。所以要在有限的篇幅中概览后现代主义与教育的关系并非易事。

我们认为,看待后现代主义与教育的关系应有两种基本的意识:一是人类教育总以某些知识作为载体,而知识的生产又与某种特定的认识论有着密切的关系,因而教育性知识呈现出"普遍性"与"地方性"相统一的特点,由此决定了教师在教育过程中应处于主导地位而不应是主宰的地位;二是人类教育总是通过言语来展开的,而言语作为一种话语实践,必然会负荷某种"利益"或"权力"。而"利益"或"权力"也表现出"普世性"与"非普世性"的辩证统一,由此决定了教育过程中对人类文化遗产继承与创新、肯定与否定的辩证统一。当

---

① 大卫·格里芬.后现代精神.王成兵,译.北京:中央编译出版社,1998:7.

我们意识到这两点后,就可以避免后现代主义因消解知识的底板而可能出现的相对主义与虚无主义倾向。

与此相关的并更有学理价值的是:后现代主义与教育的相遇,有助于人们把握当代教育学的理论转向:从重在考察知识的何以可能进而分析意识的源泉,转向考察知识的社会影响转而分析意义的文化向度。

附 录

编著者"教育基本理论专题"主要代表性论著

1. 科学教育与人文精神 《教育研究》 1997年第11期
2. 主体间性教育对个人人主体性教育的超越 《教育研究》 2003年第2期
3. 《必要的乌托邦——教育理想的历史考察与建构》 福建教育出版社 2004年10月
4. "生活世界"与教育的取向 《现代大学教育》 2004年第5期
5. 论教育理想生成的基础:适应与超越 《苏州大学学报》 2004年第6期
6. 试析教育理想的内涵 《现代大学教育》 2006年第2期
7. 《关于费尔巴哈的提纲》的教育学意蕴解读 《中国矿业大学学报》 2009年第3期
8. 教育起源说的学术视角 《南通大学学报》 2010年第3期
9. 马克思为何把"教劳结合"视为造就全面发展的人唯一方法 《济宁学院学报》 2011年第1期
10. 杜威"教育即生活"本真意义及当代启示 《中国教育学学刊》 2011年第10期
11. 论道德与生活的关系:历史与现实 《教育理论与实践》 2012年第22期